OTTO ZSOK (HRSG.)

# *Logotherapie in Aktion*

*Praxisfelder und Wirkungsweisen*



*Kösel*

Für

*Frau Dr. habil. Elisabeth Lukas*

zum 60. Geburtstag
von ihren Schülern und Schülerinnen
in Dankbarkeit gewidmet.

ISBN 3-466-36611-9

Druck und Bindung: Pustet, Regensburg
Umschlag: Kaselow-Design, München
Umschlagmotiv: Mauritius Bildagentur, Mittenwald.
Fotograf: 0001023-age

*Gedruckt auf umweltfreundlich hergestelltem Werkdruckpapier (säurefrei und chlorfrei gebleicht)*

# *Inhalt*

VORWORT
Nicht nur »sein dürfen«, sondern auch »sein sollen«! .. 7

OTTO ZSOK
»Ich bin nicht krank.« – Ein Gespräch
um den Sinn .......... 11

KARLHEINZ BILLER
Der Sinn wartet auf den Menschen .......... 24

OTTO ZSOK
Elisabeth Lukas – ein Lebensweg .......... 46

RITA MALCOMESS
Das So-Sein annehmen – Logotherapie bei
chronischen Haut- und Gelenkerkrankungen,
Allergien und Rheuma .......... 74

URSULA TIRIER
Von der Angst zum Vertrauen – Logotherapie
in der Praxis .......... 95

UWE BÖSCHEMEYER
Die Krise als Chance – Voraussetzungen für
neue Sinnfindung .......... 110

RENATE DECKART
Körper, Seele, Geist – Psychosomatik aus
logotherapeutischer Sicht .......... 127

PEGGY LANGE
Paradox, aber befreiend .......... 143

GIOSCH ALBRECHT
Sinn erfahren durch symbolische Raumbezogenheit .. 157

HELMUT PATZER-UEHLI
Was wäre wenn ... – Die logotherapeutische Selbsterfahrung ... 183

WOLFGANG BÜHLING
Stufen (m)einer Annäherung an die Logotherapie .... 192

HERBERT SCHEIBLICH
Wer bin ich? – Über Religions- und Nationalitätszugehörigkeit hinaus ... 199

ANGELA STEIGER-RONNER
Panta rhei – Alles fließt: Wege existenziellen Werdens ... 213

CHRISTOPH RIEDEL
Die Zeit – Herrschaftsstruktur oder Sinnmedium? .... 238

JÜRGEN-PETER ARIMOND
Die Rolle der Logotherapie in der Behandlung von Suchtkrankheiten ... 251

SUSANNE UND THEODOR RÜTTER
Zur Achtung der Würde des Menschen ... 269

KONRAD WERDER
Eine Begegnung mit Frau Dr. Elisabeth Lukas ... 285

ALBERT BEUTING
Meine erste Begegnung mit Frau Dr. Elisabeth Lukas . 288

ANHANG
Anmerkungen und Literatur ... 290
Bücher von Elisabeth Lukas ... 312

VORWORT

# *Nicht nur »sein dürfen«, sondern auch »sein sollen«!*

Das Wort *Logotherapie* wurde das erste Mal 1926 von Viktor Emil Frankl (1905–1997) im Rahmen eines Referates auf dem 3. Internationalen Kongress für Individualpsychologie in Düsseldorf ausgesprochen. Frankl war damals 21 Jahre alt, Medizinstudent in Wien und Mitglied der von Alfred Adler (1870–1937) geleiteten Gesellschaft für Individualpsychologie. Mehr als 75 Jahre sind seitdem vergangen. Die Logotherapie und Existenzanalyse – ein Fachwort, das Viktor Frankl 1933 geprägt hatte – ist inzwischen als die Dritte Wiener Schule der Psychotherapie in die Geistesgeschichte eingegangen. Wolfgang Soucek hatte diese Bezeichnung 1948 geprägt, als er in einem Fachartikel Frankls Existenzanalyse als »die dritte Richtung der Wiener psychotherapeutischen Schule« bezeichnete.[1] Im Jahre 1926 war für Frankl selber nicht klar, dass er eine neue Richtung begründen würde. Doch nach seinem Ausschluss aus der Gesellschaft für Individualpsychologie (1927), in etwa zehn Jahren der Neuorientierung, Krise und Sinnsuche, gelang es ihm, dem inzwischen als Psychiater und Neurologe Wirkenden, von 1937 bis 1939 die Fundamente seiner Logotherapie in drei wissenschaftlichen Publikationen der Öffentlichkeit zu präsentieren. Der Zweite Weltkrieg unterbrach die Weiterentwicklung. Viktor Frankl wurde ins Konzentrationslager verschleppt und – überlebte.[2]

Zwischen 1946 und 1952 veröffentlichte Dr. med. et Dr. phil. Viktor Frankl zehn Bücher, in denen alle Grundkonzepte der Logotherapie und Existenzanalyse in Verbindung mit einem reichen kasuistischen Material aus der Praxis dargestellt wurden.[3] 1959 veröffentlichte er die erste systematische Darstellung seines großartigen Entwurfes unter dem Titel: »Grundriss der Existenzanalyse und Logotherapie«.[4]

Das vorliegende Buch dokumentiert facettenreich, wie es mit der Logotherapie und Existenzanalyse nach 1970 weiterging. In jenem Jahr hat nämlich Elisabeth Lukas die erste Dissertation in Europa über Frankls Logotherapie geschrieben und sie war diejenige, die nach 1972 bis heute die Logotherapie am intensivsten weiterentwickelte. In dem von ihr und ihrem Mann 1985 begründeten *Süddeutschen Institut für Logotherapie* in Fürstenfeldbruck bei München wurden seit April 1986 bis März 2002 über 700 Logotherapeuten ausgebildet. Es sind nun hauptsächlich ihre Schülerinnen und Schüler – wenn man von Dr. Uwe Böschemeyer absieht –, die in diesem Buch den Wirkungskreis, die Einsatzgebiete und die therapeutischen sowie lebensberaterischen Möglichkeiten der Logotherapie einem breiten Publikum zugänglich machen wollen. Mit den Beiträgen ehren sie zugleich »la grande Dame« der Logotherapie, zeigend, dass die 60-jährige Elisabeth Lukas das Lebenswerk ihres Lehrers und Mentors Viktor Frankl ausdifferenziert, fortgeführt und mit einigen originellen Konzepten bereichert hat. Dem Herausgeber will es scheinen, dass ohne die Leistung von Elisabeth Lukas die Logotherapie keine so weite und wirksame Ausbreitung gefunden hätte.

Die Autorinnen und Autoren dieses Buches – darunter Ärzte, Theologen, Philosophen, Pädagogen und Psychotherapeuten – bilden die dritte Generation der Logotherapeuten. Sie und andere aus dieser dritten Generation haben die Aufgabe, die Logotherapie im Kontext der offiziell anerkannten Methoden der Seelenheilkunde zu etablieren. Gewiss ist in dieser Hinsicht die Sammlung und Auswertung der so genannten Wirksamkeitsnachweise ein anzustrebendes Ziel. Gewiss sollte es in naher Zukunft möglich sein, dass die logotherapeutische Behandlung in Anspruch nehmenden Menschen die Kosten von den Krankenkassen erstattet bekommen. Doch sicher ist es auch, dass die Logotherapie nicht in eine quantifizierbare Psychologie umgewandelt werden kann. Ganz gewiss kann der Logos als Sinn und als das Geistige nicht naturwissenschaftlich gemessen werden. Wer immer Logotherapie und Existenzanalyse in dem Sinne, wie sie von Viktor Frankl und dann von Elisabeth Lukas praktiziert wurde, betreiben will, darf nicht vergessen, dass er eine Art »Gespür und

Antenne für das Mysterium« in sich selbst bewahren muss. Das schließt freilich nicht aus, dass das, was am Menschen messbar und quantifizierbar ist, nicht analytisch erforscht und gemessen werden kann bzw. soll. Auch dieser Aspekt hat in dem vorliegenden Buch Raum bekommen. Zugleich wird der aufmerksame Leser – Leserin mitgemeint – merken: Die Ehrfurcht vor dem Geheimnis des Menschen, der ursprünglich vom Willen zum Sinn bewegt, immer schon nach einem Leben im Sinnzusammenhang strebt, sowie der Glaube an einen letzten, unverlierbaren Sinn, ist und bleibt unaufgebbare Grundlage der Logotherapie, im Franklschen Sinn. Wenn man nämlich das Wort Logos ernst nimmt, wenn man einsieht, dass damit mehr als Psyche gemeint und eben die dritte, geistige Dimension des Menschen bezeichnet wird, dann wird man anerkennen müssen, dass die Logotherapie tatsächlich die Psychologie und Psychotherapie transzendiert und überwölbt. Sie ist in der Tat eine sinn- und wertorientierte Therapie vom Geistigen her, vom Geistigen das als Dynamis den ganzen Menschen durchdringt und ihn nicht nur im Sinne von »Sein dürfen« beruhigt, sondern vielmehr im Sinne von »Sein sollen« einen jeden Menschen beunruhigt, anruft und anspornt, seinen persönlichen, ihm in Exklusivität »aufgetragenen« und zugedachten Lebenssinn tagtäglich zu suchen und zu finden.

So gesehen ist Logotherapie Aktion auf den Sinn hin.

So gesehen ist Logotherapie auch Kontemplation des Sinns.

So gesehen ist Logotherapie und Existenzanalyse sowohl praktisch als auch theoretisch.

Dies in vielerlei Hinsicht überzeugend zu zeigen, ist Absicht dieses Buches.

*Dr. Otto Zsok,*
*Fürstenfeldbruck, im Januar 2002*

OTTO ZSOK

# *»Ich bin nicht krank.« – Ein Gespräch um den Sinn*

Der folgende Beitrag ist ein Gesprächsprotokoll aus der logotherapeutischen Praxis. Man sieht daraus, wie die Existenzanalyse als die anthropologische Grundlegung und Grundlage der Logotherapie ermöglicht, die geistige Erweckung des menschlichen Bewusstseins auf Verantwortung hin voranzutreiben. Ob solch eine Intervention im konkreten Fall gelingt, ist freilich eine andere Frage.

Für Leser, denen das Wort Logotherapie zum ersten Mal begegnet, sei hier angemerkt: Die Logotherapie ist eine psychotherapeutische Behandlungsmethode, die sich um Bewusstmachung vom Geistigen bemüht, weil sie davon ausgeht, dass Verantwortlichsein als Wesensgrund der menschlichen Existenz dem Menschen zum Bewusstsein gebracht werden soll. Die drei Grundthesen der Logotherapie lauten:

1. Jeder Mensch ist zumindest potenziell willensfrei – hat einen freien Willen – und die Kehrseite dieser geistig begründeten Freiheit heißt Verantwortung gegenüber einem Sinn, den jeder Mensch zu suchen und wahr zu machen hat. Auf dieser These beruht das Menschenbild der Logotherapie.
2. Als psychotherapeutische Heilkunde geht die Logotherapie davon aus, dass ein jeder Mensch einen ursprünglichen Willen zum Sinn in sich selbst trägt. Er ist von einem Streben und Sehnen nach Sinn beseelt, und glücklich wird er nur dann, wenn er den ihm in Exklusivität aufgetragenen Sinn verwirklicht.
3. Als Lebensphilosophie und Lebenslehre geht die Logotherapie davon aus, dass das Leben einen bedingungslosen Sinn hat, »den es unter keinen Umständen verliert. Allerdings kann sich dieser Sinn menschlichem Begreifen entziehen. Insofern ist er

eine den Menschen übergreifende Größe, die jeweils aufs Neue erspürt und erahnt [entdeckt und wahr gemacht] werden muss.«[1]

## Vom Wort »Wein« wird man nicht betrunken

Das etwa 90-minütige Gespräch, das ich 1997 geführt habe, ist hier in seinem essenziellen Verlauf zu lesen. Die in eckigen Klammern erscheinenden Texte sind meine Kommentare zur Problematik einer *noogenen* – von geistigen Prozessen ausgelösten – Depression. Dieser von Viktor Emil Frankl eingeführte Fachbegriff besagt: Da, wo ein geistiges Problem, ein sittlicher Konflikt oder eine existenzielle Krise bzw. Frustration ursächlich der Neurose zugrunde liegt, da spricht die Logotherapie von noogener Neurose bzw. noogener Depression. Der geistige Notstand eines Menschen drückt sich in seelischer Krankheit aus, »wenn der Mensch die Signale aus seinem Innersten missversteht, wenn er auf seine existenziell wichtigsten Fragen keine oder nur falsche Antworten findet, wenn er nicht spürt, wozu er auf der Welt ist, wenn er keinen Sinn mit seiner Existenz verbindet und von dem Gefühl niedergedrückt wird, es sei egal, ob er da ist oder nicht da ist.«[2] – Diesem Bereich ist das nun folgende Gespräch zuzuordnen.

In einem langen therapeutischen Gespräch, das mich sehr nachdenklich gestimmt hat, saß mir ein 25-jähriger Student der Informatik und der Computerwissenschaft gegenüber. Sein Gesicht war regungslos, seine Stimme künstlich ruhig, seine Mitteilungen wirkten auf mich wie (wohl versteckte) Hilferufe aus einer selbstgewählten Isolation, die langsam zur existenziellen Krise wurde, da der Student immer mehr in die Depression hineinrutschte. Im Wesentlichen verlief unser Gespräch, das ich mit der Frage »Was führt Sie ins Süddeutsche Institut für Logotherapie?«, eröffnete, so:

»Ich habe durch die Arbeit am Computer verstanden«, begann der Student, »dass wir Menschen vorprogrammiert sind, dass das menschliche Gehirn mit seinen zehnmilliarden Neuronen, die untereinander vernetzt sind, all das produziert, was man als Wissen, als kulturelle Leistung, als Verhalten oder Prägung und als Liebe bezeichnet. So habe ich alles durchschaut und ich weiß, dass es keine Freiheit gibt. Sie können vielleicht im Regenbogen etwas Schönes, Poetisches sehen, vielleicht ein Symbol, das, wie man sagt, Himmel und Erde verbindet, ich aber weiß, wie er aufgrund der Brechung der Lichtverhältnisse zu Stande kommt. Alles in dieser Welt ist streng determiniert nach physikalischen und mathematischen Gesetzen. Ich sehe auch keinen Sinn mehr, da ich, wie gesagt, alles durchblickt habe. Ich weiß, dass ich nicht krank bin, aber die Welt ist krank. Und in so einer kranken Welt möchte ich nicht weiterleben.«

[Der Student, der in Begleitung seiner Mutter in die Beratung gekommen war, thematisierte ein Sinnlosigkeitsgefühl und erwähnte ausdrücklich, dass er keinen Sinn mehr im Leben sehe. Seine depressive Stimmung war nicht zu übersehen, noch weniger seine »Philosophie«, auf die er die Darstellung seiner Problematik begründete. Darum bin ich zuerst auf seine »Philosophie« eingegangen.]

»Und wenn es, wie Sie sagen, keine Freiheit gibt und alles determiniert sei, warum sind Sie hierher gekommen? War Ihr Kommen auch determiniert? Wonach suchen Sie eigentlich in der Logotherapie?« – fragte ich ein bisschen polemisch.

*Student*: »Ich kam in die logotherapeutische Beratung meiner Mutter zuliebe. Von allein wäre ich nicht gekommen. Ich habe keinen Widerspruch zu meinem Weltbild darin gesehen, dass ich hierher komme. Ja, irgendwie war das auch determiniert.«

[Wieder lenkte er das Gespräch in die philosophische, existenzielle Richtung, doch diese Art von »Philosophie« gefiel mir überhaupt nicht.]

*Ich*: »Wenn Sie aber ihrer Mutter zuliebe gekommen sind, dann haben Sie sich ein Stück weit überwinden müssen und insofern haben Sie einen Akt der Freiheit vollzogen; denn an und für sich hätten Sie Ihrer Mutter auch Nein sagen können, und dann wären Sie nicht gekommen. Worauf ich hinaus will, ist: So streng determiniert, wie Sie sagen, sind Sie doch nicht, oder?«

[Er schaute mich an und ich hielt seinen traurigen Blick aus. Mein Gefühl war: Dieser junge Mann strebt nach geistiger Einsicht, die ihm auf seinem bisherigen Lebensweg noch nicht zuteil wurde.]

*Student*: »Vielleicht haben Sie Recht, aber dennoch meine ich zu wissen, dass mein Kommen nach einem mathematisch angebbaren Determinismus erfolgt ist.«

*Ich*: »Ich höre, was Sie sagen und nehme bei Ihnen eine Art Niedergeschlagenheit, eine Art Enttäuschung wahr. Da Sie aber wiederholt vom Determinismus sprechen, will ich Sie nun fragen: Glauben Sie wirklich, dass z.B. auch die Liebe zu einem Du oder eine Bach-Kantate oder »Die Zauberflöte« von Mozart oder die David-Statue von Michelangelo auch nur Produkte des Gehirns oder gewisser neurobiologischer Vernetzungen sind, deren Zustandekommen strengstens determiniert ist? Sie glauben zu wissen, dass echte Liebe einfach nur ein biologisch prädeterminiertes Zusammenspiel der Hormone ist, ohne die freie Entscheidung für die Einmaligkeit und Einzigartigkeit einer anderen Person?«

[Ich war nun wirklich neugierig, was der Student darauf antworten würde und wollte in medias res vorstoßen. Seine Antwort kam prompt.]

*Student*: »Ja, so ungefähr.«

*Ich*: »Sehen Sie, auch Immanuel Kant glaubte zu wissen, dass ihm durch seine Philosophie alles klar sei. Er sagte wörtlich: ›Ich glaube durch meine Philosophie mit allem im Klaren zu sein – wenn ich aber einen evangelischen Choral höre, so gibt mir das einen Frieden, den mir meine Philosophie nicht gibt‹. Mit dem evangelischen Choral meinte er Bach. Für Kant bedeutete diese Musik – Seelenfrieden. Wie steht es damit bei Ihnen? Haben Sie eigentlich Seelenfrieden?«

*Student*: »Eigentlich nicht, falls es überhaupt eine Seele in Ihrem Sinn gibt. Sie meinen mit Seele das, was angeblich nach dem Tod irgendwie überlebt, nicht wahr?« – sagte er und schaute mich fragend an.

[Natürlich hätte ich auf die philosophische Frage nach der Unsterblichkeit der Seele einsteigen können, doch meine Intuition in jener Situation gab mir ein, das Gespräch anders fortzusetzen. Deshalb tat ich so, als hätte ich seine Skepsis überhört und stellte ihm direkt eine Frage:]

*Ich*: »Wenn Sie in die Augen eines kleinen Kindes schauen oder Ihr Blick auf eine schöne junge Frau fällt, oder wenn Sie eine große Symphonie hören, die Sie vielleicht erschüttert, analysieren Sie das, was Sie da wahrnehmen und empfinden mit dem Verstand, im Sinne der neurobiologischen Vernetzungen im Gehirn, oder lassen Sie das Wahrgenommene und Empfundene einfach auf sich wirken und fühlen etwas Schönes, Harmonisches dabei?«

[Bei dieser Frage regte sich etwas in ihm und das erste Mal zeigte er sich zögerlich und nachdenklich.]

*Student*: »Ich ... ich weiß es nicht« – antwortete er nach einer kleinen Pause.

[An dieser Stelle habe ich nun versucht, den jungen Mann ein bisschen herauszufordern, indem ich ihm scheinbar entrüstet eine Frage entgegenschleuderte.]

*Ich*: »Was? Sie behaupten einerseits, alles durchblickt zu haben, und wissen nicht, was bei und in Ihnen selbst geschieht, wenn Sie ein Kind oder eine schöne Frau anschauen oder eine Symphonie hören? Das verblüfft mich aber schon.«

[Der Student dachte einen Moment nach und ich merkte, dass ihm meine Argumentationsfigur nicht gefiel. Schließlich antwortete er:]

*Student*: »Sie versuchen nur, mich in die Psychologie der Gefühle hineinzuverwickeln, doch das gelingt Ihnen nicht. Wenn wir genug Zeit hätten, dann könnte ich Ihnen naturwissenschaftlich und von der Neurobiologie her erklären, wie jene Gefühle, von denen Sie sprechen, zu Stande kommen. Dann würden Sie erkennen: Auch das Gefühlsleben ist völlig nach biophysikalischen und physiologischen Gesetzen streng determiniert.«

[Diesmal habe ich – bestimmt eine halbe Minute oder mehr – nachgedacht. Dass solch eine »Philosophie« einen Menschen depressiv machen, ja, ihn in eine existenzielle Krise stürzen kann, war mehr als offensichtlich. Dann kam mir folgende Idee.]

*Ich*: »Gerne glaube ich Ihnen, dass Sie in manchen Naturwissenschaften heimisch sind. Erzählen Sie mir etwas darüber, wie ein Computer funktioniert. Ich habe keine blasse Ahnung davon. Ich bin für Sie jetzt einfach ein Laie, ein Ignorant und Sie versuchen, mir Ihr Wissen zu vermitteln. Das soll keine Ablenkung sein und geschieht nicht aus Höflichkeit, sondern es interessiert mich wirklich. Einverstanden?«

[Der Student nickte spontan und begann, mir gleich mit sichtlicher Gelöstheit und sogar Begeisterung das Funktionsprinzip des Computers zu erklären. Nach etwa fünfzehn Minuten unterbrach ich ihn.]

*Ich*: »Ich bewundere Ihre Intelligenz und Ihr Sachverständnis auf diesem Gebiet. Es hat mich wirklich fasziniert, wie Sie das alles erklären können. Ich habe gehört, dass Sie auch in Ihrem Studium sehr schnell sehr weit gekommen sind. Die Professoren können Ihnen nichts mehr erzählen, sagten Sie. Nun, von Technik und Computer verstehe ich wenig bis gar nichts. Aber vom Innersten des Menschen verstehe ich sehr viel. Diesmal lassen Sie *mich* reden und Sie hören *mir* zu. In Ordnung?«

*Student*: »Einverstanden. Sprechen Sie.«

*Ich*: »Also! Sie sind 25 Jahre alt geworden, Sie haben sich – wie Sie erwähnten – zehn Jahre lang mit der Welt des Computers, der Mathematik und des menschlichen Gehirns beschäftigt und sehr viel erreicht. Auch in Ihrem Studium sind Sie eine Art ›Genie‹. Nun bilden Sie sich ein, alles zu ›wissen‹, alles durchschaut zu haben, alles verstanden zu haben. Es gibt nichts mehr, was Sie interessieren, faszinieren könnte – so sagten Sie mir. Wirklich? Ist das wahr? Ich will Ihnen Stichworte nennen, die Sie als Hinweise mitnehmen könnten: Hinweise auf Wirklichkeitsbereiche, die sich Ihnen niemals so erschließen werden, wie das Gebiet des Computers. Zum Beispiel: Was ist das – der Tod? Was ist das – die wahre Philosophie und die große Kunst? Was ist das – die Liebe für einen einmaligen, einzigartigen und unwiederholbaren Menschen? Was ist das – Ethos und Gewissen? Was ist das – Sinn und Wert?« [Hier habe ich eine Pause eingelegt und wartete. Da der Student nichts sagte, fuhr ich fort.]

*Ich*: »Was Sie mir über Computer oder über künstliche Intelligenz erzählen, ist freilich eine Art Wissen, eine technische Errungenschaft, eine Wissenschaft des ›Gehirndenkens‹, das nur mit einem winzigen Teil der psychophysischen Wirklichkeit des Menschen zu tun hat. Ihnen ist klar, dass das Gehirn nur den kleinsten Teil des Körpers ausmacht. Ich meine aber, dass wir mit dem ganzen Körper leben, erleben und wahrnehmen sollten.

Wir kennen in der Logotherapie auch die geistige Dimension des Menschen, die zwar nicht die einzige, wohl aber die eigentliche Wirklichkeit des Menschen ausmacht. Freilich ist mir klar: Auf dem von Ihnen bisher betretenen Gebiet kommen Seele und Geist, Herz und Ethos, Glaube und Liebe, Sinn und Werte, Humor und Gebet, Spiritualität und Kunst, Gewissen und Hoffnung gar nicht vor. Der Humanismus, der ja auch in Ihnen lebt, geht Ihnen ab. Sie fühlen es nicht mehr, wenn Sie nur vor dem Computer sitzen, nur denken und rechnen. Darum sind Sie mit dem bisher Durchschauten unzufrieden und Sie kommen, weil sie eben sehr intelligent sind, mit dieser Wissenschaft des Verstandes schnell zu Ende. Sie merken: Alles Analysierte, alles Zerspaltene und Zersplitterte lässt sich tatsächlich immer wieder weiter analysieren, zerspalten und zersplittern. Können Sie mir folgen?«

*Student*: »Reden Sie weiter. Ich höre zu.«

*Ich*: »Also: Es ist auch wahr, zumindest wage ich diese meine Beobachtung auszusprechen, dass Sie sich einbilden, wähnen, meinen, dass damit, was Sie nun ›wissen‹, die Gesamtwirklichkeit ausgeschöpft sei. Doch einen entscheidenden Unterschied haben Sie meines Erachtens noch nicht bewusst realisiert.«

*Student*: »Und der wäre?«

*Ich*: »Es fällt mir schwer, Ihnen in klaren Begriffen zu sagen, was ich meine und worunter Sie leiden. Diese Depressionsform, die Sie quält, nennen wir in der Logotherapie noogene Depression, also von geistigen Frustrationen ausgelöste Depression. Sie manifestiert sich, wenn des Menschen Urbedürfnis nach Sinnerfüllung oder danach, sein Leben in sinnvollen Zusammenhängen zu erfahren, längerfristig nicht befriedet wird. Oder anders formuliert: Wenn der Wille zum Sinn frustriert wird, kann in einem Menschen ein existenzielles Vakuum entstehen und in dieses Vakuum hinein wuchert die Depression. Darunter leiden Sie, meiner Meinung nach. [Pause.]

Ich erzähle Ihnen eine Weisheitsgeschichte, die in verhüllter

Form das zum Ausdruck bringt, was Ihnen fehlt bzw. was Sie bisher noch nicht entdeckt haben in sich selbst.

Uwais, der Sufi, wurde einmal gefragt: »Was hat euch die Gnade gebracht?«

Er antwortete: »Wenn ich morgens erwache, fühle ich mich wie ein Mensch, der nicht sicher ist, ob er den Abend erleben wird.«

Sagte der Fragende: »Aber geht es nicht allen Menschen so?« Und Uwais sagte: »Sicher. Aber nicht alle fühlen es.«

Noch nie wurde jemand davon betrunken, dass er das Wort *WEIN* mit dem Verstand erfasst hat. –

[Ich habe die Geschichte dem jungen Mann zweimal vorgelesen, jedes Wort betonend, und dann war ich still. Er auch, eine ganze Weile. Schließlich erhob er sich.]

*Student*: »Sie haben getan, was Sie konnten, ich muss jetzt gehen.«

*Ich*: »Ich hätte noch einiges zu sagen, darf ich Ihnen vielleicht schreiben?«

*Student*: »Ja, nur versprechen kann ich nicht, dass ich antworte. Bei Bedarf könnte ich noch einmal kommen.«

Wir verabschiedeten uns und ich wurde, wie gesagt, sehr nachdenklich. Das Gespräch mit diesem Studenten arbeitete in mir weiter, und so habe ich ihm am nächsten Tag einen Brief geschrieben und die Fotokopie der Weisheitsgeschichte beigefügt. Im Wesentlichen habe ich Folgendes geschrieben:

»Ich fürchte, dass Ihre bisherige Lebensführung (durch die Hinwendung zum Computer und vielleicht durch andere Faktoren, die nicht zur Sprache gekommen sind) den Bezug zur Existenz anderer Mit-Menschen (die leiden, lieben, sich freuen oder gar staunen können) massiv verschüttet hat. Ihr seelisch-geistiges Empfindungsvermögen ist verschüttet. Könnte es sein, dass bei Ihnen die Anteilnahme – die Partizipation (!) – am Leben Ihrer Mitmenschen fehlt? Wie können Sie es anstellen, mehr Anteilnahme zu üben? – Darüber sollten Sie sich mithilfe der grauen Zellen und Ihres Herzens Gedanken machen. Kleine und elementare Freuden des Alltags könnten und sollten Sie neu empfinden lernen. Beispiele wären: Spaziergänge in der Natur, Freundschaft oder gar Liebe zu einer Frau Ihres Alters, Kunst auf sich wirken lassen ... Ihre Grundangst, die Sie quält, nenne ich: Angst vor der Hingabe – vor der Hingabe an das lebendige Leben im weitesten Sinn. Wenn Sie das erkannt und zugegeben haben vor sich selbst, werden Sie geistig plötzlich wach. Für alle Fälle empfehle ich, einen Psychiater zu konsultieren, der feststellen kann, ob Ihre depressive Stimmung mit organischen Ursachen zu tun hat.

Ich will auch hervorheben: Ihre Aussage, »ich bin nicht krank«, stimmt vollkommen. Ihr Ich ist nicht krank, es kann gar nicht krank werden. Und wenn Sie der Meinung sind, die Welt sei krank, so stimme ich Ihnen auch hier weitgehend zu. Diese unsere Welt ist vielfach krank. Allerdings glaube ich überhaupt nicht, dass die Welt besser würde, wenn Sie Ihr leibliches Leben eigenhändig und frühzeitig beenden wollten. Vielmehr habe ich die Gewissheit, dass auf Sie noch eine Aufgabe in dieser Welt wartet, eine Aufgabe, durch deren Erfüllung etwas in dieser Welt besser werden könnte, wobei ich nicht sagen kann, welche Aufgabe die Ihre ist.

Noch eine kurze Weisheitsgeschichte erzähle ich Ihnen: Ein kleiner Fisch im Ozean sagte zu einem anderen großen Fisch: »Entschuldigung, du bist älter und erfahrener als ich und kannst mir wahrscheinlich helfen. Sag mir, wo kann ich die Sache finden, die man Ozean nennt? Ich habe vergeblich überall danach gesucht.«

»Der Ozean«, sagte der ältere Fisch, »ist das, worin du jetzt schwimmst.«

»Das? Aber das ist ja nur Wasser. Ich suche den Ozean«, sagte der jüngere Fisch sehr enttäuscht und schwamm davon, um anderswo zu suchen.

Kleiner Fisch, hör auf zu suchen, es gibt nichts zu suchen. Sei einfach still, öffne die Augen und sieh dich um. Du kannst es nicht übersehen.

Im Augenblick ist das alles, was ich Ihnen noch mitteilen wollte. Ich wünsche Ihnen Geduld und Ausdauer auf dem Weg zum Sinn Ihres Lebens. Er ist jeden Tag da, irgendwo in Ihrem konkreten Lebenskontext.

Mit guten Grüßen ...«

Mag sein, dass der obige Student einen schizoiden Charakter und Neigung zur Depression hatte, doch sein existenzielles Anliegen war die Sinnfrage. Er wusste viele Antworten auf die Warum-Frage. Er war erstaunlich informiert, was Computer, Neurobiologie und Mathematik anbelangt, aber auf die Wozu-Frage fand er bis zum Zeitpunkt unseres Gespräches (das 1997 stattgefunden hat) keine Antwort. Er besaß viel (Kopf-)Wissen, aber noch keine (geistige) Erkenntnis.

Unser Gespräch war einmalig. Der Student ist nicht mehr zur Logotherapie gekommen. Auch auf meinen Brief habe ich keine Antwort erhalten. Doch die Begegnung mit ihm bedeutete für mich eine Art Schlüsselerlebnis. Erneut habe ich realisiert, wieso Viktor Frankl davor warnt, die Sinnproblematik auf ein psychisches Problem zu reduzieren. Besser gesagt: Es ist keine Problematik, um die es hier geht, sondern es ist die eigentlich menschliche Dimension – das menschlichste am Menschen – die, wie bei diesem Studenten, sich kundtut und manifestiert, sooft jemand direkt oder auch nur indirekt die Wozu-Frage stellt oder in Form der Depression erlebt, dass er nicht seinem Logos gemäß gelebt hat.

Frankl betont immer wieder die Eigenständigkeit der geistigen Dimension im Menschen und lehrt, das Ringen um den Sinn – ein Prozess, der sich nicht selten in Form einer Depression ausdrückt – sei an und für sich keine Krankheit, sondern überhaupt das fundamentale Kennzeichen des Menschseins. Noch nie hat ein Tier die Sinnfrage gestellt. Tiere fragen nicht nach dem Sinn ihres Lebens. Der Mensch aber beantwortet die Sinnfrage, indem er sein Leben verantwortet, so Frankl, und diese Verantwortung hat er nicht nur gegenüber konkreten Aufgaben und Werten, deren Verwirklichung auf ihn warten, sondern auch gegenüber sich selbst. Diese Aufgabe möchte ich so umschreiben:

Das Erwachen zum ureigenen geistigen, heilen Personenkern, zum eigenen Geist-Ich, das nicht krank werden und nicht sterben kann, ist wie das Heraustreten aus einem dunklen Keller und das Hineingehen in den helllichten Tag der Mittagssonne. Genau das geschieht, wenn ein Mensch seinen Logos, seinen ihn in Exklusivität anrufenden Sinn entdeckt.

Ich könnte mir vorstellen, dass der Student durch eine Liebesbeziehung zu einer Frau oder durch regelmäßige körperliche Arbeit – sei es nur im Garten der Eltern – oder durch positive Hinwendung zu Mitmenschen oder durch die Suche und das Finden seines beruflichen Wirkens in wenigen Monaten hätte seine Depression überwinden können. (Vielleicht hat er sie überwunden.) Des Weiteren könnte ich mir gut vorstellen, dass jemand, der unter einer noogenen Depression leidet, zunächst ehrlich vor sich selbst zugeben muss, dass er auf seinem bisherigen Weg nicht das Gesuchte gefunden hat und deshalb umkehren muss.

Logotherapie kann hier sehr wirksam helfen. Sie ist als spezifische Therapie bei noogenen Neurosen und Depressionen angezeigt und als unspezifische (begleitende, supportive) Therapie bei Psychosen und psychogenen Neurosen, in deren Verlauf zusätzlich eine existenzielle Leere auftritt.

Die Ursache des existenziellen Vakuums beschreibt Frankl so: »Im Gegensatz zum Tier sagen dem Menschen keine Instinkte, was er muss; und dem Menschen von heute sagen keine Traditionen mehr, was er soll; und oft scheint er nicht mehr zu wissen, was er eigentlich will. Nur umso mehr ist er darauf aus, entweder nur das zu wollen, was die anderen tun, oder nur das zu tun, was die anderen wollen.«[3] – Und Uwe Böschemeyer sagt dazu noch:

»Den Grund aber für diese Entwicklung sehe ich in der zunehmenden Selbstentfremdung des Menschen unserer Zeit. Die Selbst-Entfremdung ist meiner Auffassung nach das Ergebnis einer veränderten Werthierarchie, an deren Spitze materialistische Werte dominieren. Die Folge dieser Entwicklung ist ein reduziertes Wertgefühl des Menschen – für sich selbst, für andere, für das Leben überhaupt. Diese Entwicklung ist jedoch keine schicksalhaft notwendige, sondern eine zugelassene – und daher elementarer Ausdruck einer aktiven Seins- und Sinnvergessenheit.«[4]

Die Reorientierung auf so etwas wie Sinn und Werte gibt bei noogenen Störungen den therapeutischen Ausschlag. Worauf es ankommt, ist die Hingabe an eine Aufgabe, die jeweils noch zu erhellen und zu konkretisieren ist.

# Wann hilft Logotherapie?

Zur Abrundung sei der Indikationsbereich der sinn- und wertorientierten Therapie zusammengefasst. Logotherapie ist indiziert bei:

1. Menschen, die nach Existenzorientierung und wertbezogener Persönlichkeitsbildung suchen – Beispiele sind:
   - Sinnverlust, Sinnmangel, Mangel an Sinnqualität,
   - Lebensängste und ethische Konflikte,
   - Reifungskrisen und unveränderbares Leiden,
   - Partnerschafts- und Ehekonflikte,
   - Machtkonflikte am Arbeitsplatz,
   - Sinnsuche in politischen Gremien und Firmen.

2. Menschen mit »neurotischen« Störungen – Beispiele sind:
   - Ängste und Depressionen,
   - Zwänge und Süchte,
   - sexuelle und psychosomatische Störungen,
   - Hysterie und reaktive Depression.

3. Menschen mit psychotischen Störungen – Beispiele sind:
   - begleitende Gespräche mit psychiatrisch behandelten endogen-depressiven und bzw. oder manischen Patienten,
   - begleitende Gespräche mit psychiatrisch behandelten schizophrenen Patienten, wobei hier die Zusammenarbeit des nichtärztlichen Therapeuten mit dem jeweils zuständigen medizinischen Fachkollegen unerlässlich ist.

4. Außerdem ist Logotherapie – in Form der ärztlichen Seelsorge – immer dann angezeigt, wenn es gilt, den Zustand quälender Trostlosigkeit zu beheben, der angesichts eines unabänderlichen Schicksals (z.B. Körperbehinderung, Krebs, Siechtum, Verlust eines geliebten Menschen etc.), auf Grund einer falschen Einstellung zum eigenen Leiden entstanden ist. Deshalb widmet die Logotherapie in der drei- bzw. vierjährigen Ausbildung ein ganzes Semester dem »homo patiens«.[5]
   In der Sichtweise der Logotherapie handelt es sich um ein ur-

tiefes Sinnbewusstsein, dass jederzeit und immer wieder neu etwas Wichtiges, Bedeutsames und Wertvolles auf einen Menschen wartet, auf ihn als einzigartige, einmalige und unwiederholbare Person – die jeder ist – und dass niemand dieses Etwas an seiner statt [so] verwirklichen kann wie er. Den Gesundungsprozess des Klienten unterstützt enorm der Sinnglaube, dass er nicht umsonst, sondern auf etwas, auf jemanden hin existiert, dass er selbst urgewollt und urbejaht ist und in seinem Innersten heil ist: »Ich im Licht.«

Dr. Otto Zsok, Jahrgang 1957, ist seit 1991 Dozent am *Süddeutschen Institut für Logotherapie* in Fürstenfeldbruck bei München. Mitarbeiter von Frau Dr. Elisabeth Lukas. Studien: Theologie, Philosophie, Sozialpädagogik. Promotion in Philosophie. Er hat mehrere Bücher zu Lebensthemen auf logotherapeutischer Basis geschrieben. Ein Schwerpunkt seiner Arbeit ist die gelungene Verbindung des logotherapeutischen Gedankengutes mit der Musikmeditation sowie der Logotherapie mit dem Religiösen. Er hat seine logotherapeutische Ausbildung (1986–1990) bei Dr. Elisabeth Lukas und Dr. Wolfram Kurz absolviert.

Anschrift:
Süddeutsches Institut für Logotherapie
Geschwister-Scholl-Platz 8
D – 82256 Fürstenfeldbruck
Tel: 08141/180 41
Fax: 08141/151 95

KARLHEINZ BILLER

# *Der Sinn wartet auf den Menschen*

## Viktor E. Frankls Sinnkonzept

Frankl hat keine systematische Darstellung zum Sinn vorgelegt, wohl aber ist ein Gesamtkonzept von Sinn in seinem Werk immanent angelegt. Zur Bestätigung dieser Annahme werden im Folgenden ausgewählte Aussagen Frankls zum Sinn zusammengestellt. Sie ergeben Einsichten über Merkmale und Arten von Sinn sowie über die Wahrnehmung oder Entdeckung und Verwirklichung von Sinn. Im vorliegenden Beitrag soll das Konzept des Über-Sinns[1] vor allem deshalb im Mittelpunkt stehen, weil sich dadurch Frankls logotherapeutische Position von anderen Auffassungen unterscheidet. Darüber hinaus werden Ergänzungen und Erweiterungen zum Sinnverständnis von Frankls bekanntester Schülerin Elisabeth Lukas vorgestellt.

### *Merkmale von Sinn*

In den Veröffentlichungen Frankls[2] finden sich zahlreiche Aussagen zu Begriff und Phänomen von Sinn, die im folgenden Abschnitt zusammengefasst werden.[3]

**Sinn setzt das Sein (Kosmos, Welt) voraus**
Frankl gelangt zu der Einsicht, dass das Sein die wesentliche Bedingung der Möglichkeit von Sinn ist.[4] Damit also Sinn überhaupt zu seiner Existenz gelangen kann, muss ein »Sein« vorhanden sein. Er schreibt: »... jeder Sinn setzt Sein voraus – kein Sinn kann etwas bewirken, nichts Sinnhaftes kann sich auswirken, ohne dass ihm vom Sein her Bedingungen gestellt würden.«[5]

Das aber bedeutet, dass der Sinn unter vielem anderen auch des Menschen bedarf, der ihn suchen muss und ihn finden kann und als Folge davon sein Leben als sinnerfüllt erfährt. Mit anderen Worten gesagt: Der Sinn wartet gleichsam auf den Menschen. Frankl schreibt: »Jeder Tag, jede Stunde wartet also mit einem neuen Sinn auf, und auf jeden Menschen wartet ein anderer Sinn. So gibt es einen Sinn für einen jeden, und für einen jeden gibt es einen besonderen Sinn.«[6]

Das heißt, dass für jeden Menschen der auf ihn zugeschnittene Sinn gleichsam wartet. Er wartet darauf, ergriffen und realisiert zu werden. Da es *sein* Sinn ist, ist sichergestellt, dass der Mensch ihn erfüllen kann, dass er der Anforderung, dem Anspruch, der sich bietenden Möglichkeit, die er als die je seinige wahrnimmt, auch gewachsen ist. Das bringt Zutrauen mit sich und stärkt das Selbstwertgefühl. Hinsichtlich des Wartens von Sinn schreibt Lukas, »dass einer [sc. ein Mensch beispielsweise, K.B.] auf uns wartet: der, mit dem das Schicksal uns jeweils zusammenführt. Die letzte Wahrheit ist, dass wir Gesandte sind, diesem einen zu erweisen, was wir für uns erhoffen.«[7] Auch hier wird der Einzelne aufgefordert, sofort ans Werk zu gehen, sodass niemand und nichts warten muss.

## Sinn ist personen- und situationsbezogen und deshalb ein Unikat

> »... wann immer in der Logotherapie von Sinn die Rede ist – [ist] der konkrete Sinn gemeint, der sich in der konkreten Situation verbirgt, mit der eine konkrete Person konfrontiert ist. Dieser Sinn ist ein potenzieller, das heißt, dass er jeweils noch darauf wartet, aktualisiert zu werden – eben von der Person, die er ›angeht‹, die er ›in Anspruch nimmt‹, die den ›Anruf‹ heraushört, der von ihm ausgeht.«[8]

Konkreter Sinn[9] verbirgt sich nach Frankl gleichsam in einer konkreten Situation, »geht Personen an«, nimmt sie »in Anspruch« oder »ruft« sie »an«. Konkreter Sinn ist die »konkrete ›Forderung der Stunde‹«[10] oder der Sinn des Augenblicks. Diese Forderung kann ein Tun, eine Tat oder ein Werk,[11] eine liebende Hingabe an das Schöne, das Große, das Gute[12] und schließlich ein Leiden[13] sein.[14] Mit all diesen so genannten Antworten auf die Forderung der Stunde kann der Mensch in seinem Leben Sinn erfahren, sein Leben mit Sinn anreichern, es also sinnerfüllt leben. Dieser »Sinn [sc. die Forderung der Stunde] bezieht sich nicht nur auf eine bestimmte Situation, sondern auch auf eine bestimmte Person, die in die bestimmte Situation verwickelt ist«.[15]

Der betreffende Mensch muss also sensibel für das sein, was ihm in einer bestimmten Situation abverlangt und vorbehalten ist. Konkret ist der Sinn also nicht nur hinsichtlich der Person (»ad personam«), sondern auch hinsichtlich der Situation (»ad situationem«). Und so wie die konkrete Person einzigartig ist, ist deren Sinnmöglichkeit auch einmalig und einzigartig.[16] Weil Sinn an eine »einmalige und einzigartige Situation gebunden ist«[17], handelt es sich um ein Unikat, eine Einmaligkeit und Einzigartigkeit.

### Sinn ist nicht subjektiv, sondern nur transsubjektiv gültig

> »Sinn muss gefunden, kann aber nicht erzeugt werden. Was sich erzeugen lässt, ist entweder subjektiver Sinn, ein bloßes Sinngefühl, oder – Unsinn. Und so ist es denn auch verständlich, dass der Mensch, der nicht mehr imstande ist, in seinem Leben Sinn zu finden, ebenso wenig aber auch, ihn zu erfinden, auf der Flucht vor dem Sinnlosigkeitsgefühl entweder Unsinn oder subjektiven Sinn erzeugt: während sich Ersteres auf der Bühne – Absurdes Theater! – ereignet, geschieht Letzteres im Rausch, im besonderen in dem durch LSD induzierten. In diesem Rausch geschieht es aber auch auf die Gefahr hin, dass am wahren Sinn, an den echten Aufgaben draußen in der Welt (im Gegensatz zu den bloß subjektiven Sinnerlebnissen in einem selbst) vorbeigelebt wird.«[18]

Subjektiver Sinn ist eine Fehlform von Sinn. – Frankl lehnt jene Sinninhalte ab, die bloß von subjektiver Bedeutung sind, weil sie von den »echten Aufgaben draußen in der Welt« ablenken. Subjektiver Sinn ist ein Sinnsurrogat, weil er die Subjektebene nicht überschreitet. Sinn ist demnach nicht subjektbezogen, sondern transsubjektiv.[19] Transsubjektiver Sinn peilt Werte in der Welt an. Lukas betont wie Frankl, der Sinn liege in einer Sache und in einer Handlung begründet. Sinn spreche also gleichsam für sich selbst und benötige keine Fürsprecher.[20] Damit wird klar, dass niemand den Sinn von etwas einem anderen Menschen vorschreiben kann, sondern dass der Einzelne den Sinn einer Sache erleben muss. Subjektiver Sinn wird als Gefühl künstlich und steht im Dienst eigener Bedürfnisbefriedigung.

> »Der Sinn ist ... auf Grund seiner Situationsbezogenheit ... selber einmalig und einzigartig, und diese Einheit ›des Einen, das Not tut‹, macht dessen Transsubjektivität aus – macht aus, dass der Sinn nicht von uns gegeben wird, vielmehr eine Gegebenheit ist, mag deren Wahrnehmung und Verwirklichung auch noch so sehr der Subjektivität menschlichen Wissens und Gewissens unterstellt sein.«[21]

Die Verbindung des Sinns mit dem Einzigen, was in einer Situation notwendigerweise zu tun ist, verhindert, dass Menschen auf die Idee kommen und willkürlich der Situation einen Sinn zuschreiben. Sinn gewinnt durch seine »Transsubjektivität« erst seine Geltung. Transsubjektiver Sinn hat die Erhaltung und Vermehrung der Werte in der Welt zum Ziel. Dabei hilft das Gewissen als Sinn-Organ, denn es übersteigt die bloße Wahrnehmung dessen, was als subjektiv sinnvoll erscheint, also den Sinn für ein Subjekt. Das Gewissen strebt den Sinn an, der sich von der Sache und der Situation her ergibt. Der Orientierungsmaßstab für Sinnentscheidungen ist also nicht die Bedürfnislage des Subjekts, sondern die »objektive Sinnhaftigkeit«, das »objektiv Sinnvolle« oder der »Sinn der Situation«.[22] Ein subjektives Gewissen muss also den Sinn der Situation erspüren.[23]

Das Gewissen kann sich zweifellos irren und der Mensch kann sich in Freiheit dagegen entscheiden. Nach Lukas` Erfahrung in der therapeutischen Praxis geschieht Letzteres zweifellos häufiger als Ersteres; denn seelische Krankheiten entstehen aufgrund fehlender Übereinstimmung des Menschen mit seinem Gewissen. Gewissen ist aber nicht identisch mit Über-Ich, das lediglich übernommene Normen und Sitten enthält. Das Gewissen hingegen ist ein aller Moral vorgängiges Wertverständnis, das jeder Mensch »intuitiv in sich trägt«. Lukas schreibt: »Es ist das an seinem Ursprung unbewusste ethische Empfinden, das zu unserer existenziellen ›Grundausstattung‹ gehört.«[24] Der Unterschied zwischen Gewissen und Über-Ich wird an Traditionsbrüchen deutlich. »Ein von ihm (sc. Frankl) genanntes Beispiel betrifft die Sklaverei, die jahrhundertelang vom Über-Ich in der Bevölkerung ›abgesegnet‹ gewesen ist. Dennoch entstand unterschwellig ein immer stärkeres Unbehagen auf Gewissensbasis, bis es eines Tages offenkundig wurde und in der Abschaffung der Sklaverei seinen endgültigen Ausdruck fand.«[25]

**Sinn ist allgegenwärtig (ubiquitär)**

Sinn »ist allgegenwärtig. Es gibt keine Situation, in der das Leben aufhören würde, uns eine Sinnmöglichkeit anzubieten, und es gibt keine Person, für die das Leben nicht eine Aufgabe bereithielte.«[26]

Die Allgegenwart von Sinn leitet Frankl von der Annahme ab, dass es »keine Lebenssituation [gibt], die wirklich sinnlos wäre«.[27] Da das Leben für jeden Menschen immer die eine oder andere Aufgabe, die eine oder andere Chance, die eine oder andere Herausforderung bietet, muss Sinn nach Frankl allgegenwärtig sein. Da Frankl auch die Sinnhaftigkeit des unabänderlichen Leids, der Schuld und des Todes[28] postuliert, ist das ganze Menschenleben bis zum »letzten Atemzug«[29] erfasst.[30]

**Sinn ist an Werte (Sinn-Universalien) gebunden**

Ein Wert stellt nach Frankl grundsätzlich etwas Bejahenswertes dar. Darin, was wir bejahen, sehen wir einen Sinn, besser: eine Sinnmöglichkeit. Werte sind daher »umfassende Sinnmöglichkeiten«[31], also Sinn-Universalien[32]. Wert ist aber nicht mit Sinn identisch. Ein Wert, z.B. fünfzig Euro, kann auf verschiedene Objekte und Situationen übertragen werden. Nicht aber ein bestimmter Sinn, der immer an eine Person und eine Situation gebunden ist.

**Sinn ist etwas Objektives**

> »Sinn ist etwas Objektives und dies ist nicht nur der Ausdruck meiner [sc. Frankls] privaten und persönlichen Weltanschauung, sondern auch das Ergebnis experimentell-psychologischer Forschung. Hat doch Max Wertheimer, einer der Begründer der Gestaltpsychologie, ausdrücklich darauf hingewiesen, dass jeder einzelnen Situation ein Forderungs-

charakter innewohnt, eben der Sinn, den die mit dieser Situation konfrontierte Person zu erfüllen hat, und dass ›the demands of the situation‹ als ›objective qualities‹ anzusprechen sind.«[33]

Die objektiv gegebenen Forderungen, beispielsweise der objektiv vorhandene Anspruch oder ein realisierbarer Wert, warten darauf, ergriffen, erfüllt, erlebt oder ihm entsprochen zu werden. Daher kann Frankl sagen, »dass es sich bei einer Sinnmöglichkeit um die Möglichkeit handelt, die Wirklichkeit zu verändern«.[34]

**Sinn kann weder gegeben und verschrieben noch erzeugt, wohl aber genommen werden**

»Sinn kann nicht gegeben werden.«[35]

»... am allerwenigsten kann der Therapeut ihn geben – dem Leben des Patienten einen Sinn geben oder diesen Sinn dem Patienten mit auf den Weg geben.«[36]

Sinn kann nach Frankl nicht gegeben, verschrieben oder gestiftet, sondern nur erfahren, verwirklicht oder beschrieben werden, weil er eine »Gegebenheit« sei. Sinngebung ist die menschliche Anmaßung, die Welt gemäß eigener Interessen, Erwartungen, Bedürfnisse und Wünsche zu verändern. Sinngeben würde nach Frankl auf ein Moralisieren hinauslaufen.[37]

Sinn kann jedoch dem Menschen genommen werden, »nämlich vonseiten einer reduktionistischen Indoktrination«[38]. Er kann Menschen aber auch abhanden kommen, wenn die ursprüngliche Sinnmöglichkeit nicht mehr für gut oder verwirklichungswürdig erachtet wird. In diesen Fällen entsteht die Gefahr eines Sinndefizits.[39]

**Sinn muss gesucht und kann von jedermann gefunden werden**

Wenn nun der Mensch Sinn nicht geben kann, dann muss dieser Sinn als der Wirklichkeit vorausliegend gedacht werden. Denn der Mensch kann den Sinn von etwas nur dann suchen, wenn dieser als bereits vorhanden angenommen wird. Frankl steigert den Gedanken dahingehend, dass es die Aufgabe, ja sogar die Pflicht des Menschen sei, Sinn zu suchen. Und wenn dies so ist, dann müssten die Bedingungen so sein, dass der Mensch den

Sinn auch finden kann, und zwar mithilfe des Gewissens[40], also des Sinn-Organs.

Sinn ist nach Frankl für jedermann zugänglich. Einschlägige empirische Forschungen hätten nämlich ergeben, dass die Sinnfindung im Leben:

> »grundsätzlich unabhängig [ist] von der Geschlechtszugehörigkeit eines Menschen und von seinem Alter, von seinem Intelligenzquotienten und von seinem Bildungsgrad, von seiner Charakterstruktur und von seiner Umgebung. Und schließlich hat sich nachweisen lassen, dass der Mensch Sinn finden kann unabhängig davon, ob er religiös ist oder nicht, und für den Fall, dass er religiös ist, wieder unabhängig davon, welcher Konfession auch immer er angehören mag.«[41]

Sinn ist somit für jedermann auffindbar, wenn er denn nur willens ist, gemäß seiner Fähigkeiten und Fertigkeiten sowie seiner Weltanschauung ihn zu suchen. Frankl hat zur Unterstützung der Sinnsuche die »Existenzanalyse«[42] entwickelt, die er mit »Sinnfahndung« gleichsetzt.[43]

**Das Gegenteil von Sinn ist nicht Unsinn, sondern Widersinn**

Unsinn ist Sinn, entspricht aber nicht dem, was sich andere unter Sinn vorstellen. Unsinn ist der Beleg dafür, dass Sinn subjektiv ist und immer dann, wenn er gelten, also auch in den Augen anderer gültig sein soll, von diesen anderen anerkannt werden muss. Was für den einen sinnvoll ist, muss auch für den anderen nachvollziehbar sein. Subjektiver Sinn muss sich daher in einen größeren Sinnzusammenhang einfügen, der seinerseits Gültigkeit beanspruchen kann. Das Gegenteil von Sinn ist jedoch eindeutig Widersinn.

**Existenz ist Sinn**

Existenz oder menschliches Sein »hat keinen Sinn«, sondern »ist selber Sinn«.[44] Der Mensch kommt zu seiner Existenz, wenn er sich bemüht, aus sich herauszugehen und etwas Sinnvolles zu tun. Existenz ist dann der Zustand des Aus-sich-heraus-Seins. Wenn nun Existenz bei Frankl mit Sinn gleichgesetzt wird, dann muss sich auch Sinn in der Bewegung des Aus-sich-Herausgehens ereignen. Damit erweist sich der Sinn als ein Stimulans, das den Menschen zu Eigenaktivitäten anregt und damit dessen Leben grundlegend verändern kann.

**Sinnarten**

Ein Vergleich der Aussagen über Sinn ergibt sehr schnell unterschiedliche Sinnarten, nämlich eine eher empirische und eine eher metaphysische Art. Man könnte von empirischem Sinn und Meta-Sinn sprechen. Der empirische Sinn ließe sich in den konkreten Sinn der Situation und in den Lebenssinn eines Menschen unterteilen. Die Frage nach dem Sinn des Lebens, des Ganzen, des Kosmos ist weithin als »Sinnfrage« bekannt und zielt auf den Bereich von Metaphysik und Sinnglaube.

**Der konkrete Sinn der Situation**

Der konkrete Sinn der Situation oder des Augenblicks ist der Sinn, der als »Einzelsinn« (Frankl) im Laufe des Lebens möglichst umfangreich verwirklicht und am Ende zum »Sinnganzen« wird, das sich aus »Teilsinnen«, den »Situationssinnen« zusammensetzt.[45] Neben dem konkreten Sinn, der zugleich immer auch ein »partikulärer Sinn«[46] ist, gibt es »selbstverständlich auch einen umfassenden Sinn«.[47]

**Der Lebenssinn eines Menschen**

Der Sinn des Lebens eines Menschen ist die zweite Sinnart. Was der Mensch im Laufe seines Lebens an verschiedenen Teilsinnen verwirklicht, macht den Sinn seines Lebens aus. Was den »umfassenden Sinn« oder den »End-Sinn« anlangt, so empfiehlt Frankl Geduld mit dessen Erschließung zu haben; denn er kommt erst am Ende des Lebens anhand der verwirklichten Sinnmöglichkeiten – gleichsam empirisch quantifizierbar – zum Vorschein. Aber nicht alles, was der Mensch als sinnvoll angesehen hat, war es tatsächlich wert, verwirklicht zu werden: Hier ist der subjektive Sinn auszusondern. Aber der Mensch hat unter Umständen auch Schlechtes und Böses getan, nämlich falls er sich nicht am Sein-Sollenden, am Reich der Werte orientiert hat. Gleichwohl können Unsinn als eine Fehlform und Widersinn als das Gegenteil von

Sinn zu seinem Lebenssinn gehören. Sollte er am Ende seines Lebens darunter leiden, bietet Frankl die Möglichkeiten der Leidbewältigung, Reue und Vergebung an. Mit deren Hilfe kann der Mensch wiederum potenziell Wertvolles vor dem Versinken ins Nichts retten.

Der Sinn des einzelnen Menschenlebens steht mit dem umfassenderen Sinn des Lebens, der die dritte Sinnart darstellt, in einem Zusammenhang.

**Über-Sinn**

Der Sinn des Lebens, der Welt und des Seins, der letzte Sinn, der Übersinn ist die dritte Sinnart. Neben der bisher dargestellten eher engen oder empirischen Sinnart verwendet Frankl Sinn im weiten oder metaphysischen Verständnis. Frankl betont, dass die Frage nach dem Sinn des Ganzen, also der Welt, des Lebens, des Kosmos unbeantwortet bleiben, also scheitern müsse, weil das Ganze von Menschen nicht überschaut werden könne. Dies würde das menschliche Fassungsvermögen sprengen.

Zwei jeweils unwiderlegbare Denkmöglichkeiten besagen, dass zum einen das Universum letztlich sinnlos, zum anderen, dass das Ganze von Sinn durchwirkt sei.[48] Wer sich dafür entscheidet, dass das Ganze von Sinn durchwirkt sei, akzeptiert einen Über-Sinn und kann alle Wechselfälle des Lebens damit in Verbindung bringen, obwohl der Über-Sinn, der Sinn des Ganzen unaussagbar bleibt.[49] Hier ist die Dimension des Glaubens nötig, weil die Frage nach dem Sinn des Kosmos aus der Dimension des Menschen scheitert. Deshalb kann Frankl »Übersinn« in »metaphysischer« Begriffsbildung als einen »›übermenschlichen‹ Sinn«[50] bezeichnen.

Übersinn ist ein Metasinn. – Über-Sinn ist von der Art her ein »Meta-Sinn«[51]. Er ist das, was nach Frankl »jenseits solcher partikulärer ›Sinne‹ liegt, was hinter allen möglichen ›Sinnen‹ steht«[52]. Meta-Sinn wäre »nicht ein Wozu, sondern das ›Wozu des Wozu‹«[53]. Frankl begibt sich mit seinen Ausführungen zum »Übersinn« in jene Dimension, die im religiösen und philosophischen Sprachgebrauch das Jenseits bzw. das Metaphysische heißt. Diese Dimension ist vor allem dadurch ausgezeichnet, dass sie uns

Menschen nicht zugänglich ist. Das aber bedeutet, dass sich der Mensch mit der »Uneinsehbarkeit des Übersinns« abfinden und die Überbetonung des Rationalen aufgeben muss. Frankl spricht in diesem Zusammenhang von dem »sacrificium intellectus« oder der »Opferung des Verstandes«.[54]

»Über-Sinn« ist eine Wortschöpfung Frankls. – Das Wort »Über-Sinn« möchte den »Gesamtsinn« begrifflich fassen. »Übersinn« ist nicht »›übersinnlich‹, sondern bedeutet soviel wie ›übersinnvoll‹«[55]. Übersinn hat mit übersinnlich genauso wenig zu tun wie die »Übernatur« mit übernatürlich.[56] Der Übersinn als das »Übersinnvolle«[57] ist nach Frankl zwar nicht beweisbar, aber wahrscheinlich. Wenn nämlich das meiste einen Sinn »hat«, dann muss auch alles oder das Ganze einen Sinn haben.[58] Übersinn ist die Antwort auf die Sinnfrage, die »aufs Ganze geht«[59]. Er ist identisch mit dem »›Zweck‹ des Weltgeschehens«[60] und dem »Sinn des Weltganzen«[61]. Übersinn oder »Sinn des Weltganzen« lässt sich nur »in der Form eines so genannten Grenzbegriffes« fassen[62]. Dies zeigt, dass sich Frankl durchaus der Gratwanderung seiner Darstellung des Übersinns bewusst ist.

Übersinn durchwirkt die Lebenswelt des Menschen. – Vor diesem Hintergrund ist es möglich, »neben dem Sinn des Lebens, des Überlebens, auch den Sinn des Leidens, des Umsonst-Leidens – ja, viel mehr als dies: auch noch den Sinn des Sterbens aufzuzeigen! Eines Sterbens freilich, das nur mehr sinnvoll hätte sein können im Sinne jener Rilkeschen Redewendung, ... es gelte, ›seinen‹ Tod zu sterben.«[63] Übersinn, der eigentlich mit Sinn nichts zu tun hat, setzt sich immer durch[64] »entweder mit oder ohne mein Dazutun«[65]. Er erfüllt sich in der Geschichte[66]. Es gilt demzufolge, sich mit dem Schicksal zu arrangieren, es zu akzeptieren, die verfügbaren eigenen Sinnmöglichkeiten mit dem Über-Sinn zu synchronisieren. Da sich der Übersinn selbst in der konkreten Alltagssituation manifestiert, gilt diese Einsicht auch für konkrete Sinnmöglichkeiten im Leben des Menschen. Auch konkreter Sinn kann erst durch die Synchronisation der eigenen Entscheidungen mit den Anforderungen der Situation, in der sich der Übersinn manifestieren kann, entstehen. Diese Einsicht liegt dem Theaterstück Frankls »Synchronisation in Birkenwald« (1948)[67] zugrunde.

Letztlich muss sich der Mensch dem Über-Sinn unterwerfen. Frankl fragt, einen Lagerinsassen zitierend, wozu haben wir im Konzentrationslager dies alles erduldet und überlebt? Und er, Frankl, antwortet: Damit wir uns ändern![68]

Frankl betont die Durchgängigkeit der verschiedenen Sinnarten und vertritt damit die Vorstellung von einem Sinnkontinuum. Je umfassender der Sinn wird, desto weniger fasslich ist er und desto schwerer ist es folglich, ihn rational nachzuvollziehen, ihn zu begreifen.[69] Der rationale Sinnbereich muss in diesem Verständnis in den Sinnbereich des Glaubens übergehen. Weil sich der Über-Sinn »einem intellektuellen Zugriff vollends entzieht«[70], ist der »Sinnglaube des Menschen«[71] gefordert.

Die Darstellung des Übersinns als eine den Menschen überwältigende Macht, lässt die Frage zu, inwieweit der Mensch dadurch in seinem Handeln gelähmt werde. Deshalb müsse der Mensch eine List anwenden und den Glauben an den Übersinn zum Schein »abblenden«[72]. Er muss so tun, als ob es den Übersinn nicht gäbe[73] und stattdessen die Orientierung am Sinn, der ihm jeweils »vorschwebt«[74], verfolgen.[75] Das kann ihm gelingen, weil der Übersinn »diskret [ist]: er drängt sich einem nicht auf und kann ebenso gut auch unbemerkt bleiben«.[76]

Frankl kann dadurch den Verdacht eines heimlichen Determinismus in der Logotherapie, der durch die Konstruktion des »Über-Sinns« auftauchen könnte, logisch entkräften.[77] Da heute viele Menschen sich gemäß dieses »Tricks« verhalten, ohne jedoch den Zusammenhang zu erkennen, geraten sie in Sinnkrisen. Dadurch wird Frankl indirekt bestätigt.

In der dritten Sinnart lassen sich graduelle Abstufungen finden, die durch die Begriffe »Totalsinn des Lebens« oder »Gesamtsinn« einerseits und »letzter Sinn« oder »Übersinn«[78] belegt sind, wenngleich sie auch nicht immer durchgängig beibehalten werden.

Der »Totalsinn« des Lebens[79] ist bedingungslos, denn »der Möglichkeit nach ist das Leben sinnvoll unter allen Bedingungen und Umständen, selbst den armseligsten.«[80] Der Mensch kann eine persönliche Tragödie durch die Gewinnung einer angemessenen Einstellung zu einem Leid – also indem er es erträgt – in einen Triumph verwandeln. Das aber gelingt ihm vor allem dann, wenn er von dem Bewusstsein durchdrungen ist, dass der Übersinn auch das Leiden durchwirkt. Aufgrund des »prälogischen ontologischen Selbst-Verständnisses« weiß jedermann, also auch »der Mann von der Straße« um diese Zusammenhänge.[81]

Totalsinn ist auf das Leben bezogen, Übersinn hingegen umfasst es und bezieht Diesseits und Jenseits ein. – Zwischen Totalsinn des Lebens und Über-Sinn oder Gott besteht ein gradueller Unterschied. Übersinn ist der Sinn der Schöpfung, der Sinn des Leidens, der Sinn der Katastrophen, der Sinn des Daseins, der Sinn des Menschengeschlechts usw. Da beispielsweise der Sinn einer Naturkatastrophe unfassbar ist, sagen Menschen, sie habe genauso wenig Sinn wie das unabänderliche Leid, das manche Menschen auszuhalten haben. Deshalb muss man nach Frankl an den Übersinn glauben, denn das »Ganze hat keinen Sinn – es hat einen Übersinn«.[82] »Dass die Naturwissenschaft eine Welt des Sinnes und der Zwecke nicht kennt, heißt aber nicht, dass es Sinn und Zwecke nicht gibt, sondern nur, dass die Naturwissenschaft für Sinn und Zwecke blind ist. Es ›mangelt der Welt der Naturwissenschaft alles, was auf Sinn und Zweck des ganzen Geschehens Bezug hat‹, ...«.[83] Und Albert Einstein wird von Frankl mit dem Satz zitiert: »Das bloße Denken kann uns nichts mitteilen über die letzten und fundamentalsten Ziele. ... Hier stehen wir einfach den Grenzen der rationalen Erfassung unseres Daseins gegenüber.«[84]

Übersinn ist Metapher für Gott. – Da Frankl Sinn unter anderem auch als das »Gottgefällige«[85] bezeichnet, überrascht es nicht, wenn Über-Sinn so viel wie Gott heißt[86] oder ihn innerweltlich repräsentiert. Der Mensch hat »Verantwortung gegenüber einem Sinn«[87], weil dieser letztlich personal gedacht ist. Den Sinn des Lebens vergleicht Frankl mit einer »Mauer«, »hinter die wir nicht weiter zurücktreten können, die wir vielmehr hinnehmen müssen ... weil bei dem Versuch, die Frage nach dem Sinn von Sein zu beantworten, das Sein von Sinn immer schon vorausgesetzt ist«[88]. Er kann daher sagen: »Sofern ich existiere, existiere ich auf Sinn und Werte hin; sofern ich auf Sinn und Werte hin existiere, existiere ich auf etwas hin, das mich selbst notwendig an Wert überragt ..., mit einem Wort: sofern ich existiere, existiere ich immer schon auf

Gott hin.«[89] In einem Analogieschluss knüpft Frankl den Sinn des Ganzen, den »Über-Sinn«, an eine »Über-Person«[90]. Das bedeutet, dass Frankl gelegentlich ein ontisches Sinnverständnis vertritt, Sinn als wirklich, als seiend auffasst, an den der Mensch glauben müsse. Mit diesem überpersonalen Sinnverständnis verlässt Frankl den Raum-Zeit-Bereich und betritt den Glaubensbereich. In den Über-Sinn kann alles hineingenommen werden, was wir nicht verstehen und begreifen. Er ist offen für das Numinose, also für das Göttliche, verstanden als die unbegreifliche, zugleich Vertrauen und Schauer erweckende Macht.

»Über-Sinn« als Chiffre[91] der Welt, Logos oder theozentrischer Sinn. – Ein Umschreibungsversuch von Übersinn liegt bei Lukas vor. Ihr zufolge ist Sinn »in seiner umfassendsten Form [d.h. also in der Form von Übersinn. Anm. K. B.] die optimale Interpretation des Seins, die Chiffre der Welt, das Paradigma[92] des Schöpfungsgedankens«[93]. Diese Formulierung erinnert an das bereits erwähnte Theaterstück Frankls: »Synchronisation in Birkenwald«. Der Mensch muss sich in den Weltenlauf einklinken, so gut er kann, um sein Leben als sinnvoll zu erfahren. Der Mensch, der dem Sinn entsprechen möchte, sucht demzufolge, die Wirklichkeit zu ihrem Sein kommen zu lassen. Er will alles tun, damit sich die Welt – also Menschen, Wesen, Dinge, Tiere, Ideen und Verhaltensweisen – in ihrer situativ gegebenen Sinnhaftigkeit optimal entfalten kann. Sinn liegt hier gleichsam in der Wirklichkeit, genauer, an Wirklichkeit gebunden in der Form von Aufgabe, Anspruch, Bedeutung, Zweck, Funktion und Wert vor. Es obliegt dem Menschen, gemäß dieser wahrgenommenen Sinnmöglichkeit zu handeln. Daher könnte man Sinn als die optimal zu entfaltende Wirklichkeit identifizieren. Das aber zeigt, dass »Sinn« bei Frankl letztlich bis in die Unendlichkeit hinein offen gedacht und inhaltlich nicht festgelegt ist.[94]

Übersinn ist die Aufgipfelung des Sinnverständnisses in der Geschichte der Psychotherapie. – Es gelingt Lukas, das Sinnverständnis von Frankl in einen historischen Kontext zu stellen und es als unerlässlich auszuweisen. Sie geht von dem Sinn aus, wie er in der Psychoanalyse nach dem naturalistischen Krankheitsmodell als »hinter« der Krankheit liegend gesucht wird, und gelangt zum anthropozentrischen Sinn, der gemäß der klientenzentrierten Psychotherapie »im« gesunden oder kranken Subjekt vorliegt. Diese Sinnverständnisse werden überhöht durch den theozentrischen Sinn der Logotherapie, der die Welt bergend umschließt und als Sinn des Ganzen aufgefasst wird.[95] Der theozentrische Sinn wird als »Logos« apostrophiert, der den Menschen »anruft«. Der Mensch neigt sich dem Sinn des Ganzen »lebend und sich entfaltend« zu. Er ist »der Boden der Existenz, auf dem sich menschliche Existenz vollzieht«. Er ist »dasjenige, auf das hingelebt wird, für das gelebt wird, für das notfalls auch Kindheitstraumen und seelische Barrieren übersprungen werden, weil es den ›Sprung über den eigenen Schatten‹ eben wert ist.«[96] In dieser Sichtweise ist Sinn der Hinter- und Untergrund menschlichen Lebens zugleich, der mitunter nicht erkannt wird oder dem Menschen entgleitet.[97] Mit anderen Worten gesagt: Sinn kann sich dem menschlichen Begreifen entziehen[98], was zu großen Problemen führen kann. Es sei nur an die Schicksalsschläge wie unheilbare Erkrankung oder Partnerverlust gedacht.

Sinn als Ursoll. – Lukas bezeichnet mit sinnvoll all das, was nach dem »Ur-Soll« für die »betreffende Wesenheit lebensförderlich, schützend, behütend, chanceneröffnend, seinserhaltend, sich bewährend, passend, stimmig, horizonterweiternd, einfach ›gut‹ ist«[99], kurz gesagt, was für alle Beteiligten »gut« ist.[100] Das Ursoll ist »liebevoll dem Leben, seiner Erhaltung und Förderung zugewandt«. Lukas identifiziert Sinn mit dem, »was die gesamte Evolution am Laufen hält, weil er (sc. der Sinn) ihr einprogrammiert (›eingehaucht‹) hat, spielerisch zu erneuern und weise zu unterstützen, was das Sein vor dem Absturz ins Nichts bewahrt bzw. die Seinsträger fürsorglich geleitet auf ihren beschwerlichen Pfaden durch die Räume und Zeiten einer irdisch-brüchigen Welt«[101]. Damit ist Sinn die Ermöglichung und Erhaltung des Lebens. Sinn unterstützt somit das Leben auf der Welt, sei es menschliches, tierisches oder pflanzliches. Indirekt fungiert Sinn damit zugleich als Bewertungskriterium.

## *Sinnwahrnehmung*

Bei der Sinnwahrnehmung ist sich Frankl bewusst, dass Sinn in einer höheren Dimension zu finden ist als es die Elemente sind, die den Sinn tragen. Demzufolge ist es nötig, einzelne Ereignisse in einen größeren Zusammenhang eingebettet wahrzunehmen, will man den Sinn des Einzelereignisses finden.[102] Letztlich steht nach Frankl jede noch so kleine Sinnverwirklichung in einer Beziehung zum Übersinn, der sich mit oder ohne unser Dazutun durchsetzt.

Lukas beschreibt zwei Hauptarten der Sinnentdeckung, wobei durch Eindruck und Ausdruck sowohl die Person als auch die Außenwelt sich positiv verändern. Dadurch kann sie den Prozess der Sinnfindung, den Frankl als Gestaltfindungsprozess nach Wertheimer und Lewin versteht, erläutern und präzisieren. Sinn erscheint dabei als Möglichkeit vor dem Hintergrund der Wirklichkeit.

> »Bei der ersten Art [sc. der Sinnentdeckung] drückt ›sich‹ eine Person aus, und zwar bringt sie ›sich‹ in einem erweiterten, verbesserten Entwurf zum Ausdruck. Bei der zweiten Art wird die Person beeindruckt, und zwar wird sie eines Weiteren, Besseren eindrücklich gewahr. Beides verändert die Person in ihrem So-Sein, schafft eine Intensivierung ihres Da-Seins, lockt sie in höhere Entwicklungsbahnen. Demnach wird immer dann Sinn entdeckt, wenn Be-›eindruck‹-barkeit und ›Ausdruck‹-fähigkeit des Menschen am Werke sind, wenn seine innere und äußere Plastizität mit der Außenwelt kommuniziert und Veränderung bewirkt. Positive Veränderung von Person und Außenwelt.«[103]

Ausgehend von Beispielen erfolgreicher Sinnfindung entwickelt Lukas drei Stadien der ersten Art der Sinnentdeckung, nämlich die Vision, die Kognition und die Emotion. Die zweite Art der Sinnentdeckung – eine Person wird beeindruckt – ist ebenfalls dreifach gegliedert. Hier heißen die Stadien Erlebnis, Ergriffenheit und Erkenntnis. Sowohl die Vision als auch das Erlebnis beziehen sich auf das »Du« in der Form von Mitmensch, Mitwelt und Überwelt. Wie dies gemeint ist, erläutert das folgende Zitat:

»Meine (sc. E. Lukas) Sinnentdeckung begann mit der Vision, meinem Lehrer [sc. Frankl] einen Wunsch zu erfüllen. Ein Geschenk an ihn wurde angepeilt, ein Geschenk des Schicksals an mich wurde genützt. Auch hier fragt sich: hätte diese Vision mich zu motivieren vermocht, wenn ich meinem Lehrer nicht so vieles zu verdanken gehabt hätte, wenn das Erlebnis überwältigender Dankbarkeit nicht längst in meinem Herzen genistet hätte?«[104]

Es kommt darauf an, etwas Sinnvolles für sein eigenes Leben zu entdecken. Am Höhepunkt der Sinnentdeckung wird dem Menschen eine Sinnmöglichkeit klar, die »mit dem jeweiligen Entwicklungsstand der innersten Stimme des Menschen ... am ehesten korrespondiert.«[105] Die entdeckte Aufgabe stimmt daher mit dem Innersten des Menschen, mit seinem Gewissen überein. Sie ist somit echt. Da sie realisiert wird, verändert sich sowohl die Person als auch die Welt hin zum Positiven. Insofern kann Lukas sagen, »dass jeder Augenblick des Lebens ›heilungsträchtig‹« sei.[106]

Wie kann nun der Mensch den wahrgenommenen Sinn verwirklichen? Was muss er tun, damit sein Leben und die Welt sinnvoll werden? Die Aussagen Frankls zum Prozess der Sinnverwirklichung geben darauf eine Antwort.

## *Der Prozess der Sinnverwirklichung*

»... Sinn lässt sich ... nur erfüllen, indem wir den in jeder einzelnen Situation schlummernden Sinn, also den ›Situationswert‹ (Max Scheler), erfüllen und verwirklichen, und nur dieser ›Einzelsinn‹ lässt sich entdecken und finden ...«[107]

Der Mensch hat demnach die Möglichkeit, im Verlauf seines Lebens eine unbestimmte Anzahl von Einzelsinnen zu verwirklichen. Da ihre Verwirklichung an Werten hängt, gibt es wertvolle Einzelsinne und weniger wertvolle Einzelsinne. Deshalb ist verwirklichter Sinn qualitativ unterschiedlich.

Wesentliche Zusammenhänge des logotherapeutischen Sinnkonzepts hat Lukas grafisch zusammenfassend dargestellt.[108] Die folgende Grafik lehnt sich daran an, verzichtet aber auf die Horizontlinie des Übersinns, um die Grenzenlosigkeit des Glaubensbereichs zu unterstreichen.

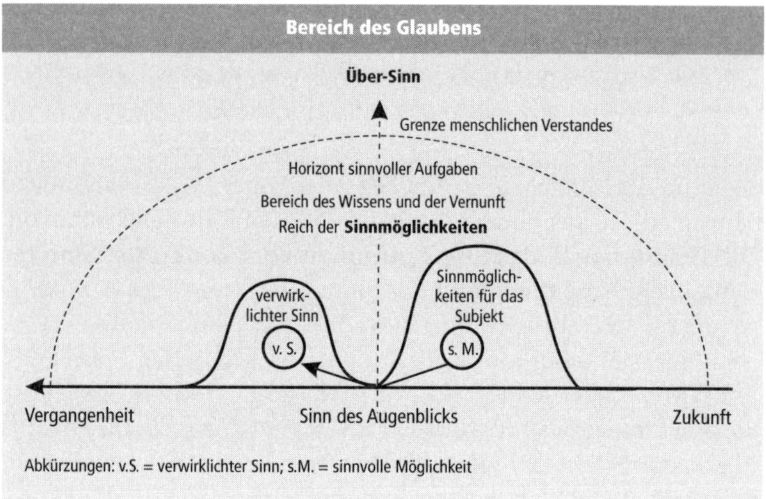


Eine vorhandene Sinnmöglichkeit ist dann würdig, verwirklicht zu werden, wenn sie aus dem Reich der Werte ihre Legitimation erhält, wenn das Sein-Könnende zugleich ein Sein-Sollendes ist. Wer aus der Vielfalt des Sein-Könnenden das in einer Situation Sein-Sollende herausfindet, hat den Sinn des Augenblicks erfasst und ist durch die Situation aufgefordert, ihn zu erfüllen. Kommt er dieser Aufforderung nach, dann verwirklicht er den Sinn der Situation. Dann hat er nach Frankl getan, was in einer konkreten Situation notwendigerweise zu tun war, dann hat er dem Appell entsprochen und die Not, der er in einer Situation ansichtig geworden ist, gewendet und beseitigt.

Sinn ist aber nicht nur durch Situationen, sondern auch durch Zeit bedingt. Jede sinnvolle Aufgabe, die dem Menschen als seine Möglichkeit vorschwebt, muss durch das Nadelöhr der Gegenwart, in der sich der Sinn des Augenblicks zeigt, Stück für Stück hindurchgeführt werden. Das, was als sinnvolle Aufgabe erscheint, das dem Menschen abverlangt wird, muss bejahenswert sein, also mit Werten in Verbindung stehen. Die sinnvolle[109] Aufgabe ist somit immer auch und zugleich eine wertvolle Aufgabe. Sie steht mit einem übergeordneten Werte-Reich in Zusammenhang und gewinnt von daher Qualität und Berechtigung. Man könnte aber auch sagen, dass die angebotene Aufgabe in einer bestimmten Situation mit einer umfassenderen Aufgabe, die den Sinnhorizont abgibt, zusammenhängt. Diese umfassendere Aufgabe, die ihrerseits legitimiert sein muss, ist der Orientierungs- und Bezugspunkt bei den Fragen nach dem Sinn des Augenblicks. Was immer dazu beiträgt, diese anstehende Aufgabe zu lösen, ist folglich sinnvoll. Die Grafik macht das Sinnkontinuum vom konkreten Sinn bis zum Übersinn deutlich.

### *Werte als Hilfen beim Sinnerwerb*

Werte als Sinn-Universalien sind Wege zum Sinn. Sie sind nicht identisch mit Sinn. Die »drei Wertkategorien, und zwar ... ›schöpferische, Erlebnis- und Einstellungswerte‹«[110], sind die drei empirisch überprüften[111] Hauptstraßen zum Sinn.

## Die Bewertung des Sinnkonzepts

### *Kritische Bemerkungen*

Unerledigte systematische Darstellung der Lehr- und Lernbarkeit. – Im Sinnkonzept Frankls fehlen Hinweise über die methodisch einwandfreie Erschließung der Situation. Das in zahlreichen Fallberichten beschriebene intuitive Erfassen mithilfe des »prälogischen ontologischen Selbst-Verständnisses« reicht für Lehr- und Lernbarkeit logotherapeutischer Praxis noch nicht aus. Lukas bemüht sich um diesen Punkt, wie ihre Beschreibung der zwei Arten der Sinnentdeckung belegen.

Gelegentlich uneinheitliche Terminologie. – Die Terminologie ist bei Frankl nicht immer einheitlich, was insbesondere bei »Übersinn« deutlich geworden ist und bei der Verwendung der Bezeichnung »Sinngebung« aufscheint.[112] Wenn Frankl sagt, dass der Kranke »seinem Kranksein den Sinn gibt«, dann ist damit die

»Auseinandersetzung mit ihm [sc. dem Kranksein] als Schicksal«[113] gemeint. Das aber ist ein Akt des Ringens mit dem Schicksal. Dessen Ziel ist erreicht, wenn der Kranke in seiner Krankheit die ihm auferlegte Aufgabe erkennt. Dieses Ringen ist mehr als bloße Zuschreibung von Sinn. Es ist die Bemühung, dem unabänderlichen Kranksein »den tiefsten Sinn« abzuringen[114] und dadurch »den höchsten Wert zu verwirklichen«[115]. Sinn ist hier das »Er-geb-nis« großer Anstrengung und einer harter Arbeit, jene an Sinnmöglichkeiten herauszuholen, die auf den ersten Blick nicht ersichtlich waren. Wenn man hier vom Sinn-Geben spricht, meint man eigentlich das Sich-Ergeben von Sinn. Mit anderen Worten gesagt: Sinn hat sich ergeben, hat sich eingestellt aufgrund von intensiven Bemühungen um ihn. Er wurde aus der Situation gleichsam herausmodelliert. Gelegentlich setzt Frankl »Sinn« mit Bedeutung[116], Zweck[117] und Funktion gleich.

Das Sinnkonzept Frankls ist strukturell dem Sinnverständnis geschlossener Kulturen ähnlich. – Vertreter derartiger Kulturen beziehen alle Handlungen, Ereignisse oder Dinge der Wirklichkeit auf einen Urheber. Dieser Urheber garantiert deren Sinnhaftigkeit. Er lässt nur geschehen, was im Hinblick auf ihn sinnvoll ist. Will der Mensch im Einklang mit den Gesetzen des Herrschers leben, muss er sich ihnen unterwerfen. Übertragen auf die Welt und den gesamten Kosmos gilt, dass die Sinnkrise des Einzelnen ein Mangel an Synchronisation mit dem göttlichen Plan ist. Da Gott der Urheber von allem ist, muss in allen Handlungen und Dingen ein Sinn verborgen liegen, der auf ihn zurückverweist. Es ist die Aufgabe des Menschen, diese Sinnbestimmung, zum Beispiel durch mystische Erlebnisse oder durch die Hermeneutik des Verstehens von Welt so lange zu suchen, bis er sie findet.[118] In dieser Struktur kann durchaus Gott mit Übersinn oder Logos aufgefasst werden. Wer also sein Leben in ein positives Verhältnis zu ihm bringen kann, erfährt Sinn. Dazu will Frankl Menschen verhelfen.

## *Bedeutende Vorzüge des Sinnkonzepts*

Frankl verbindet Medizin beziehungsweise Psychiatrie, Philosophie und Theologie miteinander. – Das Sinnkonzept umfasst den konkreten Sinn, ein Forschungsbereich von Psychiatrie, genauso wie den Sinn des Lebens – ein Thema der Philosophie – und den Über-Sinn, der in der Theologie thematisiert wird. Es ist ein Verdienst Frankls, den Bereich der Transzendenz in den medizinisch-therapeutischen Bereich eingeführt zu haben, kann er doch dadurch die Gefahr eines Reduktionismus thematisieren.

Frankls Sinnkonzept enthält pädagogische Komponenten. Die Einsicht Frankls, dass niemand, also auch keine Eltern oder Erzieher, Sinn geben kann, ist pädagogisch relevant. Frankl macht ferner auf die Notwendigkeit der Eigeninitiative des Menschen aufmerksam und kann durch den Sinn der Situation die Verbindung zu einem gemeinsamen Werk herstellen. Dadurch erschließt er den Blick dafür, dass der Sinn von etwas erst dann erkennbar wird, wenn sich jedermann in selbstloser Weise zum Wohl eines gemeinsamen Ganzen einbringt. Im Bereich Prävention kann das Sinnkonzept Frankls gute Dienste leisten.

Frankls Sinnkonzept kann auch in der Gegenwart gute Dienste leisten. In unserer Zeit ist es mehr denn je jedem Einzelnen möglich, sich als »Schmied« seines eigenen Glücks zu begreifen, also sein Leben sinnerfüllt zu gestalten. Daher ist es nötig, Logotherapie auch von den positiven Aspekten aus zu konzipieren und dadurch den Bereich der Prävention für Logotherapie zu sichern. Die Ablehnung bloß subjektiver Sinnerlebnisse ist einer kritischen Analyse unserer gegenwärtigen Situation sehr dienlich. Hierbei können überraschende Zusammenhänge zwischen hohem Lebensstandard und Sinndefizit deutlich werden. Wer sich immer nur um die Bedürfnisse seiner eigenen Person bemüht, verliert sich und gerät in ein Sinndefizit. Ein angemessenes Sinnverständnis ist schließlich für die Wahrnehmung sinnraubender zeitgeschichtlicher Erscheinungen, wie es Frankl zufolge der Reduktionismus oder der Deduktionismus[119] darstellt, äußerst hilfreich. Dies zeigt, dass Sinn als Beurteilungskriterium möglich und bedeutsam ist.

Das Sinnkonzept Frankls kann das bürgerschaftliche Engagement in der Zivilgesellschaft bereichern. – Ein tiefgreifender Wertewandel hat die ganze Bevölkerung Deutschlands erfasst. Selbstentfaltungswerte gewinnen und traditionelle Pflichtwerte verlieren an Bedeutung. Diese Entwicklung wird oft als Tendenz zum Egoismus missverstanden. Es handelt sich aber vielmehr um eine Tendenz zu mehr Eigeninitiative, Eigensinn und Selbstsorge, die eine wichtige Quelle bürgerschaftlichen Engagements darstellt.[120] Das franklsche Sinnkonzept kann helfen, bislang ungeahnte Sinnmöglichkeiten des bürgerschaftlichen Engagements zu erkennen. In die zunehmende Diskussion um eine zivile oder bürgerschaftliche Gesellschaft, um Kommunitarismus, die immer auch die Suche nach dem, was sinnvollerweise zu tun ist, enthält, könnten sich Logotherapeuten kompetent einmischen.

Das logotherapeutische Sinnkonzept kann auch in den Bereichen der Pflege, der Sterbebegleitung und der Trauer ein wichtiges Aufgabenfeld wahrnehmen. Es kann jene Bedingungen formulieren, die erfüllt sein müssen, damit das Leben der Pflegerinnen und Pfleger sowie der Pflegebedürftigen als sinnvoll zu führen ist. Insbesondere die Menschen, die in die Kategorie des Schwerstpflegefalles eingestuft werden, benötigen die Erfahrung, dass auch ihr eingeschränktes Leben bis zum Schluss sinnvoll ist. Die Möglichkeit der Rückschau auf das gelebte Leben, wie sie von Lukas empfohlen wird, kann belastende Lebensereignisse neutralisieren.

## Schluss

Viele Menschen orientieren sich aus den unterschiedlichsten Gründen nicht mehr an überkommenen Sinnkonzepten. Und da neue Sinnangebote durch die weltweite Vernetzung vielfach den Erwartungen nicht entsprechen, sind viele Menschen verunsichert. In unseren Breiten ist die Anfälligkeit für »Sinnstifter« sehr groß. Die »Sinnkrise«, auf die Frankl aufmerksam gemacht hat, scheint jede Epoche – zumindest in einem Kulturkreis wie dem westlichen – zu treffen. In einer solchen Situation ist es gut, dass ein Sinnkonzept wie das von Frankl vorliegt, das den subhumanen Versprechungen in unserer Zeit überlegen ist und von seinen Vertretern, wie von Elisabeth Lukas, auf dem aktuellen Stand gehalten wird.

PROF. DR. PHIL. KARLHEINZ BILLER ist in zweiter Amtszeit 1. Vorsitzender der *Deutschen Gesellschaft für Logotherapie und Existenzanalyse (DGLE)*, Gründer und Vorsitzender des Wissenschaftlichen Beirats und Mitglied der Redaktion dieser Gesellschaft.

Anschrift:
Christian-Albrechts-Universität zu Kiel, Institut für Pädagogik
Olsenhausenstraße 75
D – 24098 Kiel

OTTO ZSOK

# *Elisabeth Lukas – ein Lebensweg*

## *Eine Würdigung ihres Lebenswerkes zum 60. Geburtstag*

Die äußeren Stationen des Lebensweges von Dr. phil. et habil. Elisabeth Lukas, die am 12. November 2002 sechzig Jahre alt wurde und der dieses Buch gewidmet ist, lassen sich in wenigen Sätzen zusammenfassen.

Sie erblickte das Licht dieser Welt 1942 in Wien. An ihre Kindheit erinnert sie sich als eine bei den Eltern und Großeltern geborgene, behütete Zeit. Nach ihrem Psychologiestudium an der Wiener Universität unter den Professoren Hubert Rohracher, Giselher Guttmann und Viktor E. Frankl, das sie mit einer Dissertation über Logotherapie (1971) und ihrer Promotion zum Dr. phil. (1972) abschloss, zog sie mit ihrem Mann und ihrem Sohn in die Bundesrepublik Deutschland. In der Nähe von Pirmasens, dann in Wiesbaden arbeitete sie als Psychologin. Im Mai 1975 stand sie zum ersten Mal offiziell als Frankls Schülerin vor einem akademischen Publikum auf einer Tagung, die von der Katholischen Akademie der Erzdiözese Freiburg zum Thema »Krise und Rehumanisierung der Psychotherapie« organisiert wurde. In den Jahren 1977–1986 war sie fachliche Leiterin der psychologischen Beratungsstelle der »Katholischen Jugendfürsorge der Erzdiözese München und Freising«. Seit 1983 lehrte sie mehrere Jahre an der Ludwig-Maximilians-Universität in München, sie hatte aber auch Lehraufträge in Innsbruck, Wien und Toronto. In dieser Zeit entwickelte sie die Logotherapie weiter und machte sie speziell für die Klinische Psychologie fruchtbar, indem sie sich den psychologischen und psychotherapeutischen Aspekten der sinn- und wertorientierten Therapie widmete. Schon 1977 hat Viktor Frankl in einem Brief an Elisabeth Lukas geschrieben: »Lassen

Sie mich betonen, dass ich Ihre eigenen Arbeiten für reich an originären Ideen und besonders an der kreativ-selbstständigen Fortführung der von mir gelieferten logotherapeutischen Ansätzen finde.« (Brief vom 29.6.1977 Frankl an Lukas).[1] Aus diesen Arbeiten, die ursprünglich Vortragsmanuskripte waren, entstand ihr erstes Buch: »Auch dein Leben hat Sinn« (siehe Anmerkungen und Literatur, S. 297 ff.).

Durch zahlreiche Vorträge im In- und Ausland sowie durch ihre 33 Fachbücher (gezählt bis September 2002), die in 13 Sprachen erhältlich sind, wurde sie international bekannt. Insgesamt hat sie von 1983 bis 2002 an etwa 50 Universitäten Vorlesungen und Seminare gehalten. 1991 hat sie die Ehrenmedaille der »Santa Clara University« in Kalifornien für »Outstanding contributions in Counseling Psychology to the World Community« bekommen.

Das Jahr 1983 wurde im Leben von Elisabeth Lukas zum »Schicksalsjahr«. Damals musste sie sich einer schweren Entscheidung fügen. Immer wieder wollte sie nach Wien, in ihre geliebte Heimatstadt, zurückkehren. Nach dem 3. Weltkongress für Logotherapie, 1983 in Regensburg, der überwiegend von Gerhard Lukas organisiert und gemanagt wurde, verstand sie in einem bestimmten inneren Erlebnisvorgang, dass ihr Platz nicht in Wien ist, dass sie ihre subjektive Sehnsucht, in die Heimat zurückzukehren, durch den transsubjektiven Logos korrigieren lassen muss. Elisabeth Lukas äußerte sich darüber so:

Nach dem Kongress in Regensburg »hatte ich andere Sehnsüchte:

> Ich wollte in meine Heimatstadt Wien zurückkehren. Obwohl wir in Deutschland viele liebe Freunde gewonnen hatten, war es dennoch ein Leben im Ausland, in der ›Emigration‹ gewesen. Für das Jahr 1984 aber plante unser Sohn, in Wien mit seinem Studium zu beginnen, und warum sollten wir Eltern ›zurückbleiben‹? Immerhin gab es inzwischen ein österreichisches Logotherapie-Institut, dem ich meine Kräfte und Erfahrungen zur Verfügung stellen konnte. Aber es sollte anders kommen. Im Abiturjahr unseres Sohnes – dem Jahr, in dem wir ›beweglich‹ wurden, weil wir nicht mehr schulisch gebunden waren – sollte unter Alfried Längle eine österreichische Logotherapie-Gesellschaft entstehen, die mir deutlich signalisieren würde, dass sie keine Verwendung für

> mich hätte. Erst in diesem Zusammenhang sollte ich – nach einer Phase der Trauer – verstehen, dass **Gott mich in Deutschland braucht**. Und erst dann sollte ich bereit sein, Ja zu sagen zum ›Süddeutschen Institut für Logotherapie GmbH‹.«[2]

In wenigen Worten wird hier ein persönliches Ringen um den Sinn – um ihren einzigartigen und einmaligen Sinn – beschrieben.

Zum 80. Geburtstag von Viktor Frankl (1905–1997) hat sie im Herbst 1985 mit ihrem Mann, Gerhard Lukas, das *Süddeutsche Institut für Logotherapie* in Fürstenfeldbruck bei München gegründet, eine inzwischen international bekannte Therapie- und Ausbildungsstätte, die am 1. Februar 1986 ihre Pforten für die Öffentlichkeit geöffnet hatte.[3] Von Anfang an war es als Wissenschafts- und Ausbildungsinstitut vom Rang einer »Postgraduierten-Akademie« konzipiert, und es hat bis heute das Ziel, das philosophisch-anthropologische und medizinisch-therapeutische Werk und Erbe von Viktor Emil Frankl in Lehre und Forschung zu verbreiten und weiterzuentwickeln. Die Aufgabe der psychotherapeutischen Ambulanz war und ist es, Menschen in seelischen Nöten – ungeachtet ihrer Zahlungsfähigkeit – Beistand zu leisten. Frau Dr. phil. et habil. E. Lukas war in der 1982 von ihr mitbegründeten *Deutschen Gesellschaft für Logotherapie und Existenzanalyse e. V.* – deren Hauptmotor viele Jahre Dr. med. Karl-Dieter Heines war – 15 Jahre lang Vizepräsidentin. Am 26. September 2000 hat ihr die *Internationale Akademie für Philosophie* in Liechtenstein die Lehrbefugnis für den Fachbereich Logotherapie und deren philosophisches Menschenbild verliehen, nachdem, so heißt es in der Habilitationsurkunde, »Dr. E. Lukas in ordnungsgemäßen Habilitationsverfahren durch die Habilitationsschrift ›Lehrbuch der Logotherapie‹, weitere wissenschaftliche Arbeiten sowie durch das Habilitationskolloquium und einen öffentlichen Habilitationsvortrag ihre wissenschaftliche und didaktische Befähigung nachgewiesen hat.«

Ihr literarisches Gesamtwerk ist in Deutsch, Englisch, Italienisch, Französisch, Spanisch, Holländisch, Finnisch, Serbokroatisch, Hebräisch, Portugiesisch, Tschechisch, Slowenisch und Ungarisch erschienen.

Damit machte Frankls bedeutendste Schülerin, Elisabeth Lukas, sein humanistisches Lehrwerk, das teilweise nicht gerade eine leichte Lektüre ist, im deutschen Sprachraum und darüber hinaus einem breiten Publikum zugänglich – und genau darin besteht ihr Verdienst. Außerdem hat sie, was noch zu zeigen sein wird, manche Konzepte ihres Lehrers weiterentwickelt und ausgebaut. Seit der Gründung des *Süddeutschen Instituts für Logotherapie* – seit dem 1. Februar 1986 – spielt sich ihr Leben im Kontext der Arbeit im Institut ab: Ambulante Logotherapie mit zahlreichen Patienten, Ausbildung der neuen Logotherapeutengeneration, Vorträge und Seminare im In- und Ausland (im Durchschnitt dreißigmal pro Jahr), Leitung des öffentlichen Arbeitskreises im Institut, »Briefseelsorge« und natürlich das Schreiben sowie die Veröffentlichung von Büchern. Das Wort »Ausbildung« klingt heute selbstverständlich, nur das Konzept dazu zu entwickeln und Literatur zu schaffen, die solch eine therapeutische Ausbildung ermöglicht, ist überhaupt nicht selbstverständlich. Es ist das Verdienst von Elisabeth Lukas, dass sie sowohl ein Konzept für die logotherapeutische Ausbildung entwickelt als auch eine Fülle von Fachliteratur geschaffen hat, denn die zweifelsohne überragenden Bücher von Viktor E. Frankl – die nach wie vor die primäre Quelle einer originären Logotherapieausbildung darstellen – sind eine nicht gerade leichte Lektüre. Elisabeth Lukas ist es gelungen, die mit Philosophie und mit psychiatrischen Fachausdrücken schwangeren Texte ihres hochverehrten Lehrers Viktor Frankl für ein breites »Publikum« zugänglich zu machen. Diese »Übersetzungsarbeit« – ich weiß es – war keine leichte Aufgabe. Dass sie ihr gelungen ist – darin besteht ihr Verdienst.

# Eine Begegnung von bleibender Prägung

Dass sich der äußere Lebensweg von Elisabeth Lukas so entwickelt hat, ist gewiss auf ihre persönliche Selbstformungskraft und ihre einzigartige Arbeitsdisziplin zurückzuführen. Außerdem findet man da eine zutiefst prägende Begegnung mit einem 63-jährigen Professor an der Wiener Universität. Die Auswirkung jener Begegnung konnte die damals 26-jährige Studentin der Psychologie nicht ahnen, aber fast dreißig Jahre später gab sie ihrer Erinnerung Ausdruck – und damit bin ich beim »inneren Lebensweg« von Elisabeth Lukas. Die Begegnung mit ihrem Lehrer hat sie so beschrieben:

»Im Frühjahr 1968 sah ich Viktor E. Frankl zum ersten Mal in meinem Leben. Es war in der Wiener Poliklinik, im Hörsaal der Universität, wo er eine Vorlesung über Logotherapie und Existenzanalyse abhielt. Dieses Stoffgebiet gehörte nicht zu den Pflichtvorlesungen meines Psychologiestudiums, und da mein Stundenplan ausreichend gefüllt war, geschah es selten, dass ich zusätzliche Vorlesungen besuchte. Doch der Zufall, der gelegentlich Botengänge für die Vorsehung übernimmt, gab sich alle Mühe, mich just in Frankls Vorlesung hineinzulotsen: Ihr Titel hatte meine Neugierde geweckt. Nach sechs Studiensemestern war mir eine Reihe medizinisch-psychologischer Fachausdrücke geläufig, nur von Logotherapie und Existenzanalyse hatte ich noch nichts gehört. Was sollte darunter zu verstehen sein?

Wenn es auch Neugierde war, die mich der ersten Vorlesungsstunde von Viktor E. Frankl zugeführt hatte, so war es keineswegs Neugierde, die mich veranlasste, seine Vorlesung weiterhin regelmäßig zu besuchen. Es war vielmehr ein Schlüsselerlebnis, das mich bewog, ihm ›treu‹ zu bleiben, nämlich die plötzliche unerklärliche Gewissheit, dass der kleine, weißhaarige Professor, der da vorne am Dozententisch stand und sein Menschenbild entwickelte, Recht hatte. Dass er einem Stück ›Wahrheit‹ auf die Spur gekommen war. Dieses Erlebnis, einen unmittelbaren Hauch der ›Wahrheit‹ zu spüren, kam für mich völlig überraschend, denn in den Jahren, in denen ich mich mit der Wissenschaftslehre der Psychologie beschäftigt hatte, war niemals das Gefühl in mir aufgetaucht, der ›Wahrheit‹ wirklich nahe zu sein.«[4]

Gewiss seien die Vorlesungen über Tiefenpsychologie faszinierend gewesen, heißt es weiter, allein »sie hatten den Funken nicht gezündet, und irgendwie schien ich gegen Ende meines Studiums der Erkenntnis, die ich im Studium gesucht hatte, ferner zu sein als je zuvor. Demgegenüber standen in jener ersten Vorlesungsstunde, die ich bei Viktor E. Frankl hörte, ein paar schlichte, ergreifende Sätze im Raum: ›Der Mensch ist beseelt von einem Willen zum Sinn, von einer Ursehnsucht, sein Leben in einem Sinnzusammenhang zu verstehen ... Freude und Lustgefühle sind die Wirkung der Erfüllung eines angestrebten Sinns. Wird statt nach dem Sinn nach der Lust gegriffen, erlischt diese alsbald ...‹ Ich war damals ein äußerst ›kritischer Geist‹, doch die Worte Viktor E. Frankls prägten sich tief in meinem Herzen ein, als träfen sie dort auf ein unbewusstes Vorverständnis ihrer Bedeutung.«[5]

Was mich persönlich in diesem Text beeindruckt ist die Aussage, dass einer jungen Studentin (der damals 26-jährigen Elisabeth Lukas) die Wahrheit vom Menschsein im Rahmen einer Vorlesung in einem Erlebnis zuteil und somit zur plötzlichen, mit dem Verstand unerklärlichen Gewissheit wird. Die Worte Frankls prägten sich tief in ihrem Herzen ein, also nicht im Gedächtnis. Existenzielle Wahrheiten können nur durch das tiefe, klare, harmonische Gefühl – mithilfe des geistigen Empfindungsvermögens – in einem Schlüsselerlebnis berühren. Genau das zu bewirken, freilich ohne darauf reflektieren zu wollen, ist Sache eines Professors. Seine Sache ist es so zu lehren, dass der Lernende, der Schüler, der Student in sich selbst existenzielle Erkenntnisse mitvollzieht bzw. bleibende Wahrheiten des Menschseins erspürt. Das Wort »Professor«, vom lateinischen Verb profiteor (profiteri, professus sum), bedeutet: offen bekennen, öffentlich erklären. Der Professor ist nicht nur der öffentliche Lehrer, der ein Wissensgebiet abdeckt oder ein Fachgebiet in seiner Lehrtätigkeit vertritt, sondern er ist der Bekennende einer existenziellen Wahrheit, er ist Zeuge einer Lebenswahrheit, die er selber erlebt und erfahren hat. Genau dies ist der Fall bei Viktor Frankl gewesen. Er war eben ein existenzielle Wahrheiten erklären könnender Professor.[6]

Das muss jene Faszination bei Elisabeth Lukas ausgelöst haben, die ihren Lebensweg radikal verändert hat. Wie sie 1995 sagte: Dreißig Jahre Dienst am seelisch kranken Menschen und ihr gesamtes berufliches Wirken – das bedeutet auch ein Gesamtwerk von dreiunddreißig Büchern, die E. Lukas bisher veröffentlicht hat – seien von Frankls Vorbild und Lebenswerk bestimmt worden. Sie hat ausdrücklich geschrieben:

»Ohne Frankls Einfluss würde ich weniger friedfertig leben. Ohne seinen Einfluss würde ich weniger intensiv leben. Ohne seinen Einfluss würde ich weniger stressresistent leben.«[7]

Man kann nicht ohne innere Bewegung lesen, welche Impulse Viktor Frankl in seiner bekanntesten und bedeutendsten Schülerin ausgelöst und bewirkt hat. Schließlich ist es ein gewichtiger Satz, den E. Lukas niedergeschrieben hat: »Ich kann mir meine Identität ohne Berührung mit der Logotherapie kaum vorstellen.«[8] Und das heißt: Frankl als Mensch und als Professor hat ihre Identität bleibend geprägt.

## *Auf dem Weg zum Herzen der Mitmenschen*

Wie hat sie sich ausgedrückt? »Ich war damals ein äußerst ›kritischer Geist‹, doch die Worte Viktor E. Frankls prägten sich tief in meinem Herzen ein, als träfen sie dort auf ein unbewusstes Vorverständnis ihrer Bedeutung.«

Zu diesem Vorverständnis gehört noch ein Ereignis aus der Kindheit von Elisabeth Lukas, das sich nach dem zweiten Weltkrieg in Wien zugetragen hatte. 1946 oder 1947 kam ihr Vater mit zwei Orangen nach Hause. Nach dem Abendessen nahm er ein Messer und dann:

> »schälte er behutsam die beiden Orangen, damit kein Tropfen ihres kostbaren Saftes verloren ging. Nach dieser Zeremonie trennte er vorsichtig die einzelnen Spalten ab, zählte sie, dividierte sie durch fünf und legte vor jeden von uns, die wir gespannt um den großen, schweren Tisch herumsaßen, das abgezählte Häufchen Orangenspalten hin, das einem Fünftel entsprach.
>
> Was dann geschah, verschmolz zu jenem unauslöschlichen Bild, das sich tief bei mir eingebrannt hat. Zunächst herrschte Stille und jeder sah begehrlich auf sein ›Häufchen‹ nieder. Dann begann einer – und ich weiß nicht einmal mehr, wer – sein Häufchen mit einer schlichten, einfachen Handbewegung zu dem meinigen herüberzuschieben. Der nächste folgte, und der nächste. Oma und Opa, Mutti und Papa schoben stillschweigend ihre abgezählten Orangenspalten auf meinen Platz und

ich – aß sie alle auf einen Sitz! Sie schmeckten himmlisch, und ich machte mir als vier- oder fünfjähriges Kind nicht die geringsten Gewissensbisse daraus, der zuschauenden Familie vorzuschwärmen, wie saftig und süß sie waren. Aber ich erinnere mich noch an das Lächeln auf den im Kerzenschein fleckigen und vom Hunger gefurchten Gesichtern rundum; es war ein Lächeln der Freude.

Wie gesagt, dieses Bild hat sich tief bei mir eingebrannt. Es sank auf den Grund meiner Seele und ruhte dort, bis es 20 Jahre später in einem Hörsaal [der Wiener Poliklinik an der Universität] wieder zum Leben erwachen sollte. Zu diesem Zeitpunkt hatte ich als junge Psychologiestudentin bereits die Werke von Freud, Adler und der pawlowschen Schule mit größtem Interesse durchgelesen und wusste eine Menge über die Macht der Triebe im Menschen, über die zu konditionierenden Reflexe und dergleichen. Da verschlug es mich in die Vorlesung von Viktor E. Frankl, einem kleinen, weißhaarigen Professor, von dem ich bis dahin nichts gehört hatte. Er trat vor uns Studenten, und es war, als spräche er eine andere Sprache als die übrigen Psychologielehrer. Er behauptete, dass der Mensch zwar einerseits sich über das Animalische in sich selbst erheben könne, sich selbst transzendieren könne in der Hingabe an eine Aufgabe und in der Liebe zu anderen Menschen. Ja, dass der Mensch in Wahrheit ganz Mensch nur dort wird, wo er sich unterordnet einem ihm aufgetragenen und ihm abverlangten Sinn, den es zu erfüllen gilt, der ihn aber zugleich beglückt und durchdringt und erspüren lässt, wozu er auf der Welt ist.

Der kleine weißhaarige Professor hatte kaum zehn Minuten gesprochen, da erstanden vor meinem geistigen Auge wieder der alte Tisch, die rußigen Kerzen und vier Personen, die einem Kind Orangenspalten zuschieben, die sie selbst bitter benötigen ... [und] plötzlich wusste ich: der Professor hat Recht. Die Selbsttranszendenz des Menschen gibt es, mehr noch, sie ist das menschliche Spezifikum, das uns erst Mensch sein lässt. Eine Psychologie, die dies übersieht, kennt den Menschen nicht.«[9]

»Heute sind sie alle tot, meine Großeltern und meine Eltern. Doch dass sie nicht mehr unter uns weilen, nimmt ihnen nichts weg von dem, was sie getan haben. In der Ewigkeit ist die Handbewegung, mit der sie einst die Früchte ihres Lebens zu mir herübergeschoben haben, aufgehoben wie alles andere: unverlierbar. Hätte ich ohne sie meinen Weg als Psychologin zu den Herzen meiner Mitmenschen gefunden?

Vielleicht.

Vielleicht auch nicht.«[10]

Auch hier taucht wieder das Wort »Herz« auf, und aus dem Schreibstil eines Menschen kann man etwas von der geistigen Person selbst erfühlen. Wie einfach und voller Licht sind die obigen Sätze! Elisabeth Lukas versteht ihre therapeutische Arbeit und Wirkung als ein Weg zu den Herzen der Mitmenschen, und genau das scheint mir ein Aspekt zu sein, der von der herkömmlichen Psychologie und Psychotherapie doch weitgehend ignoriert wird. Herz bedeutet hier, bei E. Lukas die dritte, die geistige Dimension des Menschseins, in der die Fähigkeiten zur Selbstdistanzierung und Selbstüberbietung (Selbsttranszendenz) begründet sind. Das (Wort) Herz ist nicht nur der Mittelpunkt körperlichen Lebens, sondern auch ein poetisches Bild und außerdem in Bezug auf seelisches Fühlen und Erleben bei allen Völkern und zu allen Zeiten ein hochbedeutsames Symbol. Warum ist das Herz – und nicht der Kopf – solch ein zentrales Symbol? Weil die Menschen erahnt haben, dass es als anatomisches Organ eben mehr ist als das die ganze Physiologie des Körpers regulierende Zentrum, weil man in allen Kulturen gewusst hat, dass das Herz auch eine geistige (spirituelle) Bedeutung hat. Es ist ein Sinnbild für eine geistige, im Menschen selbst sich offenbarende Wirklichkeit, die man im logotherapeutischen Kontext »geistiges Ich«, »geistige Person«, »transmorbides, heiles Ich« nennt. Zu dieser geistigen Wirklichkeit selbst vorzudringen, um von dort aus heilende Kräfte zum Fließen zu bringen, war und ist das Hauptanliegen von Elisabeth Lukas sowohl in der Therapie als auch in ihren Büchern.

## Die drei Schaffensphasen

Dreierlei fällt auf, wenn man ihre Bücher aufmerksam gelesen hat. Diese drei Hauptzüge lassen sich gut beschreiben, wenn man eine Art Einteilung ihres Lebenswerkes in drei Phasen versucht. Folgende Charakterisierung kann freilich nicht alle bisherigen Bücher von Elisabeth Lukas berücksichtigen, aber die Thematisierung ihrer Essenz ist sehr wohl die Absicht der folgenden

Würdigung. Dabei tritt auch das geistige Profil einer Persönlichkeit in Erscheinung, die in zweiundzwanzig Jahren, von 1980 bis 2002, dreiunddreißig Bücher publiziert hat. Und nun will ich die drei Schaffensphasen und die darin zu beobachtenden Hauptzüge von Elisabeth Lukas betrachten.

## *Auf den Spuren des Lebens*

Erstens. Die in den Jahren 1980 bis 1988 publizierten Bücher von Elisabeth Lukas bilden, nach meiner persönlichen Einschätzung, die Eröffnungsphase. Sie sind das Präludium, in dem fast alle Hauptthemen der späteren Bücher im Ansatz erklingen. Im ersten 1980 veröffentlichten Buch »Auch dein Leben hat Sinn«, erweist sich E. Lukas als exzellente und treue Schülerin ihres Lehrers Viktor Frankl. Damit meine ich, dass sie voll und ganz auf den Spuren ihres Lehrers wandert und bei der Sache der Logotherapie ist, zeigend, dass sie Frankl nicht nur genau gelesen, sondern fühlend verstanden hat. Und was ist die Sache der Logotherapie? Was gilt es da fühlend zu verstehen? Es gilt: Die Masken des Sinnlosigkeitsgefühls zu durchschauen, in jedem noch so sehr von Krisen erschütterten menschlichen Leben irgendeine persönliche Chance zur Sinnwahrnehmung und Sinnverwirklichung zu entdecken und den ursprünglichen, geistig begründeten Willen zum Sinn zu mobilisieren. Sache der Logotherapie ist der Mensch als ein Wesen, das letztlich und eigentlich nach dem Sinn sucht; derjenige Mensch, der immer schon ausgerichtet und hingeordnet ist auf etwas, das nicht wieder er selbst ist, »sei es eben ein Sinn, den er erfüllt, oder anderes menschliches Sein, dem er [liebend] begegnet. Die Essenz menschlicher Existenz ist die Transzendenz ihrer selbst.«[11] Das ist die Sache der Logotherapie, die als sinn- und wertorientierte Therapie den homo patiens vielfach anregt und auf der Suche nach seinem persönlichen Sinn mit diesem Menschenbild konfrontiert.

Genau das illustriert E. Lukas in ihrem ersten logotherapeutischen Buch anhand von einschlägigen Fallschilderungen, die für den Leser zum Erlebnis werden, da sie ihm helfen, Logotherapie auch auf sich selbst anzuwenden.

Frankl selbst hat zu diesem Buch, zum Erstlingswerk seiner Schülerin bemerkt: Bei Elisabeth Lukas seien praktische Erfahrung und empirische Forschung in einem produktiven Rückkoppelungsprozess miteinander vernetzt.[12] Man erlebe in diesem Buch, dass man mit E. Lukas »einen Schritt in die Zukunft der Logotherapie« mitvollziehe.[13] Im zweiten, 1981 publizierten Buch, »Auch deine Familie braucht Sinn«, aber auch in dem dritten Buch, »Auch dein Leiden hat Sinn«, tritt eine psychologisch und logotherapeutisch versierte und gebildete Autorin in Erscheinung (damals 39 Jahre alt), deren sympathische Humanität und Nähe zum Menschlichen rührend und vorbildhaft zugleich sind. Mit den Worten des polnischen Professors für Psychologie Dr. Popielski ausgedrückt:

> Elisabeth Lukas schafft es, »den ihr anvertrauten Menschen, das verloren gegangene Lächeln wiederzugeben, und ihre persönliche Menschlichkeit bewahrt sie vor jedem Versinken in bloße Technizismen oder gar manipulative Strategien. Bewundernswert aber ist nicht zuletzt auch der Bekennermut, mit dem sie sich in das Neuland der Logotherapie hineinwagt, und die Meisterschaft, mit der sie die logotherapeutischen Prinzipien im konkreten Dialog mit dem Ratsuchenden – mit dem Sinndes-Leides-Suchenden – in die Tat umsetzt.«[14]

Denselben Ton schlägt auch der Kölner Neurologe und Psychiater Dr. Werner Scheid an, der im Vorwort zum vierten Buch von Elisabeth Lukas, »Von der Tiefen- zur Höhenpsychologie« (1983), folgende Würdigung geschrieben hat:

> Von Frankls Logotherapie ausgehend, führte E. Lukas »in einer weitgehend eigenständigen Entwicklung das Werk ihres Lehrers fort und ist heute [1983] als Leiterin einer Beratungsstelle in München tätig. Im alltäglichen Umgang mit Hilfe suchenden Menschen hat Frau Dr. Lukas eine weit ausgreifende Erfahrung erworben, die sie dazu befähigt, von einer hohen gedanklichen Ebene aus allgemein gültige Erkenntnisse zu entwickeln. Das vorliegende Werk zeugt von solider, empirisch belegter Sachkenntnis, die auch den mit der Materie vertrauten Leser in ihren Bann zieht, umso mehr, als die Darstellung sich durch Klarheit und eine vorbildliche Diktion auszeichnet, die zumal auch die auf Wesentliches beschränkten ›Krankenprotokolle‹ einbezieht. Kleine, der Anschaulichkeit dienende Parabeln sprechen für eine hohe künstlerische Begabung, wie sie nur den begnadeten Erzählern eignet.«[15]

Die begnadete Erzählerkunst von Elisabeth Lukas ist auch in dem 1985 publizierten Buch, »Psychologische Seelsorge«, zu spüren. Es ist nicht nur das psychologische Pendant zur »Ärztlichen Seelsorge« von Viktor Frankl, sondern es leitet auch die Wende zu einer menschenwürdigen Psychologie ein. Die Autorin wandert auch hier auf den Spuren ihres Lehrers, aber in diesem Buch wird eine originäre Stimme – die eigene Stimme von Elisabeth Lukas – vernehmbar. Vielfältige Möglichkeiten einer positiven und sinnorientierten Auseinandersetzung mit dem Schicksal entfalten sich vor den Augen des Lesers, gruppiert um Themen wie: Familie, Sorgenkinder, Stress im Leben der Frau und des Mannes, Angst, Schuld, menschenwürdige Psychotherapie. In jedem Kapitel des Buches findet man anschauliche Beispiele aus der logotherapeutischen Praxis.[16] Das nun folgende Zitat belegt erneut, dass E. Lukas die Gabe hat, Schwieriges in wenigen, leicht verständlichen Sätzen zu sagen. Sie schreibt:

> »Was ist der Mensch? Seit Jahrtausenden haben Philosophen und Denker um eine Interpretation des Menschen gerungen, und immer sind ihre Entwürfe unvollständig geblieben. Immerhin kam man so weit, dem Menschen einen Leib und eine Seele zuzusprechen, wenn auch die Verknüpfung von beidem in geheimnisvollem Dunkel lag. Nach abendländischer Auffassung stellte der Leib dabei die Dimension der Erdgebundenheit dar, die der Mensch durch seine evolutionäre Abstammung mit den Tieren teilt, während die [ewige] Seele als so genanntes ›Ebenbild Gottes‹ einen höheren, über die sonstige Natur hinausreichenden Stellenwert bekam. Als mit Beginn des 20. Jahrhunderts einerseits die religiösen Dogmen an Festigkeit verloren und andererseits die neugeborene Wissenschaft der Psychologie Einzug hielt in die ärztlichen Praxen und akademischen Hörsäle, änderte sich der Seelenbegriff schlagartig: aus dem ›Ebenbild Gottes‹ wurde ein entmythologisiertes ›Ebenbild des Menschen‹, die Psyche, die nunmehr ebenfalls ins naturalistische Konzept eingefügt wurde. So wie der menschliche Leib eine Weiterentwicklung tierischer Organismen sei, so sei auch die Psyche, wissenschaftlich betrachtet, eine Fortsetzung und strukturelle Verfeinerung tierischer Triebe und Emotionen sowie subintelligenter Problemlösefähigkeiten. Auf dieser Interpretation aufbauend entstanden die Psychoanalyse und die Verhaltenstherapie.«[17]

In wenigen Sätzen bietet hier E. Lukas ein Stück Wissenschaftsgeschichte, eine Darlegung des Problematischen einer Psychologie, die weder objektive Werte noch Sinn, weder Gewissen noch echte Liebe kennt. Denn sie nimmt nur »das feinere Tier« – die Psyche als die Tierseele – im Menschen wahr und erforscht, jene Dimension vernachlässigend, welche die geistige als die zwar nicht einzige, aber eigentliche Dimension des Humanissimum ausmacht und ist. Oder in Bezug auf das überstrapazierte Wort Angst bemerkt sie:

> »Niemals wird es gelingen, eine irrationale Angst bis zu ihren letzten Wurzeln zurückzuverfolgen, sehr wohl aber kann es gelingen, ihrem Sprießen mittels gesundem Trotz Einhalt zu gebieten, und sie durch ein ›distanzierendes Lachen‹ zum Verwelken zu bringen. Man möchte nicht glauben, welch heilende Kraft der Humor überhaupt hat: eine Angst, die man parodieren kann, ist schon keine Angst mehr, zumindest keine solche, die Schaden stiftet!«[18] Oder: »Wo immer sich ein Sinnerlebnis konkretisiert, wird so viel Selbsttranszendenz aktiviert, dass die Neurose keine Chance mehr hat.«[19]

Es folgen die Bücher »Von der Trotzmacht des Geistes« (1986), »Gesinnung und Gesundheit« (1987) und »Rat in ratloser Zeit« (1988). Alle sind beim Herder Verlag in Freiburg erschienen. »Von der Trotzmacht des Geistes« ist, so kann mit Recht gesagt werden, das erste Lehrbuch der Logotherapie, das in systematischer Weise das Menschenbild und die Methoden der sinn- und wertorientierten Therapie nach Frankl kompakt darstellt und hervorragend expliziert. Später hat E. Lukas wichtige Texte dieses Buches in ihr Hauptwerk – »Lehrbuch der Logotherapie« (1998) – übernommen. In »Gesinnung und Gesundheit« hat sie überzeugend gezeigt, dass Gesundheit nicht nur etwas mit körperlicher Kondition zu tun hat, sondern sehr wesentlich von den Haltungen und Einstellungen mitbestimmt wird. Medizin, Pädagogik und Psychotherapie wurden durch dieses Buch zu einem neuen Selbstverständnis verholfen. »Das Buch ist Balsam für die Seele«, hat dazu Dr. med. Max Josef Zilch aus Regensburg geschrieben. Mit dem Buch »Rat in ratloser Zeit« endet nach meiner Einschätzung die erste literarische – logotherapeutische – Schaffensperiode von Elisabeth Lukas, in der überwiegend die Wanderung auf den Spuren von Viktor Frankl dominiert, wobei hier schon bedeutende Differenzierungen, Vertiefungen und nicht zuletzt Verfeinerungen franklscher Konzepte in einer schönen Sprache den interessierten Leser trösten und ermutigen, erfreuen und aufbauen. Man denke nur an das Kapitel »Prinzipien logotherapeutischer Gesprächsführung«[20] oder an die Erzählung »Fabula logotherapeutica«[21], eine Fabel, in der Elisabeth Lukas den wesentlichen Unterschied zwischen Tier und Mensch herausarbeitet, indem sie zwei Hunde miteinander sprechen lässt, die nicht zu begreifen vermögen, dass Menschen etwas als schön empfinden können. Die Fabel ist eine treffende Illustration der neunten These zur Person nach Viktor Frankl, die besagt: Das Tier ist deshalb keine geistige Person, weil es nicht imstande ist, sich über sich selbst zu stellen, weil es nicht imstande ist, aus seiner Umwelt in die Welt der Werte und des Sinnes des Menschen hineinzugelangen, weil es keine Transzendenz kennt.[22]

## *Meisterin der Logotherapie*

Zweitens. Im Jahre 1989 erscheint die »Psychologische Vorsorge«. Dieses Buch ist die erste Psychohygiene-Kunde auf logotherapeutischer Basis und leitet die zweite Schaffensperiode von Elisabeth Lukas ein. An einer Fülle von Beispielen veranschaulicht die Autorin, dass Psychohygiene in der Geisteshygiene ihre Vollendung findet: »Nicht nur der Umweltschutz beginnt in den eigenen vier Wänden, auch der Innenweltschutz beginnt in der eigenen Seele.«[23] Dieses Motto dominiert in dem feinfühlig geschriebenen Buch, in dem neben Viktor Frankl auch andere Autoren zitiert werden – insgesamt dreizehn! Genau darin sehe ich eine neue, eine zweite Phase ihres Schaffens. Während in den früheren Büchern von Elisabeth Lukas aus der ersten Schaffensperiode primär und hauptsächlich nur Viktor Frankl zitiert wird[24] und andere Autoren kaum oder gar nicht herangezogen werden, ist in den seit 1989 erschienen Büchern zu beobachten, dass sie auch aus anderen Quellen schöpft und sich mit anderen Autoren auseinander setzt, ohne unfruchtbare Polemik zu betreiben. Freilich: Die Zahl der Zitate in einem Buch – oder der so genannte wissenschaftliche Apparat – besagt gar nichts über die Qualität des Buches. Es ist lediglich ein Zeichen dafür, dass der Buchautor belesen ist und andere Quellen zitieren kann, entweder, um die eigene Einsicht zu untermauern, oder, um eine Auseinandersetzung mit einem Autor zu führen, dessen Meinung er widerlegen will. Wenn ich also sage, in der zweiten Schaffensperiode findet man in den Büchern von Elisabeth Lukas auch andere, nicht franklsche Quellen, so bedeutet das in erster Linie, dass sie nicht »nur Frankl kennt«, wie ihr das manchmal vorgehalten wurde, sondern, die Schülerphase hinter sich lassend, eigenständig logotherapeutische Konzepte differenziert und innovativ Neues einführt. So ist der Ansatz der sinnzentrierten Familientherapie[25], die Methode der Einstellungsmodulation, das Konzept der logotherapeutischen Selbsterfahrung, die Zuordnung der klinisch-diagnostischen Leitlinien der ICD-10 zur logotherapeutischen Terminologie,[26] die Bibliotherapie[27] und einiges mehr, nicht nur eine schöpferische Fortführung, sondern auch Bereicherung mit neuen Gesichtspunkten dessen, was Frankl in seinem genialen Entwurf manchmal nur angedeutet, aber weder differenziert ausgeführt noch näher begründet hat. Wenn Frankl als Arzt-Philosoph eine anthropologisch solid fundierte Synthese zwischen Medizin und Psychiatrie einerseits sowie Philosophie und Religion andererseits geschaffen hat, wenn seine Anthropologie die bleibend-gültige Grundlage jeder Logotherapie geworden ist, dann ist das Verdienst seiner bekanntesten Schülerin E. Lukas, eine zweite Synthese in die Welt gesetzt zu haben, welche die Psychotherapie und Psychologie einerseits sowie Pädagogik und Seelsorge andererseits kongenial miteinander verbindet und methodisch ausdifferenziert.

Nachdem sie die Texte ihres Lehrers sehr genau gelesen, studiert und für sich vertieft hat, tritt E. Lukas in ihrer zweiten Schaffensperiode [1989–1999] als die logotherapeutische »Meisterin« in Erscheinung, die in ihren Büchern souverän ein Gebiet betritt, dessen Grenzen so weit gezogen sind, wie die Grenzen der Seele und des Geistes. Immer wieder widmet sie sich in diesen Büchern dem Grenzgebiet der ärztlichen und der psychologischen Seelsorge und bietet existenzielle Hilfestellungen an, die für die Seele wahren Trost bedeuten. Nur exemplarisch sollen hier sechs

Bücher aus der Zeit der zweiten Schaffensperiode genannt werden:

»Spannendes Leben« (München 1991)
»Psychotherapie in Würde« (München 1994)
»Wie Leben gelingen kann« (Stuttgart 1996)
»Weisheit als Medizin« (Stuttgart 1997)
»Spirituelle Psychologie« (München 1998)
»In der Trauer lebt die Liebe weiter« (München 1999)

In diesen genuin logotherapeutischen Büchern, die für Tausende von Menschen echte Lebenshilfe und Anlass zur spirituellen Vertiefung geworden sind, offenbart sich Elisabeth Lukas als profunde Kennerin, Könnerin und Praktikerin der Logotherapie. Das Buch »Spannendes Leben«[28] eröffnet meines Erachtens die Reihe der mit »Logo-Philosophie« beladenen Bücher. Es sind hier Bücher entstanden, die den Logos, die Sophia und die Liebe miteinander harmonisch verbinden. Sinn und Geist, Weisheit und Liebe treten in diesen Büchern als Quartett in Erscheinung – und genau das nenne ich: »Logo-Philosophie«. Man lese nur die zehn »Miniaturen« von Gedankenanstößen in dem obigen Buch – und man staune.[29] Nur ein Beispiel sei zur Illustration herausgegriffen. Über das mysterium iniquitatis (das Geheimnis des Bösen) philosophierend, schreibt E. Lukas:

»Das Gute und das Böse liegen nicht auf einer Ebene. Das Böse ist die Abweichung vom Guten, doch das Gute war nie und nimmer die Abweichung vom Bösen![30] Der Widersinn ist die Reduktion von Sinn: verstümmelter, pervertierter Sinn; doch der Sinn kann unmöglich definiert werden als pathologische Abart vom Widersinn. Hier endet die Polarität, weil sich eine eindeutige Höherwertigkeit abzeichnet: Das Gute zählt mehr als das Böse. So dürfen wir, jeder von uns, zurückschauen auf unseren Lebenslauf im Wissen: Bleiben tut alles, wie es war, nämlich bleiben in der Wahrheit, aber zählen tut das Gute, das sinnvoll Gewirkte, das Gelungene, nämlich zählen in der vertikalen Werthierarchie. Dazu passt eine theologische Argumentation, die ich einmal von einem Priester gehört habe. Er sagte zu mir:

»Es ist vorstellbar, dass Gott gütig genug ist, uns alle unsere Fehler und bösen Taten zu verzeihen. Gütig genug, sie wie durch ein ›Sieb‹

durchfallen zu lassen. Aber es ist nicht vorstellbar, dass er zusätzliche gute Taten in unser Leben hineinschaffen könnte, die wir gar nicht gewirkt haben, ohne Betrug an der Wahrheit ...«.[31]

Gute Taten, sinnvolle Handlungen, bleibende Werte hat jeder Mensch während seines irdischen Lebens – in der Zeit von der Geburt bis zum Tod – zu setzen und zu wirken. Das ist des Menschen große, unermesslich bedeutungsvolle Chance! Darauf lenkt Elisabeth Lukas die Aufmerksamkeit und zeigt mit vielen Beispielen, dass der Logos, in konkreten Alltagssituationen verborgen, unentwegt den suchenden Menschen anruft. Man lese nur zum Beispiel das Kapitel »Glaube und Gesundheit in der Logotherapie«[32] und man staune über die treffsichere Führung und Ineinanderfügung der durchfühlten Gedanken.

In dem Buch »Psychotherapie in Würde«[33] findet man nicht nur vierundzwanzig nichtlogotherapeutische Quellen, die zitiert werden, sondern auch einen gelungenen Kommentar zur »Engelszene«[34] aus der Oper »Hänsel und Gretel« von Engelbert Humperdinck, hervorragende Fallgeschichten aus der Praxis und passende Beispiele aus der »narrativen Logotherapie«, ein Begriff, den Wolfram K. Kurz geprägt und in die logotherapeutische Fachliteratur eingeführt hat.[35]

Oder man lese die folgende Reflexion, in der Elisabeth Lukas über die Relation des Sinnbegriffs zum Wertbegriff philosophiert. Sie schreibt:

»Viktor Frankl kommt das Verdienst zu, dass er sich als Wissenschaftler nicht gescheut hat, eine Brücke zwischen Psychotherapie und Theologie zu bauen und seine Logotherapie zwar eindeutig im Bereich der Psychotherapie, aber eng am Ufer des Flusses anzusiedeln, gerade dort, wo die Brückenpfeiler stehen, die den Bogen nach ›hinüber‹ tragen. Ich möchte die von Viktor E. Frankl gebaute Brücke ein paar Schritte weit betreten, indem ich den Dekalog (die biblischen ›Zehn Gebote‹) einer logotherapeutischen Deutung zuführe.«[36]

Dieses Experiment ist überaus interessant und wertvoll, außerdem kann man damit in der Pädagogik sehr viel anfangen.

Durch die Brille einer modernen Psychohygienekunde betrachtet, entdeckt Elisabeth Lukas eine Fülle von Orientierungshilfen im Dekalog.[37] Und man kann darin, in ihrer logotherapeutischen Deutung der Zehn Gebote, einen tragfähigen Ansatz nicht nur für die Pädagogik, sondern auch für die Kultur der zwischenmenschlichen Beziehungen erkennen. Präziser gesagt: Man kann hier die innige Verbindung zwischen Sinn und Wert einsehen. Die von Elisabeth Lukas angebotene logotherapeutische »Übersetzung« der Zehn Gebote lautet:

1. Gebot: Du sollst den Bezug zur Transzendenz nicht verlieren.
2. Gebot: Du sollst dir deine Empfänglichkeit für Werte erhalten.
3. Gebot: Du sollst zeitweise innehalten zur Zwiesprache mit deinem Gewissen.
4. Gebot: Du sollst deinen Eltern die Fehler, die sie an dir begangen haben, verzeihen.
5. Gebot: Du sollst die Sinnhaftigkeit des Lebens bedingungslos bejahen.
6. Gebot: Du sollst die Lust als Nebenwirkung eines Aktes der Liebe geschehen lassen.
7. Gebot: Du sollst nur an dich und auf dich nehmen, was für dich gemeint ist.
8. Gebot: Du sollst das zwischenmenschliche Leid in der Welt nicht vermehren.
9. Gebot: Du sollst die Zusammengehörigkeit der Familie achten und bewahren.
10. Gebot: Du sollst nicht ein Haben intendieren, sondern ein Sein.

Ich möchte hier erwähnen, dass die Gebote 2, 3, 4, 5 und 8 für junge Menschen zwischen 14 und 18 Jahren sehr wohl einsichtig wären und sind, wenn man sie in einer entsprechenden didaktisch-pädagogischen Vorbereitung und im Rahmen einer Reihe von Unterrichtseinheiten anbietet und darlegt. Exemplarisch wäre zum Beispiel das 5. Gebot – du sollst die Sinnhaftigkeit des Lebens bedingungslos bejahen –, auf dessen Grundlage der Zusammenhang des menschlichen, tierischen und pflanzlichen Leben, also die ganze ökologische Problematik, aufgezeigt werden kann.

Jeder Schüler hat eine Lernphase, wonach er – falls er weiterlernt – in die Phase der »Meisterschaft« eintritt. Bei Elisabeth Lukas wird dies seit 1991 immer deutlicher. Ihre Texte sind geprägt und durchdrungen von der Lebenspraxis. Auch Spuren der persönlichen Reifungsprozesse, der geistigen Auseinandersetzung mit tiefenpsychologischen Konzepten, psychologischen Theorien und religiösen Fragen sowie eine immer feinere Antenne für Spiritualität [als Geistes-Haltung und als Weg des Geistes zum Licht] und eine philosophische Schaukraft können in ihren Büchern der letzten Jahre abgetastet werden. Nicht mehr nur die Frankl-Schülerin, als die sie sich in der ersten Schaffensperiode präsentierte, sondern eine zur logotherapeutischen Meisterin gewordene Größe spricht sich hier aus und spricht zur ewigen Seele des Lesers, der mit Staunen feststellt, dass die originäre Stimme dieser Texte ihn meint.

In dem überaus erfolgreichen Meditationsbuch über die Trauer und Trauerbewältigung[38] hat Elisabeth Lukas eine Perle von Buch, das mit ansprechenden Fotos von Rita Briese illustriert ist, dem Leserpublikum geschenkt. Sie zeigt darin die seltsam klingende Wahrheit auf: Das nicht abzuschüttelnde Wissen um das Verlorene kann den Trauernden bei der Bewältigung ihres Leides helfen. Es öffnet ihnen gleichsam Tore der Erkenntnis, die das Hineinwachsen in eine neue, hellsichtige Form ihres Menschseins ermöglicht.

In diesem Buch resümiert Elisabeth Lukas ihr »Vermächtnis« nach 26 Jahren klinisch-therapeutischer Praxis und es soll daraus an dieser Stelle ein Teil zitiert werden:

> »Glaubt nicht an die Utopie der Wissenschaft, die Dinge mittels Technik und Pillen wieder ins Lot bringen zu können! Technik und Pillen sind inhuman, wenn sie sich nicht vereinen mit dem Geist der Liebe. Setzt nicht auf die moderne Priesterschaft der Psychologen und Psychotherapeuten und deren Heilsversprechen! Sie sind außerstande es zu erfüllen. Gebt euch nicht der Illusion hin, politische, sektiererische oder sonst clevere Führerfiguren würden eure Probleme lösen! Sie werden euch hauptsächlich für egoistische Zwecke benützen. Verfallt trotzdem nicht der Resignation in der Annahme, alles sei hoffnungslos! Echte Hoffnung übersteigt das Erreichbare bzw. Unerreichbare dieser Welt.

Besinnt euch stattdessen auf eure eigenen Seelenkräfte![39] Ihr seid einzigartige Personen, und als solche ›durchtönt‹ (personare = durchtönen, lat.) von einem Akkord, in dem die ganze Fürsorge des Schöpfers für seine Geschöpfe zusammenklingt. Ihr seid urgewollt, urwillkommen und gebeten, die Menschengemeinschaft zukunftsträchtig mitzugestalten. Was ihr braucht, um euren Auftrag zu erfüllen, ist euch mitgegeben. Da fehlt nichts, trotz gewisser Schwächen und Mängel. Es ist genug in euch, auf dass ihr selber zu einem Akkord werdet, in dem eure zärtliche Fürsorge für das euch Anvertraute mitschwingt. Im aktiven Sorgen für etwas oder jemanden schrumpfen eure eigenen Sorgen.

Besinnt euch auf eure Familie. Es ist kein Friede im Leben, solange kein Friede herrscht mit den Nahestehenden. Die Familie ist in unserem Kulturkreis klein geworden, aber wenn ihr ein breites Herz habt, könnt ihr sie ein wenig ausdehnen. Dann gehört auch noch der geschiedene Partner dazu, die entfernt verwandte Cousine, der Sohn der Freundin, der gute Freund oder die Nachbarsfrau. Habt Geduld und Nachsicht mit den Fehlern eurer Familienmitglieder und werft nicht den ersten Stein. Übt euch im Zuhören, im Versuch, zu verstehen, im milde Reagieren. Eure innere Not, Angst oder Zerrissenheit mag gewaltig sein, doch ein harmonisches Familienklima ist das beste Heilklima, das es gibt.«[40]

Es ist die authentische Schlichtheit, die in diesen Sätzen zur Seele des Lesers und der Leserin spricht. Es ist die Stimme einer spirituellen Psychologie, einer vom Licht des Geistes durchdrungenen Logotherapie in der unverwechselbar von Elisabeth Lukas geprägten Form. Somit komme ich zur Charakterisierung der nächsten, der dritten Schaffensperiode von Elisabeth Lukas, die nach meiner Einschätzung den bisherigen Höhepunkt ihrer Schaffenskraft darstellt.

## *Für immer im Meer der Wirklichkeit*

Drittens. Im Jahre 2000 veröffentlichte sie das Buch: »Rendezvous mit dem Leben«[41]. Ein Meisterwerk, in dem reife Früchte einer fast dreißigjährigen Praxis »gekostet« werden können. Humorvolle Erzählungen, einleuchtende Fallgeschichten und authentische logotherapeutische Gedanken verbinden sich in ihm zur harmonischen Einheit. Mit diesem Buch beginnt die dritte Schaffensperiode von Elisabeth Lukas, die ich vorsichtig als die Phase der Vollendung nennen möchte, obzwar diese Vollendung noch lange nicht an ihrem definitiven Endpunkt angekommen ist, sondern prozesshaft – wie ich hoffe lange noch – weitergeführt wird. Schon die ersten Sätze des obigen Buches erwecken die Aufmerksamkeit des Lesers:

> »Zum Anfang des dritten Jahrtausends besteht im geistig-kulturellen Bereich unserer menschlichen Gesellschaft ein großer Bedarf, der sozusagen nicht mit Warenangeboten zu decken ist. Es handelt sich um ein gemeinsames oder auch einsames Suchen nach den tieferen Sinngehalten des Lebens. Wer in diesem geistigen Ringen ohne Antworten bleibt und nicht zu einer lebensbejahenden Philosophie oder Glaubensperspektive vorstößt, die ihm den Rücken stärkt, der fällt schnell jener grassierenden Mutlosigkeit anheim, die die modernen Generationen auf erschreckende Weise kennzeichnet.«[42]

Und dann wird der Grundgedanke angestimmt, den ich hier in meinen Worten wiedergeben möchte. Elisabeth Lukas legt dar, dass es im Leben auf Erden primär nicht darum geht, ohne Störungen und Probleme zu sein, sondern es kommt darauf an, aus der Liebe zum Leben mit Störungen fertig zu werden, weil man sich mit diesem Leben auf Erden für eine gewisse Zeit an gewissen Orten und in bestimmten Umständen verabredet hat, weil man sich dabei als unvertretbar erkennt, weil man in sich selbst eine unausrottbare geistige Dynamik entdeckt, die einen anspornt, zum Licht des Logos hinaufzusteigen. Für das Gelingen dieses Lebens ist es wichtig:

> »das Sinnvolle als Handlungsmaßstab bei uns selber zuzulassen. Wohlgemerkt: zulassen auch dann, wenn dieses Maß nicht auf unsere Wunschträume zugeschnitten ist. Das Kriterium des Sinns weist über Eigenbelange und -vorteile hinaus, ähnlich wie die Kompassnadel über den Rand des Kompasses auf den Nordpol hinweist, also auf etwas, das ganz und gar nicht ›kompasshaft‹, sondern unabhängig von der örtlichen Lage des Kompasses ist.«[43]

Die Idee des Rendezvous verbindet Elisabeth Lukas mit dem Flow – ein moderner Ausdruck für eine besondere Form von

Glück, die der amerikanische Glücksforscher ungarischer Herkunft Mihály Csíkszentmihályi untersucht hat – und schreibt dazu:

> »Wer zu einem Rendezvous aufbricht, hat ein Ziel vor Augen. Er spaziert nicht ziellos durch die Gegend. Es ist ein freudiges Ziel, das ihn führt, und ein bisschen Herzklopfen soll dabei nicht fehlen. Wer zu einem Rendezvous aufbricht, ist bereit, sich auf ein Gegenüber einzulassen. Nicht unsere bangen Fragen, sondern unsere mutigen Antworten werden im dritten Jahrtausend das Entscheidende sein, sofern sie sich noch am ewigen Dreiergespann ›Glaube, Hoffnung, Liebe‹ orientieren.«[44]

In dem nächsten, ebenfalls im Jahre 2000 publizierten Büchlein, »Konzentration und Stille«, bietet Elisabeth Lukas logotherapeutische Hilfen bei Tinnitus und chronischen Krankheiten. »In Form einer bunten Mischung philosophischer, psychologischer, anekdotischer und kasuistischer Belege« entfaltet sie Impulse »für die schlichte und dennoch unendlich tröstliche Wahrheit, dass körperliche Handicaps im Prinzip Motoren geistig-seelischer Weiterentwicklung sind, die nicht selten zur ›Aufgipfelung‹ unseres Menschseins beitragen.«[45]

Die bewegendsten Fallbeispiele ihrer dreißigjährigen Praxis hat Elisabeth Lukas in dem Buch »Auf den Stufen des Lebens« im Jahre 2001 vorgelegt. In dem Gleichnis vom Zeitfluss schreibt sie:

> »Das Leben sei verglichen mit einem Fluss, der von der Quelle: dem ›Reich des Möglichen‹ zur Mündung: dem ›Reich des Wirklichen‹ fließt. Aus der Quelle sprudeln sämtliche Möglichkeiten, die das Leben einem Menschen anbietet. Die Wirklichkeit ist das Meer, in das der Fluss einmündet. Dort hinein, ins Meer der Wirklichkeit, bringt der Mensch die von ihm verwirklichten Möglichkeiten ein. Darunter die schönen und prachtvollen Möglichkeiten, die er verwirklicht hat, die Sinngehalte seines Lebens, die Essenz seines Mühens und Schaffens, dasjenige, wofür er in der Summe gelebt hat. Freilich hat er nicht jede Sinnmöglichkeit, die ihm jemals angeboten worden ist, wahrgenommen. Manche Sinnmöglichkeiten vergehen ungenützt, sie ›stranden unterwegs‹ und kommen nie im Meer der Wirklichkeit an – was aber ankommt, ist unvergänglich, denn aus der Wirklichkeit kann nichts mehr herausgefischt werden.

Im Strom der Zeit müssen nun alle umfassenden, sinnvollen Aufgaben, die in der Zukunft auf einen Menschen warten mögen, das Nadelöhr ›Sinn des gegenwärtigen Augenblicks‹ passieren, um als ein für alle Mal verwirklichte Aufgaben die Vergangenheit dieses Menschen anzureichern. Wer zum Beispiel ein Forschungslabor aufbauen will, was zweifellos eine enorme Aufgabe für einen Wissenschaftler darstellt, kann das nur tun, indem er Arbeitstag für Arbeitstag den Erfordernissen seiner beruflichen Verantwortung nachkommt, bis das Labor schließlich funktionstüchtig ist und der Prozess seiner Gründung zu den (endgültig) verwirklichten Werten im Leben dieses Wissenschaftlers gehört. Sollte das Labor später umstrukturiert oder gar geschlossen werden, wird dadurch die von seinem Gründer erbrachte Aufbauleistung nicht ungeschehen gemacht. Es ist schon ein ungeheurer Gedanke, dass der Strom der Zeit von der Zukunft in die Vergangenheit fließt (und nicht umgekehrt!), aber noch viel gewaltiger ist der Gedanke, dass uns der Tod zwar von allen sinnvollen Möglichkeiten der Zukunft mit einem Schlage abschneiden kann, dass jedoch die verwirklichten Sinngehalte in unserer Vergangenheit von ihm unangetastet bleiben, weil sie – eben in ihrem Bereits-Vergangen-Sein – vor der Vergänglichkeit ›gerettet‹ sind.

Vergleicht man im genannten Bilde die Jugend mit dem Alter, stellt man überrascht fest, dass das Alter fast ein wenig ›vorteilhafter‹ abschneidet als die Jugend. Denn der Schatz der Jugend, die Fülle an Möglichkeiten, die sie noch vor sich hat, ist herrlich groß, und trotzdem – ungewiss. Er kann jederzeit verloren gehen. Der Schatz aber, den das Alter an bereits Verwirklichtem besitzt, ist nie mehr aus der Welt zu schaffen, er ist unverlierbar und dem Menschen – gewiss.«[46]

Es wäre möglich, auf weitere Bücher von Elisabeth Lukas einzugehen, aber die interessierte Leserin und der neugierig gewordene Leser werden sich selbst den Originaltexten widmen. Darüber hinaus muss an dieser Stelle doch noch ein letztes Buch erwähnt und gewürdigt werden, von dem Elisabeth Lukas selbst geäußert hat, sie habe es »in einem Guss komponiert, wie eine Symphonie«. Es sei ihr klar gewesen, dass es nur »Familienglück«[47] heißen kann und dass es drei Teile haben müsse: Die Vorbereitung füreinander. Das Gespräch miteinander. Die Liebe zueinander. Die 187 Seiten dieses auch optisch sehr ansprechend gestalteten Buches gehört zu den »Besten der Besten« aus jener Literatur der letzten 50 Jahre, die sich dem Thema Familie, Ehekrise, Wege aus der

Krise und Erziehung gewidmet hat. Die Widmung – »Dieses Buch widme ich meinem Mann, mit dem ich seit mehr als 30 Jahren unglaublich glücklich bin« – ist ein persönlicher Hinweis darauf, dass Elisabeth Lukas sich geborgen weiß im Glück der Liebe zu ihrem Mann. Es ist außerdem ein überaus einfühlsam, humorvoll und doch mit dem nötigen Ernst geschriebenes Buch: ein Kleinod. Geborgenheit, so heißt es, sei ein Vorwissen, »bedingungslos wertvoll und wertgeschätzt zu sein«. Und dann fügt E. Lukas hinzu:

> »Diese Definition erinnert mich an eine Großmutter, die mir einst erzählte, dass ihre 4-jährige Enkeltochter sie gefragt hätte: ›Oma, wo war ich, bevor es mich gab?‹ Ich war neugierig: ›Was haben Sie Ihrer Enkeltochter geantwortet?‹ Die Oma lächelte: ›Ich habe der Kleinen gesagt: Du warst in der Liebe versteckt. Sie hat altklug genickt und ist summend davongehüpft.‹ Überlegen wir: Hat die Großmutter ihre Enkeltochter angelogen, hat sie ihr die Welt schöngebügelt? Ich meine, sie hat dem Kind in sechs schlichten Worten die grandiose Wahrheit vermittelt, dass es geborgen ist – seit Ewigkeit und in Ewigkeit. Applaus für die Oma!«[48]

Nicht nur für die Oma, sondern auch für Elisabeth Lukas für dieses Buch, in dem sie über die »liebenswürdige« Ausstrahlung, vom Gönnen und vom »Licht verschenken«, über das Verzeihen, über Lachen und Humor, über den »Circulus vitiosus« in der Ehe, über wichtige Tipps für Eheleute, über die Liebe, die stärker ist als der Tod erzählt, und während man ihrer Erzählkunst lauscht, fühlt man sich selbst angesprochen, angespornt und herausgefordert. Das Buch »Familienglück« ist zweifelsohne ein »inspirierter Höhepunkt« der dritten Schaffensperiode von Elisabeth Lukas.

## *Synthese zwischen Verstand und Herz*

In Anspielung auf die oben so trefflich beschriebene Gewissheit – dass der Schatz, den das Alter an bereits Verwirklichtem besitzt, nie mehr aus der Welt zu schaffen ist –, lässt sich in Bezug auf die 60-jährige »grande Dame« der Logotherapie, Frau Dr. phil. et habil. Elisabeth Lukas, feststellen: Ihr Lebenswerk ist gewiss, es kann nicht mehr ungeschehen gemacht werden. Das Gute bleibt.

Was Elisabeth Lukas, die 26-jährige Studentin der Psychologie in der Begegnung mit Viktor Emil Frankl im Jahre 1968 erlebt hatte, das verwandelte sie – durch unermüdliche und fleißige, präzise und hingebungsvolle, disziplinierte und von der Liebe geleitete Arbeit – in geistige Werte, die sie in diese Welt hineingeschafft und denen sie bleibende Form gegeben hat. Ich zähle sie noch einmal auf: Es sind die in zweiundzwanzig Jahren veröffentlichten 33 Bücher (bis September 2002), die etwa 4000 Hilfe suchenden Menschen, die bei ihr und durch sie Orientierung bekommen und für einen Neuanfang Kraft gewonnen haben. Es ist weiterhin das weltweit bekannte und geschätzte »Süddeutsche Institut für Logotherapie« in Fürstenfeldbruck bei München, dessen Lehrgang und Ausbildung die originäre Logotherapie zum Gegenstand hat,[49] es sind weitere Institute in Europa und in Kanada, deren Anfänge Elisabeth Lukas kräftig mitunterstützt und gefördert hat. Für diese Institute hat sie »Hebammendienste« geleistet. Es ist ihre auf die Sache der Logotherapie konzentrierte Präsenz in dieser Welt, bei den einzelnen Menschen, mit denen sie gesprochen hat, in den Tausenden von Vorträgen und Seminaren und in den überaus wertvollen Büchern, die sie bisher geschrieben und in denen sie – nicht kopflastig, nicht in der Sprache einer trockenen Wissenschaft, sondern vom »vernünftigen Gefühl« und vom Licht des Geistes geleitet – stets ihr Bestes in einer unnachahmlichen, weiblich-charmanten Form gegeben hat. Für jene, die behauptet haben oder noch behaupten, Elisabeth Lukas würde sich in ihren Büchern so oft wiederholen, möchte ich an dieser Stelle zu bedenken geben, dass Wiederholung der existenziellen Lebensthemen nicht als Schwäche aufgefasst werden darf. Wiederholungen sind, wie in der großen klassischen Musik, »Wege der Vertiefung«, und in jeder Wiederholung, nicht nur in der klassischen Musik, sondern auch in den Büchern von Elisabeth Lukas, findet man neue Varianten desselben Themas: Man findet einen neuen Gesichtspunkt, eine neue Nuance, einen zusätzlichen Aspekt, der so noch nicht da war. Wiederholung ist die Mutter aller Studien – wussten die Lateiner zu sagen (Repetitio est mater studiorum). Da die heutige Lesekultur vielfach durch andere Medien verdrängt wird, ist es eine Notwendigkeit, Essenzielles zu wiederholen. Mich persönlich haben solche Wiederholungen nie gestört – weder bei Frankl noch bei Lukas und schon gar nicht in der Musik der großen Meister.

Elisabeth Lukas hat der Aufforderung aus einer alten Kunde vorbildhaft Folge geleistet, die besagt: »Wirket, solange es Tag ist, denn es kommt die Nacht, wo niemand mehr wirken kann.« Seit etwa dreißig Jahren wirkt sie kontinuierlich im Dienst am seelisch leidenden Patienten, und das nicht nur als klinische Psychologin, Dozentin und Logotherapeutin, sondern als Mensch. Sie repräsentiert, wie Frankl schon 1983 zum Ausdruck gebracht hat, »die Synthese von Wissenschaftlichkeit und Menschlichkeit«.[50] Redet man mit ihr, so fällt ihr aufmerksamer, offener Blick auf, man spürt ihre herzliche Zugewandtheit und ihre Wärme. Ein persönliches Wort der Bewunderung kann ich nicht unterlassen: Frau Dr. Elisabeth Lukas verkörpert für mich jenen weiblichen Menschen, der die Synthese zwischen dem nüchternen Verstand und dem Wärme und Licht ausstrahlenden Herzen lebt. Dass ihr Ehemann, Herr Gerhard Lukas, stets auf ihre Seite stand und steht, dass sie ohne ihn das »Süddeutsche Institut für Logotherapie« so nicht hätte aufbauen und leiten können, ist für mich nicht bloß eine banale Selbstverständlichkeit und Information, die hier erwähnt werden muss, sondern vielmehr ein leuchtendes Geheimnis der Liebe, deren Kraft zwei Menschen – das Ehepaar Lukas – befähigt, die Sache der Logotherapie voranzutreiben. Auch ihm, Herrn Gerhard Lukas, gebührt hohe Anerkennung, Wertschätzung und Gratulation für seine unermüdliche Arbeit »im Hintergrund«.

Einmal wurde ich gefragt: »Wie ist es für dich, so oft mit solch einer außergewöhnlichen und weltberühmten Frau wie Dr. Elisabeth Lukas fast täglich sprechen und sie erleben zu können?«

Spontan habe ich geantwortet: »Es ist eine Art unverdientes Geschenk meines Lebens. Frau Dr. Lukas fördert mich nicht nur fachlich großzügig, sie hat nicht nur zweimal Präludium und Vorwort zu zwei von meinen Büchern geschrieben, sondern sie stand mir mehr als nur einmal menschlich, mit Rat und Tat, herzlich und unterstützend zur Seite. Außerdem: Sie ist nicht nur die menschlichste Vorgesetzte, die ich bisher kenne, nicht nur eine Persönlichkeit mit außerordentlicher Disziplin, sondern auch eine exzellente Köchin. Ihre Kartoffelsuppe, die ich einmal zu kosten Gelegenheit hatte, schmeckte erstklassig.«

Darüber hinaus konnte und kann sie viele Menschen – auch mich – »be-geist-ern«. Es war ihre Begeisterung, die im Oktober 1986, an der Universität in München während der 2. Tagung der Deutschen Gesellschaft für Logotherapie meine Begeisterung für die sinn- und wertorientierte Richtung voll entfacht hatte. Ihre Begeisterung, die während ihres Vortrages in meinem Herzen zündete, war der dritte Impuls, der mich endgültig zur Logotherapie gebracht hatte. Seit Oktober 1986 durfte ich viele Male die Kraft, die Begeisterungsfähigkeit, die Klarheit, den Ordnungssinn, das Vertrauen, das verantwortungsbewusste Wirken, die Sensibilität für das Spirituelle und für den einzelnen Menschen dieser Frau sehen, spüren und erleben. Ich habe erfahren, mit welch seltener Hingabebereitschaft und Präsenz Frau Dr. Lukas ihren Dienst am seelisch kranken Menschen ausgeübt hat und noch ausübt.

Ohne ihr sinnvolles Wirken in dieser Welt wären die meisten Beiträge dieses Buches in der hier vorgelegten Form höchstwahrscheinlich nicht zu Stande gekommen.

Die Beiträge spiegeln den Reichtum des logotherapeutischen Ansatzes, aber auch das, was Schülerinnen und Schüler bei und durch Frau Dr. Lukas gelernt haben. Die Leser und die Leserinnen erleben hier nicht nur tiefsinnige, auf der Existenzanalyse basierende philosophische Reflexionen, die mit dem dreidimensionalen Menschenbild, mit dem Sinnbegriff und der Geistigkeit des Menschen zu tun haben, sondern erfahren auch, wie Logotherapie – auch durch Verkörperung in der Persönlichkeit von Frau Dr. Lukas – konkret im Leben wirkt. Dazu tragen auch die Falldarstellungen bei.

Die dritte Logotherapeutengeneration: einige Schülerinnen und Schüler, Kollegen und Freunde, Mitarbeiter und Verehrer haben sich zusammengetan, um Frau Dr. Elisabeth Lukas dieses Buch zu schenken. Die Autoren verneigen sich alle vor ihrem Lebenswerk – verneigen sich vor der Kennerin und Könnerin der Logotherapie – verneigen sich vor Frau Dr. phil. et habil. Elisabeth Lukas und äußern zu ihrem 60. Geburtstag den aufrichtigen Herzenswunsch:

*Ad multos annos, Frau Dr. Elisabeth Lukas!*
*Wir alle danken Ihnen für Ihre wirkungsvolle Präsenz.*
*Wir danken Ihnen für das Gute und Sinnvolle,*
*das durch Ihre unermüdliche Arbeit zu uns kommen konnte.*
*Der Segen von oben möge Sie begleiten!*

RITA MALCOMESS

# *Das So-Sein annehmen – Logotherapie bei chronischen Haut- und Gelenkerkrankungen, Allergien und Rheuma*

»Ärztliche Seelsorge ist Sache ... des Dermatologen, der es mit entstellten ... Patienten zu tun hat, die sich einem unabänderlichen, vielleicht unabwendbar gewesenen Schicksal gegenübergestellt finden«.

Viktor E. Frankl[1]

Bei dermatologischen und rheumatischen Erkrankungen ist die begleitende Psychotherapie von besonderer Bedeutung. Chronischer Juckreiz, ständige Gelenksschmerzen oder entstellende Ausschläge belasten viele Patienten in solchem Maß, dass sie ohne Unterstützung nicht damit fertig werden können. Unter den gegebenen Randbedingungen – unregelmäßige, jeweils nur wenige Wochen dauernde Behandlung – kommt nur eine Kurzzeittherapie in Frage. Die Autorin beschreibt ihre Erfahrungen mit der Anwendung logotherapeutischer Inhalte und Methoden. Dabei erweist sich, jenseits aller »Rezepte«, die kreative und auf das jeweilige Individuum abgestimmte Arbeit auf der Grundlage logotherapeutischer Prinzipien als äußerst erfolgreich.

## Die Tomesa-Fachklinik und ihre Patienten

Seit 1985 praktiziere ich die Logotherapie in der Tomesa-Fachklinik in Bad Salzschlirf bei Fulda. In dieser Klinik, in der chronische Haut- und Gelenkerkrankungen, Allergien und Rheuma mit den nachgestellten und optimierten Licht- und Wasserverhältnissen des Toten Meeres und spezieller Psychotherapie behandelt werden, beträgt die Behandlungszeit im Rahmen einer stationären Rehabilitationsmaßnahme in der Regel vier Wochen.

Leistungsträger sind überwiegend die gesetzlichen Krankenkassen und Rentenversicherungsträger. Folgenden Patientengruppen gilt schwerpunktmäßig ein logotherapeutisches Therapieangebot:

- Neurodermitispatienten
- Familien in Form von Mutter(Vater)-Kind-Therapien vor allem bei Kindern mit Neurodermitis
- älteren Patienten, die in der gerontologischen Betreuung besondere Hilfe benötigen
- psychisch kranken Patienten
- Menschen in Krisensituationen

Als fokale Kurzpsychotherapie ist für die 200 Patienten der Tomesa-Fachklinik die Logotherapie von ihrem inhaltlichen und methodischen Ansatz her so realistisch – auch in der Terminierung –, dass sich die Klinikleitung entschied, weitere logotherapeutisch qualifizierte Therapeuten einzustellen.

Die Akzeptanz der psychotherapeutischen Begleitung liegt laut Patientenstatistik bei 98%. Die zwei von hundert Patienten, die ihre Schwellenangst nicht überwinden und kein Gespräch führen können, treffe ich »zwischen Tür und Angel« so häufig, dass ich auf die »Institution Sprechzimmer« getrost verzichten kann.

Im Folgenden sind die Therapieziele aufgelistet:

1. Der Patient soll so lange wie möglich beschwerdefrei, d.h. ohne Hautbefall, ohne Juckreiz, ohne Schmerzen sein.
2. Der Patient soll psychisch so stabil werden, dass er den Auslösern, wir sprechen von »Provokationsfaktoren«, aktiv entgegentreten kann.

3. Der Patient soll dem Schicksal »Haut- und Gelenkerkrankung« so viel wie möglich »abtrotzen«.
4. Der Patient lernt, *trotz* Haut- und Gelenkerkrankung sinnvoll zu leben.

Hautkranke leben mit der begründeten Angst vor der Verschlechterung ihres Krankheitsbildes und zentral mit der Angst vor der damit oft verbundenen sozialen Stigmatisierung:

- »Es kommt ja doch wieder, was soll ich denn überhaupt ändern ...«
- »Ich muss (?) halt damit leben ...«
- »Meine persönlichen Schwierigkeiten zeigen sich zwar wie auf einem Plakat auf meiner Haut, aber damit muss ich selbst fertig werden ...«
- »Die anderen ekeln sich vor mir, so wie ich aussehe, und ich selbst mag mich schon lange nicht mehr ansehen ...«
- »Wie kann ich mit meiner Frau/meinem Mann noch intim sein, wenn meine Haut im Genitalbereich entzündet ist, juckt und schuppt ...«
- »Ich wage mich nicht mehr unter die Leute ...«
- »Wie lange kann ich noch in meinem Beruf arbeiten?«

Bei der Befragung von Auslöse- und Provokationsfaktoren ihrer Hauterkrankung können die Betroffenen eindeutig auch psychische Belastungsmomente konkret angeben: nach einer Scheidung, in einer beruflichen Überlastung, nach dem Tod eines nahen Familienangehörigen, nach einer schweren Operation, in Zeiten der Depression oder eines persönlichen und familiären Konflikts beispielsweise.

## Dem Schicksal »Hauterkrankung« trotzen

Wenn also die Haut als Organ erkrankt und in ihren Funktionen gestört ist, ist nicht nur das Organ Haut betroffen, sondern auch gleichzeitig der Mensch mit seiner ganzen psychischen Befindlichkeit in dieser kranken Haut, und eine Linderung oder Besserung wird sich deshalb sowohl auf der somatischen als auch auf der psychischen Ebene auswirken und letztlich sogar darauf hinauslaufen, dass der leidende Mensch zu einem inneren Entschluss kommt und das findet, »worauf es ankommt. Es gilt, das Leiden anzunehmen, das Schicksal zu bejahen, sich ihm zu stellen. Auf diesem Weg allein kommen wir an die Wahrheit heran ... nicht auf den Wegen der Flucht und Furcht vor dem Leiden«, schreibt Viktor E. Frankl.[2]

Damit ist keineswegs einer fatalistischen Lebensgrundhaltung oder gar einer »Leidens-Verherrlichung« und erst recht nicht einer Wartetragödie bis zum Sankt-Nimmerleins-Tag freier Raum gelassen. Ganz im Gegenteil: Im Gespräch mit dem Kranken und im geduldigen Zuhören ist die Klage zugelassen, auf deren Weg zur Veränderung, zur Trotzhaltung gegenüber dem Schicksalhaften, dem Patienten ein behutsames »An-der-Hand-nehmen-und-Weitergehen« mit großer Sicherheit, Klarheit und Fachkompetenz geboten wird. Denn »die Logotherapie weiß, wie man geistige Kraftpotentiale im Menschen erweckt, und setzt sie zu Heilungszwecken ein, und sie weiß, was in Not- und Grenzsituationen des Lebens aufrecht hält, und sie fördert diesen Halt«.[3]

Chronische Erkrankungen mit körperlichen und seelischen Folgebeeinträchtigungen – ich zähle dazu auch chronische Hauterkrankungen und Allergien mit sichtbaren, vielfach stark schuppenden und juckenden Effloreszenzen und schmerzhafter Gelenkbeteiligung – setzen große individuelle psychische Verarbeitungs- und neue Einstellungsprozesse in Gang. Dabei können auch vorher ganz stabile Persönlichkeiten vor scheinbar nicht zu bewältigende Lebensaufgaben gestellt werden. Bestehende neurotische Störungen werden dabei verstärkt oder sie dekompensieren. Es entstehen häufig ausgeprägte depressiv-resignative oder ängstlich-phobische Entwicklungen mit Krankheitswert, die den Umgang mit der Therapie und ein in der Erkrankung »normales« Leben erheblich behindern. Besonders tragisch und schwierig sind Persönlichkeitsstörungen mit der Tendenz zu großer Hilf- und Hoffnungslosigkeit.

## *Risikofaktoren*

Mit sechs psychologischen Risikofaktoren haben wir uns daher vorrangig auseinanderzusetzen:

1. Identifikationsproblematik (»So, wie meine Haut derzeit aussieht, so bin ich selbst«).
2. Isolationsproblematik (»Wer will mich denn so schon haben? Ich kann mich nirgends mehr sehen lassen.«)
3. Resignationsproblematik (»Ich geb's auf – mir kann sowieso keiner helfen.«)
4. Hyperreflexionsproblematik (»Nichts im Leben gilt es mehr zu beobachten und in den Mittelpunkt zu stellen wie meine Haut.«)
5. Kompensationsproblematik (»Wenn ich auch noch auf Alkohol und Zigaretten verzichten soll, was bleibt mir dann?«)
6. Existenzielle Problematik, die auch durchaus als produktiv, als Chance im Sinne der Logotherapie gesehen werden kann: Es kommt darauf an, wie der Patient als einzigartige Person seine Krankheit »leistet«. (»Ich brauche diese oder jene Therapie, ich kann nichts gegen ein Wiederauftreten der Krankheit tun – oder doch?«) Eine große Rolle spielt dabei das Streben nach einem Krankheitsgewinn.

Diese Faktoren korrespondieren mit den von Elisabeth Lukas aufgezeigten krisenträchtigen personalen Haltungen[4]:

1. übermäßiges Vermeidenwollen von etwas;
2. übermäßiges Ankämpfen gegen etwas;
3. übermäßiges Erzwingenwollen von etwas;
4. übermäßiges Reflektieren über sich selbst.

Die Haut ist gleichsam »Schaufenster des ganzen Menschen«: Man blickt hinein, man stellt sich selbst aus – für jeden einsehbar, und auch wie in einem Spiegel, der einmalig und ehrlich konkrete Situationen widerspiegelt, zeigt unser Organ Haut, wie wir uns in unserer Haut fühlen: man sieht's uns am Gesicht an, ob wir aus der Haut fahren wollen, ob wir aufgekratzt sind oder uns ein dickes Fell wünschen und uns unserer Haut wehren wollen.

Ebenso einmalig und einzigartig sind die Reaktionen auf eine therapeutische Maßnahme, aber auch auf Manipulationen auf der Haut, Stimulationen mit Hilfe der Haut und Entstellungsängste auf Grund der kranken Haut. Der Hautkranke muss stets wieder ins Leben gleichsam hineingeführt werden, und zwar nicht mit psychologistischen und reduktionistischen Methoden. Auch nicht mit verordneten Verhaltensänderungen, sondern in einer »rehumanisierten Psychotherapie« (Frankl), die sich den Nöten dieses Menschen in seiner Lebenssituation stellt.

## *Psychosomatische Aspekte*

Dabei gilt es zu bedenken, wie behutsam Frankl das Kranke im Menschen, dessen Ursachen uns in ihrer Ätiologie nicht vollends erklärbar sind, beurteilt:

> »Sofern der Organismus – nicht zuletzt im Krankheitsgeschehen – ein Spiegel ist, in dem sich die Person spiegelt, ist dieser Spiegel nicht fleckenlos. Mit andern Worten: Nicht jeder Fleck an ihm ist der Person zurechenbar, die sich in ihm spiegelt. Keineswegs ist der Leib des Menschen ein getreues Spiegelbild seines Geistes.«[5]

Wenn wir uns auch in einer psychosomatisch orientieren dermatologischen Therapie mit dem Entfernen der »Flecken« sowohl der Haut als auch des Seelischen befassen, letztlich müssen wir Frankl beipflichten, wenn er bekennt: »Die psychosomatische Medizin lässt uns viel weniger verstehen, warum da einer krank wird, als vielmehr, warum da einer gesund bleibt.«[6]

Dass bei einem wochenlangen engen Zusammenleben mit dem Patienten auch meine eigene Sinnvitalität deutlich wird, möchte ich mit einem bemerkenswerten Wort von Wolfram Kurz kommentieren: »Wir wirken nicht allein durch das, was wir sagen, sondern: durch das, was wir *sind*.«

Dabei sehe ich in jedem Menschen, dass er unendlich »mehr« ist als seine momentane körperliche und seelische Störung, dass es in seinem Leben *trotz* allem so viel Tapferkeit, Liebenswürdigkeit und Gelungenes gibt.

Ein Widerstand des Patienten, ein scheinbar gescheitertes Gespräch, eine persönliche Ablehnung vonseiten des Patienten, all das darf nicht dazu führen, den auf seine Weise leidenden Menschen, den Patienten, aufzugeben. »Die Logotherapie gleicht nicht einem orientalischen Basar, in dem man einem etwas aufschwätzt; vielmehr gleicht sie einem Supermarkt, durch den man hindurchschlendert, um sich auszusuchen, was man brauchen kann«[7]. An dieses wichtige Wort Viktor E. Frankls bindet sich die Entscheidungsfreiheit des Ratsuchenden.

Natürlich darf die Zusammenarbeit mit den Ärzten nicht zu kurz kommen, wenn es um dermatologische, orthopädische und neurologische Probleme geht. Das Vertrauen, das mir in den vielen Jahren vonseiten der Klinikleitung und des Ärztlichen Direktors geschenkt wird, ermöglicht, dass es keinerlei Konkurrenz zwischen ärztlichem und psychologischem Bereich gibt und dass die Klinik inzwischen fest auf »logotherapeutischen Füßen« steht.

»So sind die beiden vorrangigen Therapieziele im Heilungskonzept der Logotherapie, dem seelisch kranken Menschen zu helfen, sowohl einen *Grund* als auch die *Kraft* zum Gesundwerden zu finden, wobei eingestanden werden muss, dass beides wirklich nur gefunden und nicht therapeutisch gegeben werden kann«[8]. An diesem therapeutischen Maßstab, von Elisabeth Lukas klar formuliert, gilt es, sich unbedingt zu orientieren.

## Falldarstellung: Plötzlich krank

Als einen von vielen Patienten möchte ich Björn vorstellen. Der junge Mann, der während seiner Bundeswehrzeit an Schuppenflechte erkrankte, kam zu uns in die Klinik und auch zu mir in die Beratung.

Vor gut zwei Jahren ist er erkrankt. Damals zeigten sich von heute auf morgen bis zu fünfmarkstückgroße, rote, mit silbrigen

Schuppen bedeckte Flecken auf seiner Haut. Auch seine Kopfhaut wurde befallen, war nach kurzer Zeit wie »zubetoniert« von einer Schuppenschicht, die juckte. Er hatte das Gefühl, sein Kopf sei wie in einen Schraubstock eingespannt. Er bemerkte auch Veränderungen an seinen Finger- und Zehengelenken. Am Abend waren die Gelenke angeschwollen. Morgens nach dem Aufwachen konnte er die Finger kaum bewegen, die Füße schmerzten. Die Morgensteifigkeit löste sich erst am späten Vormittag.

Zunächst hatte Björn reagiert, wie jeder von uns reagiert hätte: »Ich finde sicherlich einen Arzt, der mich heilt.«

Nachdem er dann darüber informiert war, wie die Diagnose lautete, welche Therapien künftig nötig sein würden und welche Auswirkungen seine Erkrankung haben könnte, war er zutiefst deprimiert, vor allem darüber, dass seine Weiterbeschäftigung als Metzger in Frage gestellt war.

Der Patient setzte sich auch mit der Frage auseinander, zu welcher Zeit sein Organ Haut mit der Schuppenflechte reagiert hatte. Gab es zu dieser Zeit etwas, was ihm seine Haut möglicherweise »krumm genommen hatte«? Er konnte lediglich Vermutungen äußern. Zum Zeitpunkt der Erstmanifestation hatte er sich von seiner Freundin getrennt. Das »Schlussmachen« sei gar nicht so dramatisch gewesen. Der »Weltschmerz« habe sich jedoch nach einigen Wochen eingestellt: Er habe schlecht geschlafen, habe sich nicht mehr konzentrieren können, sei bei der Arbeit im Bundeswehrbüro mit seinem Vorgesetzten »aneinandergerasselt«, habe stets an Britta denken müssen.

Niemals wissen wir tatsächlich, *warum* jemand bei Stress, Überbelastung, Streit oder Trauer krank wird, krank oder gesund bleibt (vgl. Anmerkung 6). Es bleibt letztlich Spekulation, ob dieser Kummer von der Haut »übel genommen« wird oder nicht.

Von Björn wurden aber nun entscheidendere Antworten verlangt: Er war konfrontiert mit der Tatsache, dass er lange beschwerdefreie Zeiten haben könnte, dass es Erfolg versprechende Therapien gebe, dass er seinen »Flecken« und Gelenkbeschwerden nicht hilflos ausgeliefert sei, dass er aber zu überlegen habe, wie er künftig seinem Schicksal »Haut- und Gelenkerkrankung« begegne. Jetzt galt es für den erschrockenen, ängstlichen und arbeitslosen jungen Mann, seine persönliche Bewährungsprobe zu bestehen: »Wie geht mein Lebensweg weiter?«

Wie sahen seine beruflichen Perspektiven aus, mit denen wir uns im Rahmen der psychologischen Betreuung vorrangig befassten? Dermatologische Therapien konnten seine Hauterscheinungen erleichtern. Die Gelenkbeschwerden wurden erträglicher, doch eine Deformierung der Gelenke machte eine Weiterbeschäftigung in seinem Beruf nicht möglich: Aus der Traum von der eigenen Metzgerei ...

Hier ging es um die »gesündere Haltung gegenüber dem Schicksal des Krankseins« und besonders darum, dass »die Sinnfindung im menschlichen Leben nicht durch Krankheit gefährdet wird und dem Leben« dennoch »eine zusätzliche Sinnperspektive abzugewinnen« sei[9].

Doch so rasch und einfach war das für Björn nicht möglich, er fragte weiter: »Werde ich eine Partnerin finden, die mich mit dieser Krankheit akzeptiert? Vielleicht stimmt ja die Diagnose doch nicht? Sieht man »das« später auch im Gesicht? Werden meine eigenen Kinder diese Erkrankung erben? Und was mache ich, wenn es nicht besser wird? Warum bin ich denn erkrankt? Werde ich für etwas bestraft?« Björn klagte: »Ich halte das nicht mehr aus, ständig gefragt zu werden, ob ›das‹ ansteckend sei. Das macht mich richtig aggressiv. Im Bus will sich kaum noch jemand neben mich setzen.«

## Falldarstellung – Verlust der Freiheit

Ich denke dabei an Dorle, die an Neurodermitis erkrankt ist. Sie berichtete:

> »Wenn ich mal einen kurzen Rock anziehen will, dann traue ich mich nicht. Nicht mal ein Top kann ich tragen. Und wenn ich jemanden nett finde, dann habe ich Angst, ihm von meiner juckenden Haut zu erzählen. Dabei merkt er's ja sowieso ganz schnell. Ob er dann noch zu mir hält? Ich suche nach fadenscheinigen Ausreden, um nicht in die Disco oder ins Schwimmbad zu gehen. Ich kann nicht ertragen, dass die ande-

ren so toll und glatt auf der Haut aussehen, und ich komme mir vor wie eine Aussätzige, die angegafft wird.«

Doch die Klage soll uns nicht allzu lange aufhalten: Alles hängt davon ab, ob es dem Patienten gelingt, den Widerständen trotzig entgegenzutreten. Björn unternimmt derzeit Behördengänge, um seiner Metzgerausbildung eine kaufmännische Lehre anzuschließen, denn bereits während seines Klinikaufenthaltes konnten wir einen zukünftigen Arbeitsplatz anpeilen im Fachhandel für Metzgereibedarf.

Wenn es immer so rasch gelänge, dieses andere und Nötige zu finden! Oftmals muss lange und mühsam danach gesucht werden. So auch bei Dorle. Doch auch bei ihr blieb der Appell an die Verantwortlichkeit für die eigene Lebensgestaltung trotz Neurodermitis nicht ungehört: »Ich bin mitverantwortlich nicht nur für meinen Hautzustand. Ich lasse mir doch von meiner Neurodermitis nicht alles gefallen! Was ist ›drin in meinem Leben‹ trotz kranker Haut?«

## Bewährungsprobe im Krankheitsfall

Wenn ich von jungen Menschen Briefe bekomme, in denen sie ihre neu entdeckten Freiräume beschreiben, dann hat die »Bewährungsprobe im Krankheitsfall« und die »Entschärfung von innerer Ungeduld und Unruhe«[11] den ersehnten Erfolg. Und ein weiteres Wort von Elisabeth Lukas erscheint mir in diesem Zusammenhang bedeutsam: »Nur ein Bewusstsein der Eigenverantwortlichkeit macht das Annehmen fremder Hilfe sinnvoll.«[12]

Die Hilfe besteht darin, die Rat suchenden Patienten in ihrem So-Sein bedingungslos anzunehmen und mit ihnen in der »Sinn-Entdeckungshilfe« (Wolfram Kurz) so weit zu gehen, dass sie ihr Anders-sein-Können, ihr Freisein *zu* etwas und nicht *von* etwas als das an ihnen Heile und Gesunde staunend erleben und akzeptieren, als ihre »Trotzmacht des Geistes«.

Ich berichte hier nicht von »spektakulären« Therapien, in

denen die Logotherapie wahre Wunder bewirkt, in denen der Patient zu »kopernikanischen Wenden« findet; die gibt es, und sie ermutigen alle Beteiligten. In den Alltagssituationen eines vollen Arbeitstages nicht in Routine und Oberflächlichkeit zu verfallen, sondern sich ein feines Gehör und wache Augen und auch ein bereites, mitfühlendes Herz trotz Zeitdruck und eigener Missstimmung zu bewahren, das gelingt nur, wenn ich mich, auch als Therapeut, an dieses Frankl-Wort erinnere:

> »Herrlich ist es zu wissen, dass die Zukunft, meine eigene und mit ihr die Zukunft der Dinge, der Menschen um mich, irgendwie – wenn auch in noch so geringem Maße – abhängig ist von meiner Entscheidung in jedem Augenblick.«[13]

Die Kernsätze der Logotherapie sind auch mir »Lotse« in der oft »klippenreichen Durchfahrt« an einem langen Sprechstundentag.

Dem Zeitgeist entsprechend stelle ich bei vielen meiner Patienten fest, dass die chronischen Haut- und Gelenkerkrankungen quasi »Aufhänger« sind für ihre unausgesprochene Sehnsucht nach Zuwendung, aber auch für ihr Leeregefühl und ihr War-das-alles-im-Leben-Bewusstsein. Der Weg der Erkrankung erscheint ihnen gehbarer, als in der existenziellen Krise, in der noogenen Neurose oder in einer »produktiven Problematik bei chronischer Erkrankung« eine eigenverantwortliche Antwort zu geben. Den »Willen zum Sinn« zu wecken und das Über-sich-selbst-Hinausschauen auf einen Lebenssinn hin, das sind gedankliche Hilfen, die den Patienten zunächst Verwunderung, Staunen, später allerdings auch große Begeisterung abgewinnen. Sie verstehen oft nach wenigen Gesprächen, was mit dem Über-sich-Hinausschauen gemeint ist: »Die Freiheit des Menschen schließt dessen Freiheit in sich ein, zu sich selbst Stellung zu nehmen, sich gegenüberzutreten und sich zu diesem Zwecke zunächst einmal von sich selbst zu distanzieren.«[14] Ich ermutige meine Patienten mit einem Alltagsbild: Jeder Apfelbaum weiß im Winter noch nicht, welche Früchte er im Herbst bereithält und zu tragen in der Lage ist.

Zugegeben, der Patient, der leidende Mensch, lässt sich bei diesen Gedanken nicht sofort zu Begeisterungsstürmen hinreißen und beantwortet eine ärztliche oder psychotherapeutische Initiative nicht gleich mit kooperativem Wohlwollen.

Es fällt auch mir nicht leicht, die Freiheit des Patienten zu akzeptieren, wenn er sich eben nicht oder doch nicht mit seinen Provokationsfaktoren (bei Psoriasis) auseinander setzen kann oder will, wenn er meiner Meinung nach vorschnell resigniert und deprimiert ist, sich mutlos und müde in sein Schicksal ergibt.

Würde ich wirklich anders reagieren, wenn es mir so ginge wie einer 38-jährigen Zahnarzthelferin mit Psoriasis-Arthritis in den Händen, deren Chef die Geduld verlor, als ihr zum soundsovielten Male eine Zahn-Prothese aus der schmerzenden und kraftlosen Hand fiel: »Lassen Sie sich um Himmels willen krankschreiben, gehen Sie zur Reha oder kündigen Sie: Sie ruinieren mir sonst meine Praxis.«

Wie würden Sie wohl reagieren, wenn Ihnen der Sachbearbeiter Ihrer Krankenkasse statt einer nötigen Reha-Maßnahme, die von Ihrem Hautarzt für dringlich gehalten wird, vorschlägt, sie sollten einen schönen Urlaub machen, denn die Schuppenflechte sei doch nur ein Schönheitsfehler beziehungsweise ein kosmetisches Problem? Würden Sie sich so einfach damit abfinden?

**Resignation ...**

... geht leicht in Verbitterung über:

»Am Psoriatiker wird doch nur verdient«, sagt eine 24-jährige Krankenschwester.

»Es wissen nur meine Frau und mein Sohn, dass ich Schuppenflechte habe. Noch nicht mal meine Schwiegereltern ...«, sagt ein 46-jähriger Architekt.

»Und dem Kassierer einer süddeutschen Stadtsparkasse rät sein Chef: ›Ziehen Sie von mir aus weiße Handschuhe an. Dann sehen Sie zwar aus wie ein Butler, aber dann ekelt sich auch niemand mehr vor Ihnen.‹ Es beklagten sich allerdings nicht die Kunden. Es waren die Kollegen!«

»Ich sei ein bewundernswerter Mensch, sagen die anderen. Ich sei einer, der sein Schicksal meistert. Bin ich ein Meister im Aushalten von Hoffnungslosigkeit? Bin ich gar ein Diplom-Psoriatiker? Bin ich das wirklich, der mit der Psoriasis leben kann? Habe ich mich in die Rolle des Tapferen drängen lassen, um Ruhe zu haben vor gut gemeinten Ratschlägen? Oder: um einfach akzeptiert zu werden?«

**Hoffnung**
»Hoffnung und Zuversicht ›soll‹ ich entwickeln – als ginge das so einfach wie beim Belichten eines Films: Hoffnung und Zuversicht entwickeln – und schon hätte ich den schönsten Zustand von mir ...

Auf einem einsamen Waldweg habe ich neulich geschimpft und geklagt und hatte Sorge, es könnte mich jemand hören. Dann wäre ich wohl ein Fall für die Psychiatrie ...«

Ein 55-jähriger Handwerksmeister beschreibt sich so: »Ich komme mir vor wie ein altes Auto: der Rost kommt immer wieder durch.«

Die Lebens-FRAGE »Hauterkrankung« fordert Ehrlichkeit und Mut und führt dazu, dass der Patient Mit- und Selbst-Ver-ANT-WORT-ung zu übernehmen hat.

## Falldarstellung – »Unsere Kinder«

Nicht zuletzt von meinen kleinen Patienten habe ich gelernt, mit wie viel Vertrauen sich diese Selbstdistanzierung vollzieht. Diese müden, vom Juckreiz geplagten, an Neurodermitis erkrankten Kinder verfügen über natürliche Fähigkeiten der Phantasie und sind dadurch in der Lage, gleichsam über sich selbst hinauszuschauen, vom Belastenden und Quälenden weg zum Frohmachenden und Schönen hin.

Während die ganz kleinen Patienten – die Jüngsten kommen bereits im Alter von acht Monaten zu uns in die Klinik – die Angst vor der Behandlung verlieren, weil das Badewasser so schöne Wellen macht, sie dabei die Krankenschwester nass spritzen können und weil sie den kühlenden Wind auf ihre wundgekratzten Hautstellen blasen lassen und nicht zuletzt, weil die Mütter allmählich ruhiger und vertrauensbereiter sind, lernen die Kinder ab dem Kindergartenalter bereits, die »Juckgespenster zu vertreiben und sich von den Biestern nichts mehr gefallen zu lassen«.

Ich erinnere mich an einen kleinen Patienten, der mir freudestrahlend berichtete: »Du, ich weiß jetzt was Tolles, wenn's mich juckt!« Er erzählte mir, was er alles »zaubern« kann, und dass daraufhin der Juckreiz nachlässt. Ich konnte darauf vertrauen, dass seiner Angst vor den schrecklichen Juck-Kratz-Anfällen »der Wind aus den Segeln genommen« war[15] – selbst bei einem Fünfjährigen.

Sein Ausspruch war Anlass, Bücher für hautkranke Kinder, deren Eltern und Therapeuten zu erstellen, in dem logotherapeutische Hilfen auf ganz konkrete und praktische Weise vermittelt werden.[16]

Besondere Bedeutung kommt dabei den logotherapeutischen Methoden der »Paradoxen Intention« und der »Dereflexion« zu. Der Bremseffekt der »Paradoxen Intention« greift besonders dann, wenn die Erwartungsangst gestoppt ist und der Wunsch und sogar die Zeitbestimmung das gefürchtete Symptom, hier den Juckreiz, unterbindet, was weniger auf dessen Entstehung als vielmehr auf dessen Eskalation, das Blutigkratzen, Einfluss hat. Die Kinder bringen dieses Vertrauen unvoreingenommen mit: Mit einem Zauberstab vertreiben sie die Juckgespenster dann, wenn sie selbst es für angebracht halten.

Mit den Kindern mache ich auch eine »Trotzdem-Wörter-Kiste« auf. Hier ein Beispiel aus dieser Sammlung von kindgerechten, aber durchaus auch den erwachsenen Patienten oder Begleiter ansprechenden Gedichten:

*»Trotzdem!«, heißt mein Zauberwort.*
*»Trotzdem!«, wirkt an jedem Ort.*
*Abra kadabra simsala bim!*
*Weil ich »Trotzdem« freundlich bin.*
*Selbst wenn's scheußlich juckt,*
*wird nicht bös geguckt.*
*Abra kadabra simsala bann!*
*Weil ich »Trotzdem« helfen kann.*

*Mit »Trotzdem« bin ich wie ein Held,*
*weil mir das Kratzen nicht gefällt,*
*auch mit den andern Kindern dann,*
*fang ich nicht zu streiten an.*
*»Trotzdem« mach' ich Hausaufgaben;*
*muss ich auch nicht alles haben.*
*»Trotzdem« übe ich das Teilen,*
*»Trotzdem« kann ich mich beeilen.*
*»Trotzdem« kann ich »Danke!« sagen*
*und ein ernstes Wort ertragen.*
*»Trotzdem« ist nach zehn Sekunden*
*aller Ärger rasch verschwunden,*
*weil mich das »Trotzdem« fröhlich macht.*

*Na klar, das wäre ja gelacht,*
*wenn ich nicht doch – simsala bim –*
*Trotz kranker Haut ein »Prachtkerl« bin!*

## *Paradoxe Intention*

Mit der Methode der »Paradoxen Intention« habe ich bei der Therapie Neurodermitis- und Psoriasiskranker mit starkem Juckreiz sehr gute Erfahrungen gemacht. Ich wandte die »Paradoxe Intention« schätzungsweise bei 15% von rund 7000 Patienten an und konnte dabei nicht auf dermatologische Erfahrungen zurückgreifen. Doch dabei galt: Sich *keinesfalls* von einer Methodenüberschätzung bestimmen zu lassen. Vorrangig sind die Bereitschaft des Patienten – bei Kindern: die Bereitschaft der Eltern – zu Selbstdistanzierung und zu Humor sowie die intellektuellen Fähigkeiten des Kranken. Ich kann die Feststellung Viktor Frankls bestätigen, dass die »Paradoxe Intention letzten Endes auf Grund eines wiederhergestellten Urvertrauens zum Dasein wirksam ist«.[17]

Ich sehe den kleinen Patrick vor mir: Vier Jahre alt ist er. Seine Händchen sind blutig gekratzt, an seinem schmächtigen Körper ist kaum noch eine heile Stelle, als er zu uns in die Klinik kommt.

Er und seine Mutter sind müde und erschöpft und haben kaum ein Lächeln. Mit diesem Kleinen, der bald »zaubern« lernte, konnte ich schließlich noch ein wenig weiter gehen: Patrick wollte keine Nacht in seinem Bettchen allein sein. Die Angst vor dem Juckreiz war noch nicht ausgestanden, ein Gewöhnungseffekt bestand. Die Mutter traute sich nicht, diese Gewohnheit zu durchbrechen.

Ich bat den kleinen »Ko-Therapeuten« deshalb, darauf zu achten, dass *die Mutti* künftig endlich alleine schlafe: »Schau, Patrick, wenn Muttis nachts nicht gut schlafen und am nächsten Morgen unausgeschlafen sind, dann sind sie ›knatschig‹, stimmt's?« Patrick pflichtete mir bei, dass mit der Mutti dann nicht gut Kirschen essen sei und sie keine gute Laune habe. Folglich versprach er mir, dafür Sorge zu tragen, dass die Mutti jetzt endlich mit ihren über 30 Jahren lerne, allein in ihrem Bett zu bleiben. Zur »Kontrolle« zogen wir einige Mitpatienten und auch den Chefarzt ins Vertrauen:

Und alle miteinander befragten wir jeden Morgen beim Frühstück in der Klinik unseren kleinen »Kollegen« nach seinen Erfolgen, die sich alsbald einstellten. Die Mutter blieb nun jede Nacht brav allein in ihrem Bett. Sie erwachte ausgeruht und fröhlich, und auch Patrick hatte der Mama zuliebe sein Bett nicht mehr als etwas Bedrohliches erlebt, sondern in seinem Bettchen heilsamen Schlaf gefunden. Nun will der kleine Therapeut seine Erfolge auch beim Papa daheim ausprobieren ...

Auch zu diesem Beispiel einen logotherapeutischen Grundsatz von Elisabeth Lukas:

> »Der Therapeut darf seinen Patienten weder fordern noch entlasten, sonst liegt die Gefahr nahe, dass der Patient einerseits der Forderung des Therapeuten trotzig Widerstand leistet und anderseits bezüglich allzu bequemer Entlastung den Therapeuten zu seiner Rechtfertigung vorschiebt. Das optimale therapeutische Wirken besteht darin, mit dem Patienten zu überdenken, was nicht der Therapeut, sondern die Situation, in der sich der Patient befindet, diesem abfordert oder auch nicht, was der Sinn der Situation vom Patienten verlangt.«[18]

# Falldarstellung: Aktion anstelle von Reaktion

Frau B., 77 Jahre alt, ist eine agile, gepflegte, jünger wirkende Dame. Sie bittet um eine Beratung, weil sie bereits mehrere Jahre unter bestehenden Einschlafstörungen leidet, die darin bestehen, dass sie über etwas »ganz Bestimmtes« nachgrüble.

Sie berichtet, dass sie vor einigen Jahren nach dem Tod ihrer Mutter, die ein hohes Alter erreicht hatte, in stationärer Behandlung war. Die jahrelange aufopferungsvolle Pflege der schwer kranken Mutter habe sie seinerzeit völlig erschöpft. Es sei zu einer Entgleisung des Blutzuckerspiegels gekommen.

Und bei diesem Krankenhausaufenthalt habe ihr die Psychologin erklärt, ihre Erschöpfung und innere Unruhe seien darin begründet, dass sie von ihrer Mutter in der Kindheit zu wenig Liebe erfahren habe. Dabei war die Patientin bis dahin der Überzeugung, ihre Beschwerden seien auch ein körperliches Zeichen ihrer Müdigkeit und ihrer echten Trauer.

Ich rechne zurück. Die Patientin ist 1914 geboren. Ihre Eltern hatten in Berlin ein renommiertes Tuchgeschäft mit viel Personal. Ich frage, ob sich Frau B. noch an den Namen ihres Kinderfräuleins erinnern könne und ob ihr Vater Soldat gewesen sei. »Oh ja, das kann ich Ihnen noch genau sagen!« Begeistert erinnert sich die Patientin. »Ich sehe unsere Olga noch richtig vor mir: pausbäckig und füllig, stets mit blütenweißer Schürze, in deren Taschen sie für uns Kinder manch leckere Überraschung verborgen hielt.«

Frau B. lässt ihre Kindheitserinnerungen lebendig werden und vermittelt mir, brillant und humorvoll formuliert, einen Einblick in einen Berliner Geschäftshaushalt während des 1. Weltkrieges und in der nachfolgenden Notzeit. Die Mutter hatte das Geschäft so gut es ging weitergeführt, während der Vater an der Front war. Sie versorgte fünf Kinder und konnte das Personal weiterbeschäftigen, den Lebensstil trotz Hunger und Entbehrungen einigermaßen erhalten.

»Da hat Ihre Mutter aber ein hohes Maß an Energie, Opferbereitschaft, Umsicht und vor allem an Liebe unter Beweis gestellt«, bewundere ich diese tapfere Frau.

Frau B. stimmt mir spontan zu, gibt aber zu bedenken: »Ja, aber die Psychologin glaubte, dass ich meiner Mutter auch jetzt noch nicht verzeihen könne, dass sie mich nicht selbst erzogen habe, sondern dass unsere Olga sich mehr um mich gekümmert habe.«

Ich entgegne: »Frau B., ob Sie Ihrer verstorbenen Mutter ihre vielleicht möglichen Fehler und Schwächen nach siebzig Jahren verzeihen oder nicht, ob Sie die Entscheidungen Ihrer Mutter heute mit gütiger Nachsicht, Verständnis und sogar mit Hochachtung beurteilen, das kann Ihnen niemand auf der Welt abnehmen und auch niemand vorschreiben. Dafür sind Sie allein verantwortlich. Das entscheiden Sie ganz persönlich.« – »Wo denken Sie hin«, entrüstet sich Frau B., »ich werfe doch meiner Mutter überhaupt nichts vor. Ich hatte immer ein besonders liebevolles Verhältnis zu ihr. Für meinen Mann und mich war es selbstverständlich, sie bei uns zu Hause aufzunehmen und zu pflegen. Und ihr Tod schmerzt mich noch heute ... Aber, wenn es nun doch so gewesen wäre, wie die Psychologin gemeint hat, dass meine Schlafstörungen mit diesem Problem allein zu tun haben?«, beharrte die Patientin.

»Dann –« und ich nehme die Hand von Frau B. fest in meine, »dann haben Sie so oder so die Wahl ein zweites Mal in Ihrem Leben, nämlich zu entscheiden, was wichtiger ist: Das Geliebtworden-Sein oder das Selbst-lieben-Wollen-und-Können. Für das Letztere hatten Sie sich bereits bei der Pflege Ihrer Mutter mit größter Selbstverständlichkeit entschieden, oder?«

»Und ich würde es sofort wieder so tun«, entscheidet sich Frau B. und verabschiedet sich mit der Bemerkung, dass sie wohl jahrelang etwas Wesentliches nicht habe wahrhaben wollen, nämlich dass ihr abendliches »Grübeln« im Grunde eine liebevolle Zwiesprache mit der Mutter und ein Gebet für die Mutter war, das nach Meinung anderer eben nicht liebevoll zu sein hatte. Die innere Unruhe und die Einschlafstörungen werden fortan abgelöst von einem Dankgebet und heiteren Kindheitserinnerungen.

## Falldarstellung: Humor als therapeutisches Mittel

Eine weitere Falldarstellung soll kurz aufzeigen, »... dass durch das Medium der gegenseitigen Begegnung von Arzt und Kranken hindurch aufseite des Letzteren ein Urvertrauen zum Dasein wiederhergestellt wird, das den Erfolg einer Psychotherapie auf Grund noch so divergenter Schulen und Richtungen entscheidet und ausmacht«[19], und dass wir dabei, »um alle Möglichkeiten auszuschöpfen, auf die den Menschen nicht weniger auszeichnende Fähigkeit zur Selbstdistanzierung zurückgreifen, ... zum Humor«[20], der »es dem Menschen leicht macht, sich ›über die Situation‹ zu stellen«[21].

Patienten, die mir von ihren Ehekonflikten berichten und auch aus diesem Grund zur logotherapeutischen Beratung kommen, schenke ich ein Silberputztuch. Sie sind zunächst etwas verwundert, wenn ich dieses Geschenk erkläre:

Angelaufenes Silber auf einer festlichen Tafel mit kuliniarischen Genüssen wirkt unappetitlich und Ekel erregend. Lässt man das Silberbesteck ungeachtet seines tatsächlichen Wertes in irgendeiner Schublade vergammeln, dann ist es zu nichts nutze, und sein wahrer Wert bleibt verborgen. Das Aussehen wird mit der Zeit sogar noch schlechter. Wird es aber mit etwas Mühe geputzt, dann *ist* es wieder das, was es im Grunde geblieben ist. Dann kann es seine Aufgabe von neuem erfüllen; und mehr noch: Es verleiht über seine ursprüngliche Funktion hinaus einer festlichen Tafel Glanz und Feierlichkeit. Ein bisschen Vorsicht ist jedoch geboten bei der Wahl des Putzmittels.

Nicht jedes Mittel zum Zweck ist gleichermaßen geeignet für dieses Silber. Es gilt herauszufinden, was genau für dieses Besteck gut ist.

Und ich gebe den nun etwas verständiger dreinschauenden Patienten noch einen herzerfrischenden Spruch mit: »Zum Salat des Lebens gehört der Essig der Sorgen und das Öl des Humors.«[22]

Wenn damit »angerichtet« ist für ein Gespräch, in dem die heilenden und versöhnenden Gedanken im Hinblick auf eine »finale Vorleistung« oder dem Beachten des »Prioritätskriteriums«

zum Tragen kommen, dann entscheidet sich das »ICH« wieder »für ein DU«.[23]

Viktor E. Frankl ermutigt, dass:

> »es unter Umständen notwendig sein wird, das Aufzeigen der Verantwortlichkeit als eines Grundzuges menschlichen Daseins dem Verständnis des schlichten Menschen näher zu bringen, in einer möglichst konkretisierenden Alltagssprache, die sich in manchen Fällen nicht scheuen darf, sich geeigneter Gleichnisse zu bedienen.«[24]

## Das Wort schafft Verbindung

Ich habe einige meiner Erfahrungen aus dem Klinikalltag im Kontext der logotherapeutischen Literatur vorgestellt. Manches mag fragwürdig bleiben, am »Sinn des Augenblicks« zu messen und unter der Prämisse der Einzigartigkeit von Patient und Therapeut und der jeweiligen einmaligen Situation zu betrachten sein.

Jede therapeutische Beziehung – wie jede Beziehung von Mensch zu Mensch – ist und bleibt ein Mysterium.

Es ist der »Logos«, der verbindet, »das Wort, das wir uns nicht selber sagen können«, wie Viktor E. Frankl sagt.

Eine chassidische Legende soll Schlussgedanke sein: »Wenn Rabbi Wolf zu Wagen fuhr, erlaubte er nicht, die Pferde zu schlagen: ›Nicht einmal zu schelten brauchst du sie, wenn du sie nur anzureden verstehst.‹«[25]

## Vor- oder Nachwort

Es war an einem sonnigen Septembertag 1986: Ich hatte mich im *Süddeutschen Institut für Logotherapie* in Fürstenfeldbruck bei Frau Dr. Elisabeth Lukas angemeldet. Ganz zaghaft teilte ich mit, dass ich in der Tomesa-Fachklinik logotherapeutisch berate. Mit der Logotherapie sei ich während meiner theologischen Ausbildung in Kontakt gekommen, habe mich bis dahin autodidaktisch mit der franklschen Literatur befasst und sei begeistert davon, dass Frau Dr. Lukas nun diese Fachliteratur ergänze, was meinen Patienten eine wunderbare bibliotherapeutische Hilfe bedeute. Ich wollte auch wissen, ob die Anwendung der »Paradoxen Intention« bei Patienten mit starkem Juckreiz indiziert sei oder nicht.

Es ist Frau Dr. Lukas zu verdanken, dass aus diesem Antrittsbesuch ein intensiver Kontakt in vielfältigen Formen erwuchs: eine qualifizierte Fortbildung und: beispielsweise die so genannten Bad Salzschlirfer Logotherapie-Tage, die Bereitschaft der Klinikleitung und des Ärztlichen Direktors der Tomesa-Fachklinik, der Logotherapie einen großen Stellenwert einzuräumen in der psychotherapeutischen Betreuung der Patienten, die bibliotherapeutischen Hilfen für die Patienten etc. Was wäre, wenn Frau Dr. Lukas ihre Herzenstür und ihre logotherapeutische »Tür« nicht geöffnet hätte ...? Dankbarkeit sei das Gedächtnis des Herzens, weiß ein Sprichwort.

Ich sage Danke!

Dieser Bericht erschien im Journal des Viktor-Frankl-Instituts Wien – Volume 2, Number 2 (Fall 1994), Seite 67 bis Seite 82 und wird hier in aktualisierter und überarbeiteter Form wiedergegeben.

Rita Malcomess, Theologin, Ausbildung in Logotherapie bei Dr. Elisabeth Lukas, Fürstenfeldbruck, und bei Prof. Dr. Wolfram Kurz, Tübingen. Supervisorin für Logotherapie beim *Süddeutschen Institut für Logotherapie*. Vorstandsmitglied in der *Deutschen Gesellschaft für Logotherapie*. Seit Januar 1985 in der *Tomesa-Fachklinik* Bad Salzschlirf/Hessen tätig. 1993–1996 Lehrbeauftragte für Logotherapie an der Fachhochschule Fulda. Zahlreiche Veröffentlichungen und Vortragstätigkeit im In- und Ausland mit dem Schwerpunkt: Dermatologie und Logotherapie. Bundesvorsitzende des *Deutschen Psoriasis Bundes e.V.* Vorstandsmitglied der *Deutschen Gesellschaft für Logotherapie und Existenzanalyse e.V.*

Anschrift:
Tomesa Fachklinik, Riedstr. 18
36361 Bad Salzschlirf
Tel. 06648/55725

URSULA TIRIER

# *Von der Angst zum Vertrauen – Logotherapie in der Praxis*

Was ist das, was uns Menschen trägt, was in uns Selbst- und Lebensvertrauen entstehen lässt? Und wie können wir dieses »Tragende« (wieder-)entdecken, wenn negative Gefühle und Gedanken unser Leben unerträglich machen?

Aus logotherapeutischer Sicht ist es vor allem die Bezugnahme auf Werte, die uns das Leben als sinnvoll erfahren lässt. Es ist das aktive Erleben und Gestalten dessen, was außerhalb von uns liegt und darauf wartet, von uns verwirklicht zu werden.

## Einleitung

Zielsetzung in der logotherapeutischen Arbeit ist die Mobilisierung der geistigen Kräfte eines Menschen, die Eröffnung seiner Wertewelt und die Konfrontation des Patienten mit seinen existenziellen Fragen.

> »Die Logotherapie versucht, den Patienten auf einen konkreten und persönlichen Sinn hinzuordnen und auszurichten. Sie ist aber nicht dazu da, dem Dasein des Patienten einen Sinn zu geben. ... Sie erweitert das Wertgesichtsfeld des Patienten, sodass er des vollen Spektrums personaler und konkreter Sinn- und Wertmöglichkeiten gewahr wird. Aber die Logotherapie macht dem Patienten nur sein Verantwortlichsein bewusst, um ihn dann sich selbst entscheiden zu lassen wofür: für die Erfüllung welchen konkreten Sinnes und für die Verwirklichung welcher persönlicher Werte ... Es geht nicht darum, dass wir dem Patienten einen Daseinssinn geben, sondern einzig und allein darum, dass wir ihn instand setzen, den Daseinssinn zu finden.«[1]

Zudem ist die logotherapeutische Intervention eine Arbeit, die sich immer wieder anders und neu gestaltet, abhängig von der Einzigartigkeit und Einmaligkeit der Person, die unsere professionelle Hilfe sucht.

> »Existenzanalyse kann aufgrund ihres gesteckten Zieles niemals Technik sein. Wenn sie einen Prozess menschlicher Veränderung und Umstellung einleiten bzw. unterhalten will, statt ausschnitthaft Schnittwerk zu machen, muss sie eine Methode bleiben, die dem Menschen selbst den Weg öffnet zu ganzheitlichem Leben, das vor ihm bestehen kann. Als Methode aber ist sie jedes Mal neu zu fassen, für jeden Menschen in jeder Situation. Sie darf nie mehr werden als eine Anleitung; und wer immer sie bei einem Suchenden anwendet, hat sich in dieser Aufgabe zu genügen.«[2]

## Fallbeispiel – Gefangen in der Angst

Bei der folgenden Falldarstellung aus meiner Praxis handelt es sich um einen Patienten, bei dem die Werterkenntnis und das Werterleben eine zentrale Rolle auf seinem Weg zur Besserung spielte. Zuvor eine persönliche Anmerkung: Eine längerfristige therapeutische Intervention ist ein sehr komplexes Geschehen, das anhand einer Fallbeschreibung niemals umfassend dargestellt werden kann. So ist es nun nicht möglich, auf viele Aspekte im Rahmen der nachfolgend beschriebenen Therapie einzugehen, so auch nicht auf das Spezifische des Krankheitsbildes. Mein Anliegen ist es, in der folgenden Schilderung – neben einer kurzen anamnestischen Beschreibung – die therapeutischen Schritte wiederzugeben, die entscheidend dazu beigetragen haben, dass der Patient sein Leben wieder als sinn- und wertvoll erfahren konnte. Da hierbei das wertorientierte Gespräch eine wesentliche Rolle spielte, werde ich in meinen Ausführungen einige Auszüge in wörtlicher Rede wiedergeben.

## *Einleitung der Therapie*

Herr K. (Kürzel nach geändertem Namen), 35 Jahre alt, wurde mit der Diagnose »Zwangsstörung mit Angst- und Panikattacken« an mich überwiesen. Zu Beginn der Therapie schilderte Herr K. sein Leiden mit den Worten:« Ich habe Angst vor meiner Zukunft, ich sehe keine Perspektive. Ich fühle mich emotional gefangen und habe Angst vor den beängstigenden Gedanken.«

Gleichzeitig aber äußerte er glaubhaft seinen Willen, an seinem Leiden aktiv etwas zu verändern: »Ich komme zur Therapie, um mehr Selbstvertrauen zu bekommen und weil ich wieder eine Perspektive haben will.«

## *Zur Anamnese*

Herr K. hat drei ältere Geschwister. Als Kind war er eher lebhaft und ausgeglichen. Die Beziehung zu seinem oft depressiv gestimmten Vater schilderte er als distanziert, die Beziehung zur Mutter als sehr intensiv bis hin zur Abhängigkeit. Lebhaft in Erinnerung geblieben war ihm ein Ereignis aus seinem 6. Lebensjahr: Bei »Doktorspielen« mit seinem zwei Jahre älteren Bruder wurde er von der Mutter »ertappt«. »Mein Bruder nahm das ganz locker. Ich habe es sehr schwer genommen.« Er hatte mit seiner Mutter nie über das Ereignis gesprochen, allerdings suchte er in der Folgezeit immer Mutters Rat bei Entscheidungen.

»Vom etwa elften Lebensjahr fing ich an, alles ständig zu hinterfragen, ob ich etwas gut finde oder nicht. Auch in diesen Fragen brauchte ich ständig Mutters Rat. Ich brauchte ihre Absolution.« Seine bedrängenden Gedanken und Grübeleien verunsicherten ihn zunehmend. Mit 17 Jahren äußerte er Suizidabsichten, sodass eine ambulante psychoanalytische Therapie eingeleitet wurde, die er bis zu seinem 22. Lebensjahr in Anspruch nahm. In dieser Zeit lag auch ein zweimonatiger Klinikaufenthalt nach einem Suizidversuch.

Von früher Kindheit an war er sportlich aktiv; Sport war und ist ihm sehr wichtig. Nach dem Abitur – er war immer ein guter bis mittelmäßiger Schüler – empfand er keinen konkreten Berufswunsch. »Ich war viel zu sehr mit mir selber beschäftigt.« Nach einer abgebrochenen Ausbildung in einem technischen Beruf absolvierte er eine Ausbildung als Sportlehrer.

Zu Beginn der Therapie war Herr K. mit einer Halbtagsstelle an einer Schule fest angestellt. »Der Beruf macht mir Spaß; ich fühle mich aber derzeit unterfordert.«

Vor vier Jahren und auch vor einem Jahr wurde eine ambulante analytische Therapie durchgeführt, die Herr K. aber jeweils nach wenigen Wochen abbrach. »Das brachte mir nichts mehr.«

## *Beginn des logotherapeutischen Gesprächs*

Nach der Erhebung der Anamnese erläuterte ich Herrn K. das Menschenbild der Logotherapie und regte ihn an, den unterschiedlichen Seinsbereichen an sich selbst nachzuspüren. Die psychosomatischen Zusammenhänge im Sinne des psychophysischen Parallelismus konnte Herr K. im Nachspüren seiner zwanghaften Grübeleien gut nachvollziehen. »Am schlimmsten sind die Gedanken, ich könnte etwas falsch machen und damit jemandem Schaden zufügen. Ich spüre dann ein starkes Druckgefühl im Magen. Ich bin dann ganz verkrampft und innerlich unruhig. Auch habe ich dann das Gefühl, ich stehe neben mir und bin gar nicht ich selbst.«

Ein »Ganz bei sich selbst Sein« im Sinne des geistigen Bei-Seins konnte Herr K. gut nachempfinden, wenn er sich in seinen Sportunterricht versetzte. »Dann bin ich entspannt, angstfrei, kann gestalten und fühle mich losgelöst von Belastungen. Ich fühle mich getragen.«

Die »Trotzmacht des Geistes« war für Herrn K. anhand vieler persönlicher Erfahrungen durchaus nachvollziehbar; allerdings sah er sie in Bezug auf seine zwanghaften Gedanken und seine Ängste als nicht realisierbar.

Im nächsten Schritt regte ich Herrn K. an, sich selbst mit seinen Eigenschaften und Fähigkeiten zu beschreiben, um vor allem seine angelegten und erworbenen negativen Reaktionsweisen besser zu verstehen. Diese beschrieb er: »Ich neige zum Pessimismus, habe eher Angst vor Veränderungen, neige zum vielen

Nachdenken bis hin zum Grübeln, unterbewerte mich oft stark und reagiere häufig mit Aktionismus.« Beim näheren Hinschauen wurde Herrn K. deutlich, dass alle seine negativen Eigenschaften und Reaktionsweisen etwas mit dem Erleben von Angst zu tun hatten.

## *Der Blick auf die Wertmöglichkeiten*

Nun rückten wir das Phänomen »Angst« mehr in den Blickpunkt.

*Herr K.*: »Angst tritt bei mir vor allem bei Unsicherheiten und Grübeleien auf. Ich sehe dann keine Perspektive, bin in einer Sackgasse und fühle mich emotional gefangen. Ich fühle mich dann auch sehr einsam. Meine Angst vor den Angst machenden Gedanken ist am schlimmsten.«

Anschließend fügte Herr K. mit vehementer Stimme hinzu: »Und: ich finde immer etwas, was mich kaputtmacht!«

*Therapeutin*: »Suchen Sie denn etwas, was Sie kaputtmacht?«

*Herr K.*: »Nein, das ist während meiner Zeit in der analytischen Therapie so gekommen. Anfangs hat mir diese Therapie sehr gut getan. Ich habe vieles in Bezug auf meine Krankheit verstehen gelernt, vor allem, warum ich vom Rat anderer und insbesondere dem meiner Mutter so abhängig geworden bin.

In der Analyse bin ich dann angeregt worden, mich zu fragen: ›Was fühle ich, was ist mir wichtig, was will ich?‹ Das hat mir eine Zeit lang sehr geholfen. Aber dann, auf einmal, ist das umgeschlagen. Da hat eine innere Stimme wie eine Art Teufelchen in mir gesagt: ›Du kannst gar nicht mehr fühlen, was dir wichtig ist!‹

Von da an hat mir die Frage, ›Was fühle ich, was will ich?‹ nicht mehr geholfen. Es war ein Fall wie ins Bodenlose. Ich hatte das Gefühl, da sind keine Grenzen mehr. Das Hinterfragen ging dann wieder los, und tat so weh.«

*Therapeutin*: »Inwiefern hat Ihnen während der Analyse die Frage, ›Was fühle ich, was will ich?‹, geholfen?«

*Herr K.*: »Ich fühlte mich aufgewertet durch diese Frage. Und ich habe die Aufmerksamkeit mehr auf mich gelenkt, auf das, was ich fühle, damit ich lerne, meine eigenen Antworten zu finden. Das hat zuerst gut getan. Aber dann habe ich angefangen, mich immer mehr zu beobachten und alles an mir zu kontrollieren. Zum Beispiel, wie ich die Augen schließe, wie ich atme. Ich wollte Abläufe mechanisieren, die eigentlich von selbst laufen. Und dann ging gar nichts mehr. Die Angst tauchte wieder auf. Ich hatte das Gefühl, ich mache mich mit meinen Beobachtungen selber kaputt.«

*Therapeutin*: »Sie sagten vorhin, dass eine ›innere Stimme‹ zu Ihnen sagte, ›Du kannst gar nicht mehr fühlen, was dir wichtig ist‹. Geschah das in dieser Zeit der Selbstbeobachtungen?«

*Herr K.*: »Ja, das kam alles so zusammen. Die Stimme, das war die Angst, die mich wieder kaputtmachte.«

*Therapeutin*: »Sie sagten vorhin auch: ›Das war wie ein Fall ins Bodenlose. Ich hatte das Gefühl, da sind keine Grenzen mehr.‹ – Was bedeuten ›Grenzen‹ für Sie?«

*Herr K.*: »Grenzen sind ein moralisches Gerüst für mich; darüber gehe ich nicht hinaus.«

*Therapeutin*: »Wann erleben Sie diese Grenzen, dieses ›moralische Gerüst‹?«

*Herr K.*: »In meinem Beruf. Im Umgang mit den Schülern.«

*Therapeutin*: »Und was erleben Sie dabei als ›Grenzen‹?«

*Herr K.*: »Da sind die Schüler, die mir wichtig sind, denen ich etwas beibringen will.«

*Therapeutin*: »Ist dies eine Belastung für Sie?«

*Herr K.*: »Nein, das ist Aufgabe, die ich erfüllen kann. Das mache ich gerne.«

*Therapeutin*: »Haben Sie während des Unterrichts Angst, etwas falsch zu machen?«

*Herr K.*: »Nein, da bin ich sicher in meinem Tun, und dann sind vor allem die Gedanken nicht da.«

*Therapeutin*: »Sie sagen: ›Da ist eine Aufgabe, die ich erfüllen kann‹ als eine Art Grenze, die Sie als positiv erlebt haben. Und Sie haben diese Aufgabe gestaltet; Sie haben geantwortet. Es war Ihre Antwort, ohne vorher jemand anderen um Rat fragen zu müssen.«

Die Intention meines Vorgehens war es, Herrn K. das Erleben von persönlichen Wertbezügen als eine positive und tragende Erfahrung nachspüren und erkennen zu lassen. Herrn K. wurde bewusst, dass die Antworten auf seine Fragen nicht in sich selbst zu finden waren – auf diesem Weg der Beantwortung hatte er ja den Fall ins Bodenlose, ins Grenzenlose erfahren. Vielmehr erkannte er, dass seine Antworten außerhalb von ihm selbst zu suchen und zu finden seien.

Wir betrachteten noch einmal den Satz, der ihm im Rahmen der Analyse über längere Zeit gut geholfen hatte: »Was fühle ich, was will ich, was ist mir wichtig?« Die Betonung bei dieser Fragestellung, so Herr K., lag auf dem Wort »ich«.

Ausgehend von dem bisher Besprochenen formulierten wir die gleichen Fragestellungen, aber mit einer anderen Betonung, von einem anderen Ausgangspunkt her. Wir stellten die Frage von der »Aufgabe« her, von dem Wert, der außerhalb von ihm liegt. So formulierten wir die Frage als: »Was ist das, was außen auf mich wartet?«

Um dies zu üben, regte ich Herrn K. an, sich täglich in seiner Freizeit die Zeit für einen kleinen Spaziergang zu nehmen mit der Fragestellung: »Was schaut mich jetzt an? Was spricht mich jetzt an?« Diese Frage sollte er jeweils aktiv im inneren Beschreiben beantworten. Die Intention dieser Aufgabe war, dass Herr K. die Blickrichtung von innen nach außen ändert, dass er die Erfahrung macht, dass immer etwas außerhalb von ihm ist und dass er nie »verloren ist«, dass immer etwas außerhalb von ihm existiert, auf das er Bezug nehmen kann, zu dem er in aktivem Erleben und Gestalten eine »Beziehung« eingehen kann.

### *Die Kraft durch die Trotzmacht des Geistes*

In der nächsten Gesprächssitzung berichtete Herr K., dass diese Änderung seiner Blickrichtung ihm sehr geholfen und ihm ein wenig mehr das Gefühl von Entlastung vermittelt habe. Aber er sei noch nicht sicher, ob das der richtige Weg für ihn ist, denn die Macht seiner zwanghaften Fragen war nach wie vor sehr groß. »Das ist wie eine Kraft, die mich in eine negative Richtung zieht. Ich bin dann nur noch in meinem Kopf, fühle mich nicht mehr als Einheit, als Ganzheit. Das ist kein ehrliches Gefühl mehr.«

*Therapeutin*: »In welchen Situationen tauchen Ihre zwanghaften Gedanken auf?«

*Herr K.*: »Immer dann, wenn ich mich unsicher fühle. Das kann schon bei Kleinigkeiten sein, vor allem, wenn ich allein bin.«

*Therapeutin*: »Und was denken Sie dann?«

*Herr K.*: »Ich überlege, ob ich etwas tun soll oder nicht, was richtig und was falsch ist. Und dann taucht immer ganz schnell die Angst auf, ich könnte mit meiner Entscheidung was Schlechtes tun. Das Denken geht dann hin und her. Und je länger ich meinen Gedanken freien Lauf lasse, desto unsicherer werde ich. Das geht bis zur Erschöpfung. Ich finde dann auch keine Antworten mehr.«

*Therapeutin*: »Wenn ich Sie richtig verstanden habe, dann setzen Sie Ihre Gedanken bei Unsicherheiten ein, um eine Antwort zu finden, aber letztlich sind Sie noch unsicherer als zuvor.«

*Herr K.*: »Das ist richtig. Ich weiß am Ende noch weniger als vorher.«

*Therapeutin*: »Gibt es auch Gedanken, die für Sie wichtig sind?«

*Herr K.*: »Mir ist der Gedankenaustausch mit anderen wichtig. Es ist wichtig, dass dann jemand da ist und dass die Gedanken irgendwo ankommen und damit auch aufhören. Es bereichert mich, durch den Gedankenaustausch den anderen besser kennen zu lernen; es ist dann ein Geben und Nehmen. Dann entsteht etwas wie Verständnis, Ermutigung, Dank und Freude.«

Wir überlegten, dass es unterschiedliche Gedanken gibt, einerseits positive und konstruktive, andererseits negative und destruktive.

*Therapeutin*: »Ich habe eine weitere Frage zu Ihren negativen Gedanken: Können Sie bei den negativen Gedanken auch einen Vorteil entdecken?«

*Herr K.*: »Früher habe ich dann mehr Grund gehabt, die Nähe zu meiner Mutter zu bekommen. Ich war dann hilfloser, brauchte andere. Ich brauchte mich dann nicht den äußeren Dingen zu stellen. Es war fast wie eine Erlaubnis zum Rückzug. Aber heute weiß ich: Das Um-Rat-Fragen bei anderen hat Grenzen, weil, letztlich kann mir keiner meine Antworten geben.«

In diesem Gespräch wurde Herrn K. bewusst, dass seine zwanghaften Gedanken als negative Gedanken ihm zwar kurzfristig eine Art Erleichterung verschafften, ihn aber auf längere Sicht nicht bereicherten, sondern einengten, ihm den Blick auf seine Antworten verstellten und ein Entstehen von Selbstwertgefühl und Lebensfreude verhinderten. Damit raubten sie ihm immer mehr die nötige Kraft und Motivation, sich seinen Zwangsgedanken zu widersetzen. Der negative Kreislauf hatte sich geschlossen.

Inwiefern aber blieb ihm bei aller Macht der zwanghaften Gedanken die Freiheit, sich ihnen zu widersetzen und damit den negativen Kreislauf zu durchbrechen?

Ich erinnerte Herrn K. an die Trotzmacht des Geistes, die wir im Rahmen des Menschenbildes der Logotherapie besprochen hatten. Ich verdeutlichte ihm, dass schon die Betrachtung und Benennung seiner Ängste eine »geistige Fähigkeit« im Sinne der Selbstdistanzierung sei, dass er damit schon ein wenig außerhalb des ihn einengenden Kreises stünde. Herr K.: »Der Nebel hat sich dadurch für mich schon etwas gelichtet. Ich fühle mich emotional etwas weniger gefangen.«

Als eine weitere Möglichkeit der Selbstdistanzierung erläuterte ich Herrn K. die Technik der »Personifizierung der Angst«. Die Intention war, ihn zu befähigen, sich noch weiter und nachhaltiger von den Gedanken distanzieren zu können, die ihm auf längere Sicht Schaden zufügten und einem sinnerfüllten Leben im Wege standen.

Dabei nahm ich die Geschichte vom »Traumfresserchen« von Michael Ende[3] zu Hilfe. Diese Erzählung handelt von einer Prinzessin, die aus lauter Angst vor Albträumen nicht einschlafen kann. Am Ende der Geschichte findet sie Hilfe durch ein hungriges Traumfresserchen, dem die Qualität der Träume gleichgültig ist, und das die Albträume der Prinzessin gerne verspeist, während diese – von guten Träumen begleitet – wohl und entspannt schlafen kann.

Ich regte Herr K. an, analog zum Traumfresserchen in seiner Fantasie ein Gedankenfresserchen zu erschaffen, dem er alle seine negativen und zwanghaften Gedanken zum »Verspeisen« getrost überlassen könne.

Allerdings – so gab ich zu bedenken – müsse diesem Schritt der Distanzierung von den Angst machenden Gedanken ein weiterer Schritt folgen: Der nun »leerer« gewordene Raum müsse durch Herrn K. aktiv gefüllt werden. Wenn er die negativen Gedanken beiseite geschoben habe, müsse er im Sinne der Dereflexion Bezug nehmen zu etwas außerhalb von ihm im Sinne von: »Was schaut mich jetzt an? Was spricht mich jetzt an?« Dies sei auch in der Bezugnahme auf positive Gedanken möglich, beispielsweise in Gedanken an Situationen, in denen er sich adäquat gefordert fühlte.

### *Interesse am persönlichen Erleben und Gestalten*

In der folgenden Stunde berichtete Herr K., dass er sich inzwischen das Buch vom »Traumfresserchen« gekauft habe, und dass es nun auf seinem Nachttisch liege. Seine Angst, vor lauter negativen Gedankenkreisen nicht einschlafen zu können, habe sich dadurch deutlich verringert. – Aber ...

*Herr K.*: »Die Macht der Gedanken erschreckt mich immer wieder. Da ist immer wieder die Stimme ›Wer hat Recht? Was ist richtig?‹«

*Therapeutin*: »Können sie eine Situation aus den letzten Tagen wiedergeben, bei der Sie die Frage, ›Wer hat Recht? Was ist richtig?‹, beschäftigt hat?«

*Herr K.*: »Ich möchte eigentlich gerne eine Woche Urlaub machen und zu Freunden fahren. Aber ich habe auch Angst, dass dort noch mehr Angst kommt, dass es besser ist, zu Hause zu bleiben.«

*Therapeutin*: »Haben Sie denn eine Antwort gefunden?«

*Herr K.*: »Nein. In meinen Gedanken schwirren dann irgendwelche Autoritäten rum, die so einen Einfluss auf mich haben. Und ich traue mich nicht, mich dagegen zu wehren.«

*Therapeutin*: »Was sind denn Autoritäten für Sie?«

*Herr K.*: »Das sind gefestigte Menschen, geistig starke Menschen, bei denen ich eine Kraft spüre, die ich nicht habe. Die leben aber dann so in mir weiter, dass sie etwas sagen, was sie gar nicht gesagt haben. Und das ist dann gegen mich gerichtet.«

*Therapeutin*: »Habe ich Sie richtig verstanden: Sie erleben Autoritäten als geistig starke Menschen und als eine Kraft, die gegen Sie gerichtet ist? Also positiv und negativ?«

*Herr K.*: »Ja, beides.«

*Therapeutin*: »Inwiefern haben Sie bisher einen Menschen als positive Autorität erlebt?«

*Herr K.*: »Zum Beispiel meinen Chef. Er kann und weiß sehr viel.«

*Therapeutin*: »Und wie verhält er sich Ihnen gegenüber?«

*Herr K.*: »Er ist mir wohlgesonnen, akzeptiert mich so wie ich bin. Wenn ich Fragen habe, dann hilft er mir weiter.«

*Therapeutin*: »Hat er ein positives Interesse an Ihnen?«

*Herr K.*: »Auf jeden Fall.«

*Therapeutin*: »Können Sie mir auch einen Menschen mit negativer Autorität schildern?«

*Herr K.*: »Mein Mathelehrer auf dem Gymnasium. Der zog immer nur seinen Stiefel durch. Der nahm mich gar nicht richtig wahr. Ob wir schlechteren Schüler mitkamen, das interessierte den gar nicht. Ich fühlte mich ihm gegenüber immer so klein.«

Fassen wir zusammen: Autorität ist immer mit Macht verbunden. Allerdings ist zu unterscheiden zwischen positiver und negativer Macht. Ein Mensch mit positiver Autorität ist an der Person eines anderen Menschen und an seiner positiven Entwicklung interessiert. Ein Mensch mit negativer Autorität zeigt wenig oder gar kein Interesse an seinem Gegenüber; und er kann seine Macht nutzen, um seine eigenen Interessen durchzusetzen.

*Therapeutin*: »Ich möchte noch einmal Ihre Worte wiederholen, die Sie auf meine Frage, ›Was ist Autorität für Sie?‹ geäußert haben:

›Das sind gefestigte Menschen, geistig starke Menschen, bei denen ich eine Kraft spüre, die ich nicht habe. Die leben dann so in mir weiter, dass sie etwas sagen, was sie gar nicht gesagt haben. Und das ist dann gegen mich gerichtet.‹

Können Sie genauer beschreiben, was ›dann in Ihnen weiterlebt‹?«

*Herr K.*: Das, was da in mir weiterlebt, das ist die Angst. Angst ist für mich negative Autorität. Die ist wie ein Teufel.

*Therapeutin*: »Sie sagen: ›Die leben dann in mir weiter.‹ Geht das automatisch oder lassen Sie das auch zu?«

*Herr K.*: »Ich versuche ja, mich dagegen zu stemmen.«

*Therapeutin*: »Vielleicht müssen Sie sich ja gar nicht dagegen stemmen. – Bevor ich das aber weiter ausführe, lassen Sie mich bitte eine andere Frage stellen. Wir haben von Autorität auch als einer Macht mit positivem Interesse gesprochen. Daher meine Frage: Inwiefern sind Sie an sich interessiert? Oder anders formuliert: Was interessiert Sie? Was ist Ihnen wichtig?«

*Herr K.*: »Dass ich arbeitsfähig bin, dass ich gestalten kann, dass ich Freude am Leben habe.«

*Therapeutin*: »Wann können Sie gestalten, wann erleben Sie Freude?«

*Herr. K:* »Wenn ich Sport mache oder mit guten Freunden zusammen bin.«

*Therapeutin*: »Müssen Sie sich dann gegen etwas stemmen?«

*Herr K.*: »Nein, dann sind die Gedanken ja gar nicht da.«

*Therapeutin*: »Was ist denn dann da?«

*Herr K.*: »Die anderen. Das, was ich tue.«

*Therapeutin*: »Schauen wir noch einmal genauer hin: Immer dann, wenn da etwas ist, auf was Sie Bezug nehmen können, auch im Sinne einer Aufgabe, wenn Sie ›bei etwas sein können‹, dann hören die negativen Gedanken auf.

Sie widmen Ihrer Angst sehr viel, ich darf sagen zu viel Aufmerksamkeit. Sogar wenn Sie sich dagegen stemmen, bekommt die Angst wieder Ihre Aufmerksamkeit. Dann kann die negative Autorität der Angst wieder ihre ganze Macht auf Sie ausüben. Wenn Sie aber Ihre Blickrichtung ändern, weg von der Angst hin zu dem, was Sie interessiert, ›was außen auf Sie wartet‹, dann setzen Sie Ihre positive Autorität der negativen der Angst entgegen. Vielleicht nehmen Sie dabei auch das Gedankenfresserchen zu Hilfe, damit Sie sich ruhiger auf das konzentrieren können, was Ihnen wichtig ist.«

Im folgenden Gespräch berichtete Herr K., dass ihm die Unterscheidung von positiver und negativer Autorität sehr gut getan habe und dass er immer wieder übt, seinen Blick nach außen zu öffnen. Das »Gedankenfresserchen« setze er immer wieder ein, und seine Angstanfälle seien nicht mehr aufgetreten. Außerdem sei er am vergangenen Wochenende zu einem Freund gefahren, und er habe diese Zeit zwar nicht ohne Anstrengung, aber alles in allem als eine gute Zeit erlebt. Dies habe ihn ermutigt, seine Urlaubspläne bald in die Tat umzusetzen.

## *Der Abschluss der Therapie*

Im weiteren Vorgehen war es – ähnlich wie in den oben geschilderten Gesprächen – immer wieder wichtig, Herrn K. neben seinem Gefühl von Angst das Erleben von Wertbezogenheit und Vertrauen zu ermöglichen.

Neben der Besprechung anderer Themenbereiche (zum Beispiel Beziehungsfähigkeit und Umgang mit Schuldgefühlen) wurde auch eine berufliche Veränderung ins Blickfeld gerückt, um dem Erleben von »zu viel Zeit zum Nachdenken« entgegenzuwirken. Ein beruflicher Neuanfang wurde von Herrn K. zum Ende unserer Therapie in die Tat umgesetzt und als positiv erlebt.

Herr K. war insgesamt 15 Therapiestunden im Abstand von 14 Tagen in meiner Praxis. In unserem Abschlussgespräch betonte Herr K., dass ihm vor allem die Änderung der Blickrichtung von sich selber weg auf seine Wertmöglichkeiten hin sehr geholfen habe.

»Mir ist klar geworden, dass es auf mich ankommt, dass ich etwas anschauen und umsetzen muss, dass ich aktiv werden muss.«

## Zusammenfassung

Eine psychotherapeutische Intervention ist – wie schon in der Einleitung formuliert – eine Arbeit, die sich immer wieder anders und neu gestaltet, abhängig von der Einzigartigkeit und Einmaligkeit des Patienten.

Herr K. hatte schon viele Jahre vor unseren therapeutischen Sitzungen eine psychoanalytische Therapie erfahren. Diese hatte sicher dazu beigetragen, dass er viele auslösende und erhaltende Faktoren seiner Erkrankung durchschauen und verstehen konnte. Seine Ängste verminderten sich, als er aufhörte, andere Menschen um Rat zu fragen, und als er begann, die Antwort seiner Fragen in sich selbst zu finden. Dies aber führte zu einer zunehmenden Selbstbeobachtung bis hin zu der verzweifelten Angst, die Fähigkeit zur Beantwortung eigener Fragen verloren zu haben.

Die Konfrontation mit existenziellen Fragen, die Öffnung seines Blickfeldes auf seine Wertmöglichkeiten und das Erleben von Vertrauen und Getragensein durch die Bezugnahme auf Werte verbesserten das Befinden von Herrn K. deutlich.

Er verspürte wieder Selbstvertrauen und hatte das Gefühl, eine Perspektive zu haben.

Zu der relativ rasch einsetzenden Besserung seines Befindens hatte sicher auch beigetragen, dass Herr K. außergewöhnlich gut innere Vorgänge beschreiben konnte. Außerdem war er sehr interessiert an philosophischen Gedankengängen. Er besaß die Fähigkeit, theoretische Überlegungen auf sein inneres Erleben übertragen zu können. Zudem hatte er den starken Willen, seiner Krankheit nach besten Kräften entgegenzuwirken, und er brachte die Bereitschaft mit, Anregungen aus der Therapie auch in seinem Alltag umzusetzen.

Als ich mich viele Monate nach Beendigung der Therapie nach dem Befinden von Herrn K. erkundigte, berichtete er, dass es ihm weiterhin gut gehe, dass sein Leben reicher und lebenswerter geworden sei und dass sich dies auch positiv auf seine Beziehungen auswirke. Er erlebe zwar immer wieder »Wellentäler«; diese könne er aber aus eigener Kraft überwinden.

DR.MED. URSULA TIRIER, Ärztin (verheiratet, vier Kinder), 1986–89 Ausbildung am *Süddeutschen Institut für Logotherapie* bei Dr. E. Lukas; 1990–1996 Ausbildungsleiterin am *Süddeutschen Institut für Logotherapie* gemeinsam mit C. Busch, seit 1992 Leitung des Außenkurses Essen-Werden;
seit 1996 Leiterin des *Instituts für Logotherapie und Existenzanalyse* Essen-Werden;
seit 1989 logotherapeutisch tätig in eigener Praxis mit den Schwerpunkten »Essstörungen«, »Angstneurosen« und »Psychoonkologie«; 1994–1997 1. Vorsitzende der *Deutschen Gesellschaft für Logotherapie und Existenzanalyse*.

Anschrift:
In der Borbeck 23
45239 Essen-Werden
Tel.: 0201/49 15 41

UWE BÖSCHEMEYER

# *Die Krise als Chance – Voraussetzungen für neue Sinnfindung*

Wer einen tiefen »Ein-Schnitt« in seinem Leben erfährt wie zum Beispiel den Tod eines geliebten Menschen, den Verlust des Partners, eine schwere Krankheit oder einen anderen Schicksalsschlag, steht am Scheideweg. Gemeint ist damit die Entscheidung darüber, ob er diesen Ein-Schnitt als lebensbestimmend betrachtet und daher fortan alles Weitere, was ihm misslingt, mit seinem Widerfahrnis in Verbindung bringt – oder ob er es als Herausforderung zur Weiterbildung seiner Persönlichkeit zu sehen beginnt. Lässt er sich auf die Herausforderung ein, kann seine schwere Krise für ihn zur Chance werden.

Jemand hat einmal gesagt, wer an einem schicksalhaften Ereignis zerbreche, sei auch schon vor dieser Zeit brüchig gewesen. Dem stimme ich, wenn auch mit Einschränkungen, zu. Und das bedeutet für den Menschen in der Krise, dass er sich nicht allein mit der Krisensituation selbst, sondern sich auch mit seinem ganzen Leben befassen muss. In der Grenzsituation wird einem Menschen nicht nur die Chance gegeben, das ihn Begrenzende zu erfahren, sondern es auch zu transzendieren.

Es geht also um die innere Weiterbildung der Persönlichkeit, und sie ist die Voraussetzung für neue Sinnfindung.

Und der Mensch kann sich innerlich weiterbilden! Das ist für ihn charakteristisch. Es gibt auch keine Lebensphase – die Jugend nicht, die mittleren Jahre nicht und auch das Alter nicht –, in der wir weniger als in anderen Phasen Sinn finden könnten. Denn jede Zeit hat zwar ihre eigenen Schwierigkeiten, ebenso jedoch ihre eigenen Möglichkeiten. Alles kommt darauf an, ob wir uns vom Leben berühren lassen oder nicht, ob wir leben wollen oder nicht. Dass die Umsetzung der Erkenntnisse Arbeit verursacht, brauche ich nicht zu betonen. Denn: Von Verzweiflung werden wir *gepackt*, nach Sinn müssen wir *suchen*. Von Wut werden wir *überfallen*, um Versöhnung müssen wir *ringen*. Hass *ergreift* uns, nach Liebe müssen wir uns *sehnen*. Melancholie *schleicht* sich in uns ein, für Gründe der Freude müssen wir uns *öffnen*. Zwänge *zingeln* uns ein, nach Freiheit müssen wir uns *ausstrecken*. Krankheit kommt *von selbst*, Gesundheit müssen wir *wollen*. Wollen kommt nicht von selbst. Gründe für das, was wir wollen, müssen wir suchen.

Noch eines vorweg: Die Suche nach Sinn bezieht sich auf alle Bereiche des Lebens, auf die dunklen ebenso wie auf die hellen. Die Suche nach Glück konzentriert sich nur auf die hellen. Es kann daher sein, dass der, der nur das Glück sucht, sein eigenes Leben halbiert.

Und noch etwas:

Wenn die Krise zur Gunst werden soll und ein Mensch sein Vorhaben mit den Sätzen beginnt: Ich muss irgendwie sehen – Ich sollte mal versuchen – Wenn es denn sein muss – Ich glaube zwar nicht, dass ich es schaffen werde, aber – Na gut, dann tue ich es eben – Wenn man es denn von mir erwartet – Mir bleibt ja nichts anderes übrig – Ich habe ja keine andere Wahl – Meine Hoffnung ist zwar gering, aber ... Wenn jemand sein Vorhaben so beginnen würde, sollte er lieber gar nicht erst anfangen.

## Wege zu sich selbst

Ich werde nun in zehn Punkten Zugänge zu sich selbst und zu eigener Sinnerfahrung beschreiben. Dabei lässt es sich nicht vermeiden, den einen oder anderen bereits angesprochenen Gedanken zu wiederholen:

## *1. Der Gang in die Wüste*

Wer in die Krise geraten ist und kaum noch Sinn in seinem Leben sieht, muss in die »Wüste« gehen. Die Wüste, die ich meine, ist die Stille. Wer sich mit sich allein lässt, wird mit dem konfrontiert, was er denkt und fühlt, was er hat und was ihm fehlt. Er begegnet, mehr als bisher, sich selbst.

Seine Unruhe wird ihm deutlicher und seine Angst. Seine Wut dringt näher an ihn heran und auch seine Sehnsucht. Er fühlt die Ungelöstheiten in seinem Herzen und beginnt zu verstehen, wodurch sie entstanden sind. Vielleicht ahnt er auch die nächsten Schritte, die er gehen sollte, um sich von dem, was ihn bedrängt, zu befreien. Wer sich mit sich allein lässt, ahnt allerdings auch, wie wenig er sich kennt und wie viel ungelebtes Leben noch immer darauf wartet, ausgelebt zu werden.

Wenn ein Mensch mit sich allein ist, beginnt er, mehr als bisher, auf seine »innere Stimme« zu hören. Sie hat ganz viel mit der »Weisheit des Herzens« (Pascal) zu tun. Die innere Stimme – was ist das?

Sie ist ein Zusammenspiel von bildhaften Gedanken, Intuition und Erfahrung. Sie kennt Ein-Sichten ins Leben und Gründe für Leben, die der Verstand nicht kennt. Sie spricht aus unserer eigenen Tiefe und ist daher »auf unserer Seite«. Wer auf diese Stimme hört, hört auf sich selbst und wird nicht von anderen bestimmt.

Es gibt keine Anweisung dafür, wie man auf sie zu hören lernen kann. Hören kann man sie immer, vor allem in der »Wüste« und vor allem dann, wenn man sie hören will.

## *2. Sinnfindungsbarrieren*

Ein verzagter Mönch fragte einmal einen lebenserfahrenen Bruder, was er tun könne, um mit seinen niederziehenden Gedanken besser umgehen zu können. Da antwortete der Alte: »Kämpfe nicht gegen alle Gedanken, sondern nur gegen einen. Denn alle niederziehenden Gedanken haben eine einzige Quelle. Deshalb kommt es darauf an, diese Quelle zu finden, darüber nachzudenken und daraus Schlussfolgerungen zu ziehen.

Danach werden auch die übrigen Gedanken so fließen, wie sie es sollen.«

Es gibt jedoch meines Erachtens mehrere »Quellen«. Ich nenne sie Sinnfindungsbarrieren. Sie haben einfache Namen. Sie heißen Trotz, Wut, Selbstmitleid, Neid, Ehrgeiz, Maßlosigkeit, Eifersucht, Unwahrhaftigkeit, Vom-Leben-beleidigt-Sein. Sie nehmen »Ein-Fluss« auf unsere Gedanken, Gefühle, Haltungen und Handlungen und be- oder verhindern die Entwicklung wichtiger Voraussetzungen für neue Sinnfindung. Ein Beispiel für eine Sinnfindungsbarriere, die ich Verweigerung nenne:

Eine leidende Frau wirkte stark depressiv, klagte, sie sei sich selbst fremd geworden, ihr Leben habe keinerlei Sinn mehr. In der Therapie zeigte sie wenig Neigung zur Mitarbeit. Zwar erschien sie pünktlich zur Stunde, versuchte die verabredete Zeit sogar zu überziehen – und doch: Selbst wenn sie von freundlichen Begegnungen mit anderen berichtete, machte sie deren Bedeutung zunichte. Eines Tages erzählte sie mir folgenden Traum:

Sie befindet sich in der Wüste. Die Sonne brennt auf sie nieder. Sie fühlt sich ganz ausgebrannt. Treibender Sand in der Luft verhindert einen klaren Blick. Die Situation ist trostlos.

Plötzlich sieht sie eine Oase. Sie geht darauf zu und findet einen Brunnen. Menschen schöpfen daraus, löschen ihren Durst, freuen sich.

Doch sie – sie schöpft aus diesem Brunnen nicht, obwohl auch sie freien Zugang dazu hat.

Sie geht ans andere Ende der Oase und sieht einen Stand, in dem man Wasser aus einem großen Bottich schöpfen kann. Allerdings darf nur der Wasser schöpfen, der mit der eigenen Kelle schöpft. Kellen sind auf der gegenüberliegenden Seite erhältlich.

Vor dem Stand warten geduldig Menschen. Alle haben sich eine Kelle besorgt. Auch die Träumerin schließt sich der Schlange an. Nur ohne Kelle! Sie will das Wasser – ohne Kelle. Schließlich steht sie vor dem Stand, äußert ihr Begehren und wird abgewiesen. Sie ist erschüttert – und fühlt sich endgültig von allen verlassen.

Die Überwindung von Sinnfindungsbarrieren? Wer sich dem stellt, was ihm den Weg zu sich und anderem Leben verstellt, beginnt, zu sich zu stehen, standfest zu werden, Stehvermögen zu entwickeln. Er verhält sich klarer. Er verbraucht weniger Kraft (weil er weniger verdrängt). Er wird weniger von bedrängenden Fragen der Seele gestört und sieht deshalb mehr über sich selbst hinaus auf andere (was ihm wiederum deren Sympathie einbringt).

Wir brauchen nicht immer Therapie, um zu erkennen, welche Quellen uns davon abhalten, neuen Sinn zu erfahren. Es genügt manchmal ein waches und williges Hinhören auf das, was ein Freund uns zu sagen wagt. Und hin und wieder genügt es auch, die Kritik unserer liebsten Feinde ernst zu nehmen.

## *3. Verstehen wollen*

Der weitaus größte Teil der Seins- und Sinnproblematik ist in misslingenden Beziehungen begründet. Der Ursprung dieser Konflikte[1] liegt vor allem darin, dass wir zu wenig sagen, was wir denken und empfinden – und zu wenig das tun, was wir sagen. Deshalb begegnen wir uns oft mit Masken. Deshalb entwickeln wir wechselseitig Misstrauen. Einige Beispiele aus dem Strukturkreis des Enneagramms:

Der Perfektionist kann aggressiv sein, zeigt sich aber freundlich. – Der Helfer kann vor »Liebe« überfließen, sucht aber vor allem Bestätigung des anderen. – Der Macher kann sich rasch und freudestrahlend mit einem anderen identifizieren, sucht aber nur seinen Erfolg. – Der Romantiker lächelt freundlich angesichts des Erfolgs des anderen, ist aber bis in die Wurzeln hinein neidisch. – Der Beobachter lässt den anderen sein Herz ausschütten, denkt aber im Stillen: Welch ein Tor! – Der Gemeinschaftsmensch scheint mit der Handlung des anderen völlig einverstanden zu sein, applaudiert aber nur, weil er es mit dem Stärkeren nicht verderben will. – Der Glückssucher strahlt den anderen an und gibt nicht zu erkennen, dass dieser ihn gekränkt hat. – Der Starke poltert seinen Unmut dem anderen entgegen und gibt nicht zu, dass dieser ihn an seiner weichen Stelle getroffen hat. – Der Ursprüngliche schweigt zu den Vorwürfen des anderen und möchte am liebsten weit weg von ihm sein.

Je häufiger wir Masken tragen, desto mehr prägen sie uns. Je mehr uns unsere Masken prägen, desto fremder werden wir uns. Je fremder wir uns werden, desto weniger wissen wir, was wir wollen. Je weniger wir wissen, was wir wollen, desto weniger wissen wir, was für uns sinnvoll ist und was nicht. Je weniger wir wissen, was für uns sinnvoll ist und was nicht, desto unklarer begegnen wir anderen – und setzen wieder Masken auf.

Andererseits: Wenn einer dem anderen »die Wahrheit« sagt, wird der andere den einen sicher nicht anstrahlen. Wenn einer sich auf die Idee des anderen nicht einlassen kann, wird der andere sich darüber bestimmt nicht freuen. Wenn einer den Interessen des anderen nicht entgegenkommt, wird der andere den einen bestimmt nicht umarmen.

Und obwohl dieser Sachverhalt ganz klar ist, unterliegen wir immer wieder der seltsamen Idee, das könnte anders sein. Vor allem aber befürchten wir, wir verlören die Zuneigung des anderen, wenn wir uns eindeutig verhielten. Doch das Gegenteil ist der Fall, in der Regel jedenfalls: Wenn wir uns einem anderen gegenüber klar verhalten, werden wir ihn zwar nicht beglücken, bald aber seine Achtung gewinnen und seine Zuneigung gewiss nicht verlieren. Das ist so!

Gibt es überhaupt ein »Mittel«, mit Menschen gut zurechtzukommen? Wahrscheinlich dieses:

Wenn ich mit einem Menschen spreche, kann ich im Stillen daran denken, ob ich ihm gefalle, ob er mich für intelligent hält, ob er meine Unwissenheit bemerkt, ob er meine Angst bemerkt, ob er meine geheimen Gedanken ahnt, ob er wirklich mit mir zu tun haben will, ob er vielleicht froh ist, wenn er sich wieder verabschieden kann. Wenn ich mit einem Menschen spreche, kann ich um all das kreisen, was ich nicht bin, nicht habe, nicht kann.

Wenn ich mit einem Menschen spreche, kann ich ihn auch anschauen, ihm zuhören, mich für ihn interessieren, seine Andersartigkeit erleben. Ich kann die Hoffnung zulassen, dass er auch von mir etwas hören möchte, mir gegenüber offen ist, mir gut ist, sich nicht gleich ein Urteil über mich bildet, dass er nicht gleich an meine schwierige Vergangenheit denkt. Ich kann ihn im Blick haben und das von ihm erfahren, was ich noch nicht erfahren habe.

Ich weiß kein besseres »Mittel«, mit einem Menschen zurechtzukommen als dieses: ihn verstehen zu wollen. Und das kann man üben.

## *4. Hier und Jetzt*

Die Märchen, diese Schätze der Weisheit, sind voll von Bildern und Symbolen für das eine, das wir brauchen und das uns beglückt. Sie erzählen von dem Schatz, der uns auch dann das Leben lebenswert macht, wenn wir meinen, wir hätten das Wichtigste verloren. Welcher Schatz ist gemeint?

Der Schatz, an den ich denke, liegt in der Situation, in der ich bin, und an dem Ort, an dem ich mich gerade aufhalte. Hier und heute finde ich die Gelegenheit, das Beste, den Schatz, aus dem Lebensfluss zu bergen. In dieser Zeit, unter diesen Umständen, in diesem konkreten Schicksalsraum, mit diesen Menschen eröffnet sich mir die Möglichkeit, Sinn in meinem Leben zu finden. »Sinnvoll« ist mein Tag dann, wenn ich die Möglichkeiten ausschöpfe, die in ihm liegen. Denn Sinn finde ich nicht gestern, nicht morgen, und auch nicht da, wo ich nicht bin.

## *5. Bilder der Seele*

Es ist schon seltsam, dass selbst in Krisenzeiten die Träume noch immer nicht die Rolle spielen, die ihnen zusteht. Und das in dieser Zeit, in der wir viel von der Bedeutung innerer Bilder für die Weiterbildung der Persönlichkeit wissen. Wer seine Träume Schäume nennt, gleicht dem, der eine Kugel aus Gold in den Abfall wirft, weil er meint, sie sei nichts wert.

Was sind denn Träume?

Träume sind unsere Freunde, sind besonders wirksame Mittel zur Erweiterung der Persönlichkeit, sind hilfreiche Korrektoren unserer Einstellung zum Leben.

Träume mahnen, warnen und kontrollieren. Sie informieren und lehren. Sie trösten. Sie stellen in Frage und beantworten Fragen. Sie zeigen das Verinnerlichte.

Sie erhellen das Vergangene und manchmal auch das Zukünftige. Sie vermitteln individuelle und allgemeine Einsichten ins Leben. Sie zeigen Bilder des Geistes, etwa der Freiheit, der Liebe, des Sinns. Und manchmal führen sie uns auch über die Grenzen hinaus bis weit in den Himmel hinein. Ein Mensch, der seine Träume versteht, versteht mehr von sich selbst und dem Leben.

Träume sind zu Bildern gewordene Gefühle und Gefühlskräfte der inneren Welt. Sie sind Bilder der Seele, die von Dingen des Lebens wissen, von denen der Verstand gar nichts weiß. Ein allgemeines Beispiel:

In einem Traum ging ein Mann sehnsüchtig durch blühendes Land. Er suchte etwas oder jemanden. Er suchte die Liebe. Da hörte er hinter sich zarte, immer rascher werdende Schritte. Er erschrak und lief davon, ohne sich umzuwenden. Sein Verfolger ließ sich jedoch nicht abschütteln. Irgendwann ließen die Kräfte des Mannes nach, und er blieb stehen.

Zögerlich drehte er sich um und sah in die Augen eines Kindes. Das Kind lachte ihn an, zunächst eher scheu, dann strahlend, vor allem aber liebevoll.

Unverwandt sah der Mann in das Gesicht, das ihm nicht unvertraut erschien.

Dann erkannte er es. Es war sein eigenes, vergessenes, liebevolles Gesicht, das Gesicht seines »inneren Kindes«, das noch immer darauf wartete, endlich leben zu können.

Nur ein Traum? Nur eine Illusion der Nacht? Keine Herausforderung an den Träumer, stehen zu bleiben und sich dem inneren Kind, das heißt seiner verdrängten Spontaneität, Lebenslust und Daseinsfreude zu stellen? Keine Ermutigung, die verdeckte Liebe zu sich selbst endlich zu entdecken?

Ein anderer Traum – ein Beispiel aus einer Zeit, in der ein Vater von seiner Familie getrennt lebte und sich um seine zehnjährige Tochter sorgte:

Er schaut auf einen langen, scheinbar sumpfigen Graben. Darin »sieht« er den vorläufigen Lebensweg seines Kindes vorgezeichnet. Er befürchtet, sie werde in dem Graben keinen Halt finden. Bei näherer Untersuchung stellt sich jedoch heraus, dass der Graben-Weg nur oberflächlich sumpfig ist. Unmittelbar unter der Oberfläche erkennt er einen soliden Steinweg. Der Träumer fühlt sich sehr erleichtert. Er hat nun Gewissheit, dass seine Tochter auf dem Weg durch den »Graben« der nächsten Jahre genügend Halt finden wird.

Der Traum wurde für den Vater in der Zeit, in der das Kind stark litt und daher manches Problem zu bewältigen hatte, selbst ein Halt. Die Folgezeit bestätigte, dass er ihm mit Recht vertraut hatte.

Was von Träumen und ihren Bildern zu sagen ist, gilt auch von der »wertorientierten Imagination«, die eine methodische Ausformung des »unbewussten Geistes« (Frankl) ist. Sie zeigt eindrucksvoll, dass die inneren Bilder die Brücke zwischen Bewusstem und Unbewusstem sind. Über sie erfahren wir, was uns in der Tiefe, zu der wir üblicherweise keinen Zugang haben, bewegt. Über sie kommen wir auch mit unseren verdeckten Lebenskräften in Berührung: nur ein Beispiel:

Ein Ehepaar mittleren Alters, sie Lehrerin, er Geschäftsmann, hatte sich nach langen Mühen entschlossen, miteinander weiterzuleben. Der Mann hatte vor Jahren seine Frau tief verletzt und sie hatte die Schmerzen darüber noch immer nicht überwunden. Er wiederum litt unter ihrer moralischen Überlegenheit, vor Jahren schon und heute noch immer. Nachdem die Frau in einer Einzelsitzung mithilfe der wertorientierten Imagination erkannt hatte, dass auch sie nicht nur edel war, begann sich ihre innere Erstarrung zu lösen. Im Anschluss daran begleitete ich den Mann in der Imagination, in der er mehr als bisher ein Gefühl für den Wert seiner Persönlichkeit erlebte. Daraufhin schlug ich den beiden vor, sich in einer gemeinsamen Sitzung imaginativ zu begegnen. Nach einem charmanten Zögern willigten sie ein.

Nach einigen entspannenden Sätzen – beide schlossen dabei die Augen – bat ich sie, an den »inneren Horizont« zu sehen und dem Partner/der Partnerin entgegenzugehen. Dann schwieg ich und überließ beide ihren eigenen Bildern. Was sie nach dieser 15 Minuten dauernden »inneren Wanderung« erzählten, war für beide beglückend und wahrscheinlich der innere Neubeginn ihrer Ehe. Zunächst erzählte der Mann:

Ich schaute zum Horizont und sah aus der Ferne meine Frau auf mich zukommen. Sie war sehr jung und trug ein grün gestreiftes Kleid. Als sie in meiner Nähe war, begann ein Hasch-mich-Spiel. Es hatte nämlich zwischen uns gefunkt. Schließlich kreiste ich sie ein, und sie ließ sich gern von mir fangen. Doch beim Spiel tat ich ihr weh.

Da setzte sie sich beleidigt von mir ab und lehnte sich an einen Baum. Ich dagegen kletterte auf eine Palme, sodass mich ihre strafenden Blicke nicht mehr erreichen konnten. Da aber wurde »der stolze Indianer« in mir wach (dem ich in der letzten Imagination begegnet war). Ich stieg von der Palme herab und hielt ihrem Blick stand. Daraufhin verwandelte sie sich in verschiedene Gestalten, bis sie schließlich in ihrer jetzigen Gestalt liebenswert vor mir stand.

Ein gutes, warmes Gefühl durchzog mich. Ich fühlte mich im Vollbesitz meiner Kräfte. Wortlos stiegen wir in eine Kutsche und fuhren davon. Ich wusste: Wir sind ein gleichwertiges Paar.

Für den Mann waren diese inneren Bilder alles andere als ein spannendes psychisches Erlebnis. Er begriff, dass er sein Unterlegenheitsgefühl nicht seiner Frau anlasten konnte, dass es vielmehr darauf ankam, seinen ihm unbewussten (»Indianer«-) Mut endlich zu konkretem Leben zu erwecken. Die Frau hatte ihrem Mann gespannt und erfreut zugehört. Offensichtlich gern erzählte sie nun ihrerseits ihre Imagination:

Sie befand sich zunächst in einem riesigen Eisgebiet. Da sah sie ihren Mann auf sich zukommen. Er umarmte sie, was sie sehr schön fand. Zunächst zog er sie auf einem Schlitten, dann stiegen sie in einen von Pferden gezogenen Schlitten um und fuhren durch eine herrliche Schneelandschaft. Sie fühlte sich an seiner Seite geborgen und wie im Rausch.

Plötzlich verwandelte er sich in einen Bären, vor dem sie keine

Angst hatte, denn sie wusste, dass er ein verzauberter Königssohn war. Sie wusste auch, dass die Reise sie zu einem fernen Schloss führen würde.

Als sie es erreicht hatten, musste der scheinbare Bär draußen bleiben, während sie als Prinzessin in den Palast einziehen durfte. Einsam legte sie sich schlafen. Aber in der Nacht kam er – nicht als Bär, sondern als Königssohn, musste sie jedoch verlassen, als der Morgen graute. In der folgenden Nacht geschah das Gleiche. Sie war ratlos, denn sie hätte ihn so gern erlöst. Am Tag vor der dritten Nacht machte sie sich auf die Suche nach ihm – und fand ihn in einem Verlies, abgemagert und gefesselt. Tiefes Mitgefühl (nicht Mitleid) ergriff sie. Sie befreite und verpflegte ihn.

Als er in der nächsten Nacht nicht kam, war sie sehr verzweifelt. Da ging ihr vollends auf, wie sehr sie ihn wollte. Da brach das Tageslicht an, und er erschien doch – und dieses Mal als Prinz. Glücklich gingen sie Hand in Hand in die Welt zurück.

Märchen sind Spiegelungen der Seele. Deshalb waren diese inneren Erlebnisse der Frau alles andere als »nur ein Märchen«. Sie waren die gefühlte Einsicht, dass sie Zugang zu ihrem Mann nur dadurch finden konnte, dass sie von ihrem Thron (der Moralität) herabzusteigen und sich seiner (inneren) Not anzunehmen bereit war.

## *6. Der Aufgabencharakter des Lebens*

Nicht immer geht es bekanntlich nach unseren Wünschen. Nicht immer geht es um das, was uns »zusteht«, zum Beispiel eine Schonzeit wegen der Krise. Wir sehen uns plötzlich vor eine Aufgabe gestellt, die darauf wartet, übernommen zu werden – und zwar von uns, von keinem anderen. Ich denke etwa an eine schwer kranke Mutter oder einen pflegebedürftigen Vater, die oder der sich nicht mehr allein versorgen kann. Dann wäre die Klage eines krisengeplagten Menschen zwar verständlich: Warum um alles in der Welt muss ich auch damit noch belastet werden? Übersteigt diese Aufgabe nicht meine Kräfte, zumal in dieser Zeit? Doch dann kann das geschehen:

Er sieht auf das, was auf ihn wartet, und hört die Frage: Wer, wenn nicht ich, käme sonst dafür in Frage? Und kein anderer antwortet ... Also macht er sich an die Aufgabe heran, zunächst widerwillig. Vielleicht ist sie noch unangenehmer, als er gedacht hat. Dann aber ahnt er, dass sie zu bewältigen ist. Er scheitert nicht. Nach und nach gewinnt er eine Beziehung zu ihr, gewinnt auch eine veränderte Beziehung zu sich. Er fängt an, sich mehr als bisher wert zu fühlen. Ein neues Sinngefühl bahnt sich an.

Ein ganz besonderes Juwel ist Viktor E. Frankls Erkenntnis, dass menschliches Leben nicht nur Möglichkeits-, sondern auch »Aufgabencharakter« hat: »Das Leben selbst ist es, das dem Menschen Fragen stellt. Er hat nicht nur zu fragen, er ist vielmehr der vom Leben Befragte, der dem Leben zu antworten hat«[2].

Ist dieser Satz nicht eine Zumutung? Ja, er ist eine Zumutung. Er mutet Menschen zu, auch in ungewollten, schweren Zeiten nicht die weiße Fahne zu hissen, sondern nach solchen Werten Ausschau zu halten, die hier und jetzt gelebt werden wollen. Und es kann sein, dass jemand, der sich einer ihm abverlangten, aber ungeliebten Aufgabe nicht verschließt, zu einer gravierenden Lebensveränderung kommt. Warum? Weil ein Mensch letztlich nicht davon lebt, ob seine Wünsche in Erfüllung gehen, sondern davon, ob er seine Tage, so wie sie sind, bejaht.

In einem Gespräch in Wien sagte mir Frankl einen Satz, dessen Wahrheitsgehalt ich erst später zu begreifen begann: Selbstverwirklichung, sagte er im Blick auf den leidenden Menschen, vollziehe sich dadurch, »dass ich das Tiefste aus mir herausbringe ... Denn da werde ich erst ich selbst, da bringe ich das Beste aus mir heraus. Dann zeigt sich: Ich bin noch im Leiden ich selbst gewesen, ich selbst geworden«.[3]

## *7. Selbstverantwortung*

Der »Aufgabencharakter des Lebens« besteht auch darin, dass jemand, der in die Krise geraten ist, lernt, sich nicht nur gehen, sondern auch stehen zu lassen. Er fordert zur Selbstverantwortung heraus. Und darin liegt eine große Chance. Denn gelebte Selbstverantwortung bedeutet, sein Leben selbst zu führen. (Welch ein verheißungsvolles Wort!)

Wenn mir aufgeht, was es bedeutet, dass ich selbstverantwortlich mein Leben führen kann, spüre ich, dass ich mich aufzurichten, mich wert zu fühlen, mein Leben zu lieben beginne. Wenn mir aufgeht, dass es an mir liegt, wie ich durch meine Tage gehe, füllt sich das spröde Wort Selbstverantwortung mit Farbe. Dann begreife ich, dass manches, was ich als Schicksal beklage, nichts anderes war und ist als Ausdruck meiner von mir nicht gelebten Möglichkeiten. Dann verblassen die Gedanken an alte Verletzungen, an die scheinbar böse Welt, an all das, was das trotzige Kind in mir so gern zitiert, um eigenes Versagen zu leugnen. Dann kommt mir allerdings auch der beklemmende Gedanke, wie viel Kraft ich mir selbst dadurch entzogen habe, dass ich so oft nicht mich, sondern andere und anderes für unglückliche Stunden und Zeiten verantwortlich gemacht habe.

## *8. Den Blick weiten*

Kaum etwas ist befreiender, kaum etwas schafft bessere Bedingungen für die Erweiterung der Persönlichkeit und für Sinnfindung als die Reduzierung der Ichbezogenheit.

Je mehr ich um mein Ego kreise, desto lebensunfähiger und unglücklicher werde ich. Je mehr ich darüber klage, was ich nicht habe, und mich darüber ärgere, was ich nicht bin, je mehr ich fordere, was doch mir wie allen anderen »zusteht«, je mehr ich das Leben um mich herum aus dem Blick verliere, desto mehr entferne ich mich von dem, was und wie ich im Grunde sein und leben möchte: heiter und gelassen, auch wenn die Umstände nicht günstig sein sollten.

Kaum etwas macht mich andererseits gelöster, gelassener, nichts bringt meine besten Seiten leichter zum Vor-Schein als das Bemühen darum, das »Ego-Zentrische« nicht permanent zum Zuge kommen zu lassen. Wer freier wird von seiner Ichbezogenheit, dem weitet sich der Blick, damit zugleich die ganze Seele. Wer weniger ichbezogen und daher weniger »ein-seitig« denkt, fühlt mehr das Herz der Welt und damit gewiss auch sein eigenes.

Und der Weg zu dieser Befreiung?

Eine schlichte Anregung, die ich mir immer wieder zumute: Ich durchwandere in Gedanken meine verschiedenen Lebensgebiete und frage mich konkret und wenig vornehm, in welchen Situationen und welchen Menschen gegenüber ich wieder einmal egoistisch war. Die Kur schmerzt wie Jod in frischer Wunde, erleichtert und befreit jedoch – für eine gewisse Zeit – ganz ungemein.

## *9. Die Kraft der Liebe*

Es gibt etwas, was die aufgebrochene Frage nach dem Sinn im Leben zur Ruhe kommen lassen könnte. Vielleicht ist das, woran ich denke, sogar der größte Gewinn, der aus der Krise erwachsen könnte. Ich scheue mich ein wenig, diese größte Chance beim Namen zu nennen. Denn das, worum es geht, ist so gar nicht modern.

Es war die Leistung der Tiefenpsychologie, dass sie den Menschen des 20. Jahrhunderts weit mehr als andere Epochen an ihn selbst verwies, dass sie ihn lehrte, »Ich« zu sagen und ihn ermutigte, nach den eigenen Wünschen zu fragen. Und das war gut, denn allzu lange wurde der Mensch zu wenig ermutigt, selbstständig und »eigen-sinnig« zu sein.

Die Überbetonung des eigenen Ich hatte allerdings zur Folge, dass der Mensch unserer Zeit zu stark auf sein Ich fixiert wurde. Ich meine damit das einseitige Fragen danach, ob ich nicht zu kurz komme, ob ich auch genügend beachtet werde, ob meine Wünsche erfüllt werden, ob ich auch häufig genug »dran« bin und so weiter. Und das hatte und hat wieder Folgen:

Wer sich primär um sein Ich zentriert, neigt dazu, seinen Blick immer weniger auf andere und anderes zu richten. Er hat vor allem sich und seine Bedürfnisse im Blick. Er wird zur Monade. Er verliert den Blick für »die Welt« und deren Werte, für das also, was »wert-voll« ist auch außerhalb seiner selbst. Die Welt wird für ihn »wert-arm«. Er gerät in den »Käfig seiner Subjektivität« (Frankl), ist eingesperrt in seine eigene Seins- und Wunschwelt und bezieht sich nur noch auf sein wunscherfülltes Ego. In dem Maße aber, in dem er die Beziehung zu anderem Leben verliert, verliert er seinen Sinn. Denn:

Ob wir es wollen oder nicht – jeder Mensch ist nicht nur ein Individuum, er ist auch ein Gemeinschaftswesen. Er ist Teil der Gemeinschaft der Menschen. Er ist Kind seiner Zeit. Er ist Teil des Kosmos und des Lebens überhaupt. Er ist nicht Mittelpunkt des Seins. Worauf will ich hinaus?

Auf die Wiederentdeckung der schönsten, heilsamsten, tiefsten und stärksten Lebensmöglichkeit. Ich spreche davon, dass ein Mensch liebt, selber liebt: andere, die Welt, das Leben. Darauf will ich hinaus, dass die Liebe – und ich meine damit eine wohlwollende und lebensbejahende Haltung dem Leben gegenüber – das Wichtigste, die Hauptsache im Leben ist. Ich will darauf hinaus, dass diese Hauptsache wie nichts anderes Sinn im Leben begründet. Darüber hinaus kann ich mir nicht vorstellen, dass es etwas gäbe, was Angst, Niedergeschlagenheit, Sehnsucht, Verzweiflung gründlicher zu überwinden imstande wäre als eben dieses: selber zu lieben.

Damit ja kein Missverständnis entsteht: Meine Einschätzung der Kraft der Liebe kommt nicht aus einem ethisch-moralischen »Gehäuse«. Ich habe keine bestimmte Weltanschauung im Blick. Mir liegt nichts daran, durch eine Hintertür den krisengeschüttelten Menschen auf den Weg der Tugend zu lotsen. Ich spreche vielmehr von der spezifischen Möglichkeit des Menschen, die das Leben rund und heil werden lässt wie keine andere Fähigkeit und Fertigkeit. Denn nichts befreit ihn mehr, nichts füllt ihn mehr aus, nichts macht ihn stärker als dieses menschlichste aller Gefühle.

Kann man lernen, selber zu lieben? – Ja. – Und wie?

Ich kann lernen, selber zu lieben,

- wenn ich mich nicht scheue, die Frage danach, worin ich zu ichbezogen bin, ehrlich und konkret zu beantworten – wenn ich aufhöre, ständig danach zu fragen, was mir zusteht, was ich brauche, was ich will – und damit beginne, mein vielleicht verdecktes oder abgespaltenes Wohlwollen dem Leben gegenüber mehr als bisher zuzulassen;
- wenn ich mich dazu entscheide, fortan und immer wieder hinzusehen auf Menschen, Tiere, Pflanzen, Natur, Kultur – auf Leben, wie es sich selber zeigt;

- wenn ich zu ahnen beginne, dass alles, was lebt, eine tiefe Sehnsucht danach hat, angenommen, angenommen, angenommen zu werden;
- wenn ich mich manchmal frage, was wohl wäre, wenn ich selbst zu denen gehörte, deren Hauptsache darin besteht, andere und anderes immer mehr annehmen zu wollen.

Ob es leicht ist oder schwer, das Lieben zu lernen? Es hängt davon ab, ob ich die mögliche Einsicht zulasse, dass Lebensbejahung die einzige Möglichkeit ist, zur Lebenserfüllung zu kommen.

## *10. Begegnung mit dem Glauben*

Die Menschen macht menschlich, wenn sie über sich selbst hinausfragen. Denn gerade das gehört zu ihrem Wesen. Unser dinglicher Horizont ist begrenzt, unser geistiger nicht. Unser äußeres Auge sieht nur bis zur nächsten Mauer, unser inneres aber schaut noch hinter die Sterne – jedenfalls seinen Möglichkeiten nach. Deshalb ist für einen Menschen nichts natürlicher als danach zu fragen, »was die Welt im Innersten zusammenhält« (Goethe). Und der, der danach fragt, wird, ohne es beabsichtigt zu haben, eine erhebliche innere Ausweitung erfahren. Wie merkwürdig also, dass sich so viele Menschen zieren und genieren, wenn von »Gott« die Rede ist.

Kann es sein, dass der Grund für diese Scheu im Mangel an Selbst-Erfahrung liegt? Nachdenklich macht mich nämlich, dass viele, die über »Gott« nicht reden mögen, auch über ihre eigene Seele nicht sprechen mögen. Sie fragen auch kaum nach ihrer inneren Welt – und erfahren deshalb nicht, wie tief und weit und faszinierend sie ist.

Selbst-Erfahrung aber ist Gotteserfahrung. Erfahre ich mich selbst in der Tiefe meines Seins, dann erfahre ich nicht nur die Großartigkeit meines eigenen Lebens (selbst dann, wenn ich in Not bin!), sondern des Lebens überhaupt. Dann aber bekommt auch meine Offenheit für »Gott« eine andere Qualität.

Sollte mich jedoch jemand fragen, wie ein Mensch Gott konkret finden kann, dann bringt er mich in Verlegenheit. Ich weiß darauf keine Antwort, jedenfalls keine, die den Verstand befriedigen würde. Gott ist für uns zu nah und gleichzeitig zu fern, als dass wir Wege zu ihm beschreiben könnten.

Mit dem Glauben ist es wie mit der Liebe. Beide lassen sich nicht machen. Die Liebe begegnet uns, der Glaube auch. Trotzdem: Wenn uns die Liebe begegnet, dann nur, wenn wir ihr entgegenkommen und sie suchen. Das Gleiche gilt für den Glauben. Alles, was groß ist im Leben, lässt sich nicht greifen und fassen. Und doch zeigt es sich, wenn wir uns für die Begegnung offen halten.

Es gibt also keine Hilfen, um zu finden, was die Welt im Innersten zusammenhält und damit unsere eigene Seele?

Doch. Die Stille suchen, denn in den Tiefen der eigenen Seele begegnet uns Gott. Lieben, selber lieben, denn in der Liebe zeigt sich uns Gott. Überwinden, was uns an unserem ureigenen Leben hindert, denn Gott begegnet uns nicht im Dunst. Menschen fragen, die Erfahrung mit Gott haben. Doch wende man sich von denen ab, die nur belehren wollen – und höre lieber auf jene, die nicht viel reden, denn nicht selten sind sie es, die viel vom Grund des Lebens ahnen.

DR. UWE BÖSCHEMEYER, Jahrgang 1939, Autor mehrerer Bücher und zahlreicher anderer Veröffentlichungen, ist Gründer und Leiter des *Hamburger Instituts für Existenzanalyse und Logotherapie*. Schwerpunkte seiner Arbeit sind neben der »existenzanalytischen Logotherapie« die von ihm begründete »wertorientierte Persönlichkeitsbildung« sowie die von ihm entwickelte »wertorientierte Imagination«. Uwe Böschemeyer wurde von Viktor E. Frankl zur Lehre und Praxis der Logotherapie autorisiert.

Anschrift:
Hamburger Institut für Existenzanalyse und Logotherapie
Barckhausenstraße 20
D – 21335 Lüneburg
Tel.: 04131/40 38 44, Fax: 04131/40 38 45

RENATE DECKART

# *Körper, Seele, Geist – Psychosomatik aus logotherapeutischer Sicht*

*Für meine verehrte Lehrerin Dr. phil. Elisabeth Lukas zum 60. Geburtstag*

Hippokrates (460–370 v. Chr.) beobachtete, dass Angst zu Schweißausbrüchen und Herzklopfen führen kann.[1] Er hielt die jungen Ärzte an, ihre Patienten freundlich anzusehen und nie ungeduldig zu werden, da Ungeduld den Gesundungsprozess stören könne. »Um den menschlichen Körper heilen zu können, ist es nötig, eine genaue Kenntnis des Ganzen zu haben.«

Diese Einsichten muten sehr aktuell an. Allerdings waren manche Erkenntnisse in den fast zweieinhalb Jahrtausenden, die zwischen den alten Griechen und der Medizin des zwanzigsten Jahrhunderts liegen, auch wieder verloren gegangen oder aus dem Blickfeld geraten, das sich mit zunehmender naturwissenschaftlicher Spezialforschung immer mehr einengte. »Je stärker die Vergrößerung der optischen Apparaturen wird, umso genauer wird zwar das Bild, umso enger aber auch der Ausschnitt und umso größer die Gefahr, Nachbargebiete zu übersehen und den Zusammenhang des Ganzen aus dem Auge zu verlieren«, schreibt Thure von Uexküll. Im Weiteren erinnert er an Max von Pettenkofer, der in der Öffentlichkeit seines Hörsaals eine Aufschwemmung von Cholera-Vibrionen trank – aus Ärger darüber, dass vor lauter Begeisterung über die Entdeckung einzelner Bakterien grundlegendes Wissen über die Bedeutung der Widerstandskräfte des Organismus in Vergessenheit geraten war. Und er erkrankte nicht![2] »Vor den Bäumen der Forschungsergebnisse sieht der Forscher nicht mehr den Wald der Wirklichkeit ...«[3] So charakterisiert V. Frankl solche Art von Reduktionismus, der die anzustrebende Sicht des »Ganzen« auf einen kleinen Teilaspekt reduziert.

## Wie beeinflusst das Gemüt den Körper?

Dass eben diese genannten Widerstandskräfte sehr erheblich vom Gemütszustand abhängen, war schon lange von vielen verschiedenen Forschern beobachtet worden. Dazu gehörte zum Beispiel (unter vielem anderen) die Beschreibung der »Beerdigungs-Pneumonie der alten Leute« von G. von Bergmann. Frankl berichtet dazu über Massensterben in Konzentrationslagern zum Jahreswechsel 1944/45 als Folge eines verloren gegangenen geistigen Haltes bei den Gefangenen und er führt Untersuchungen an, in denen Versuchspersonen in Hypnose freudige oder ängstliche Affekte suggeriert wurden. Sie reagierten entsprechend mit einem Anstieg oder Abfall ihres Antikörpertiters gegen Typhusbakterien.[4] Inzwischen ist aus solchen Beobachtungen die seit den Siebzigerjahren des zwanzigsten Jahrhunderts immer bedeutender werdende Forschungseinrichtung der »Neuro-Psycho-Immunologie« entstanden, die ja auch den wesentlichen Bereich der Krebsforschung einschließt.

Dabei gehen die Fragen im Wesentlichen in zwei Richtungen:

1. Welche biologischen Vorgänge im Immunsystem werden konkret durch den Gemütszustand beeinflusst?
2. Wodurch wird der Gemütszustand selbst vor allem beeinflusst?

Zur 1. Frage, die uns in diesem Zusammenhang weniger interessiert, sei nur ein Zitat angeführt, das die Situation wohl treffend charakterisiert: » ...Die biologischen Faktoren sind komplex und werden immer komplexer, nur einige wenige Brücken verbinden sie mit dem Wissen von der Psyche. Bildlich gesprochen könnte man unter dem aufsteigenden Rauch jedoch ein Feuer vermuten, das vielleicht einige wichtige Probleme der Medizin erhellen könnte.«[5] Mit der zweiten Frage, wodurch unser Affektzustand vor allem beeinflusst wird, werden wir uns noch zu befassen haben. Zunächst jedoch soll eine Einteilung der psychosomatischen Erkrankungen erfolgen, das heißt eine Vorstellung der verschiedenen Symptome/Leiden/Störungsbilder, die unter dem Begriff »Psychosomatische Erkrankungen« verstanden und zusammengefasst werden.

## Einteilung der psychosomatischen Krankheitsbilder

(nach Hoffmann/Hochapfel)[6]

*Die psychosomatischen Krankheiten im engeren Sinne* (psychologische Faktoren und Verhaltensfaktoren nach F54 ICD 10 in Verbindung mit den entsprechenden ICD-Nummern für die körperlichen Krankheiten). Diese »Psychosomatosen« werden auch »Somato-Psychosomatosen« genannt, weil sich hierbei Organveränderungen nachweisen lassen. Von Uexküll hat sie auch als »Bereitstellungserkrankungen« bezeichnet, weil sie pathogenetisch mit vegetativen Bereitstellungsreaktionen für Flucht und Angriff (also Stress-Reaktionen) einhergehen. Hierzu gehören (unter anderen) die klassischen »holy seven« (Alexander), nämlich Ulcus pepticum, Colitis ulcerosa, Asthma bronchiale, essenzielle Hypertonie, atopische Neurodermitis, Hyperthyreose und rheumatoide Arthritis. Sie basieren auf einer körperlichen Erkrankungsbereitschaft, die häufig erblich ist. Sie können durch seelische Belastung ausgelöst werden – da teilt die aktuelle Psychosomatik inzwischen die Frankl'sche Sichtweise. Dabei wird ganz offensichtlich, dass hier Körper und Seele behandlungsbedürftig sind, also die berühmte Frankl'sche »therapeutische Zange« gebraucht wird.[7]

Dazu ein »klassisches« Fallbeispiel: Charlotte (31), erkrankt an einem Geschwür im Magen-Darm-Trakt. Sie verzichtet auf jedwede Behandlung, weil sie gerade eine große wissenschaftliche Arbeit fertig stellen will. Eines Tages kommt es zur Perforation, der gefährlichsten Komplikation des Leidens – aber erst nachdem sie die Arbeit abgegeben hat.

Hier ist (außer der körperlichen Erkrankungsbereitschaft und einem besonderen Arbeits»druck«, also einer seelischen Belastung) bereits die geistige Dimension zu spüren, mit deren Rolle wir uns später noch befassen werden.

*Die psychosomatischen Krankheiten im weiteren Sinne* (dissoziative, somatoforme und sonstige neurotische Störungen nach F44-48 ICD10). Sie alle wurden früher dem hysterischen Formenkreis, also der histrionischen Persönlichkeitsstörung zugeordnet, was alle diese Symptome in Verruf gebracht hat, obwohl sie einzeln auch jeder Gesunde – mehr oder weniger – aus eigenem Erleben kennt. Frankl mahnt deshalb eine sorgfältige Unterscheidung zwischen »hysterischen Mechanismen« und dem »hysterischen Charakter« (der heute so genannten »Persönlichkeitsstörung«) an[8]. Krankheitswert erhalten die oben genannten Symptome erst, wenn sie den Menschen wegen ihrer Häufigkeit und Schwere in seinen Lebensvollzügen behindern. Richtig ist, dass solche Symptome bei Menschen mit histrionischer Persönlichkeit besonders zahlreich auftreten. Andererseits fand sich in einer Reihe von Studien an Konversionspatienten bei weniger als der Hälfte der Patienten die entsprechende Persönlichkeitsstörung.[9] Das heißt, sie treten eben auch oft unabhängig vom »dramatischen Persönlichkeitsstil«[10] auf.

Hierzu gehören einmal die dissoziativen Störungen (zum Beispiel Gedächtnislücken oder Trancezustände) und die Konversionsneurosen, die v. Uexküll auch als »Ausdruckskrankheiten« bezeichnet hat, weil dabei ein Konflikt, ein negatives Gefühl, durch ein körperliches Symptom ausgedrückt wird.

Meine Patientin Cornelia (46), Lehrerin, kommt wegen einer »Korrekturblockade«, die sie manchmal wie eine Lähmung, manchmal wie einen Krampf im Bereich des rechten Unterarmes empfindet. Sie kann ihre Hand beim besten Willen nicht zum Schreiben zwingen, zum Korrigieren der Berge von Heften, die vor ihr liegen. Zunehmend versagt ihre Hand den Dienst auch bei anderen Dingen (zum Beispiel Putzen). »Ich funktioniere nicht mehr! Ich fühle mich besiegt. Früher war ich wie ein Korrigierautomat«, schreibt sie. Seit diesem »Block« leidet sie außerdem an einer Fülle von körperlichen Symptomen wie Rücken- und Bauchschmerzen – ohne organischen Befund.

Diese letztgenannten »somatoformen Störungen« gehören ebenfalls zu den psychosomatischen Erkrankungen im weiteren Sinne. Sie treten in Form aller möglichen diffusen, wechselnden Symptome auf und führen oft zu wiederholten und immer eingreifenderen Untersuchungen, die das Gefühl des Patienten, schwer krank zu sein, immer weiter verstärken. Das wird leicht zum Teufelskreis – gerade für den gewissenhaften Arzt – , weil die Symptomatik immerhin auf eine organische Ursache hindeutet und darüber hinaus der Ausschluss einer organischen Erkrankung eine wesentliche Voraussetzung für die Diagnosestellung darstellt.[11]

Hinzu kommt, dass Nachuntersuchungen von Patienten mit der Diagnose »Konversionsstörung« ergeben haben, dass sich in mindestens 25 % der Fälle in späteren Jahren eine eindeutig verifizierte neurologische Erkrankung entwickelt hatte[12] ...

Im Weiteren sind hierzu auch die Organneurosen (= funktionelle Syndrome) zu zählen, die psychodynamisch als Angstäquivalente aufzufassen sind und besonders häufig im Bereich des Magen-Darm-Traktes, des Herz-Kreislauf-Systems, der Atmungsorgane auftreten. Sie sind manchmal nicht scharf von Panikattacken zu trennen. Sie alle unterscheiden sich von den Psychosomatosen im engeren Sinne dadurch, dass sie ohne organpathologische Veränderungen auftreten.

Thomas (21) entwickelt nach einem Herzinfarkt des Vaters plötzlich Anfälle mit Herzrasen und Angst vor dem plötzlichen Herztod, die mehrere Wochen verschiedenste Notärzte beschäftigen.

Bei diesen »psychosomatischen Erkrankungen/Störungen im weiteren Sinne« liegt der Schwerpunkt psycho/logotherapeutischer Interventionen zum Zeitpunkt der aktuellen Symptomatik, während er bei den psychosomatischen Erkrankungen im engeren Sinne, das heißt mit krankhaften Organveränderungen, mehr im Bereich der Vorbeugung, der Rezidivprophylaxe und auch als Begleitung während der körperlichen Behandlung zu sehen ist.

Schließlich gibt es auch noch die »somatopsychischen Störungen«, die als Folge von körperlichen Krankheiten auftreten. Hierzu könnte man auch die somatogenen Pseudoneurosen Frankls zählen, bei denen zwar die psychischen Symptome besonders auffallen, denen aber eine Störung der endokrinen Drüsenfunktion und damit des vegetativen Systems zugrunde liegt. Sie sind dementsprechend – vielleicht mit psychotherapeutischer Begleitung – aber keinesfalls ohne medikamentöse Behandlung zu bessern.

## Existenzanalytische Aspekte

Der Einfluss der Affektlage auf die Funktion des Immunsystems ist inzwischen völlig unbestritten, auch wenn manche Einzelheiten der biologischen Veränderungen, die durch einen freudigen oder traurigen Affekt hervorgerufen werden, nach wie vor rätselhaft sind. Wodurch aber wird die Affektlage vor allem beeinflusst?

Frankl hat dem bio-psycho-sozialen Modell vom Wesen des Menschen noch die geistige Dimension hinzugefügt. Sie macht das spezifisch Menschliche in uns aus, unsere Ausrichtung auf den Sinn. Bei zahlreichen Untersuchungen von Menschen, die körperlich-seelische Extrembelastungen überlebt haben, lautet das übereinstimmende Resümee: letzten Endes war es die Sinnorientierung, die sie am Leben erhalten hatte.[13] In jüngerer Zeit hat P. Becker in einer großen testpsychologischen Studie gefunden, dass »innerhalb des seelisch-körperlichen Wohlbefindens ... die Skala Sinnerfülltheit die höchste Faktorenladung ... auf(weist). Damit ist sie ... der beste Einzelindikator der seelischen Gesundheit«.[14]

So ist also der Beweis für das logotherapeutisch/existenzanalytische Grundkonzept der Psychohygiene (wieder einmal! vgl.[15]) erbracht und stellt sich folgendermaßen dar (nach Lukas[16]):

| | | |
|---|---|---|
| Noetische Dimension | **Sinnerfüllung** | Einschätzung der eigenen Existenz als sinnvoll |
| | wirkt positiv auf | |
| psychische Dimension | **Affektlage** | positive Stimmungslage |
| | wirkt positiv auf | |
| somatische Dimension | **Immunlage** | körpereigenes Abwehrsystem gegen Krankheiten |

Damit wird auch verständlich, wie sehr unser seelisch-körperliches Wohlbefinden mit unserem Lebensstil und unseren Gewohnheiten zusammenhängt – einschließlich der Gewohnheit, sich unter den gegebenen Möglichkeiten für die jeweils sinnvollste zu entscheiden.[17]

Dazu schreibt Frankl[18]: »Die psychosomatische Medizin lässt uns viel weniger verstehen, warum da einer krank wird, als vielmehr, warum da einer gesund bleibt«. Er führt dann als sehr überzeugendes Beispiel das eigene Erleben an, wobei er in völlig überarbeitetem übermüdetem Zustand zu einer alpinen Rettungsaktion aufgefordert wird, bei der weitere stundenlange körperliche Anstrengung nötig ist. Nachdem schließlich der Patient versorgt ist, kollabiert Frankl selbst und kann sich nur mit Mühe in Sicherheit bringen. Dass es zu dem Kollaps kam, war aufgrund der völligen Überlastung verständlich. Aber dass es nicht eine Sekunde früher dazu kam, nämlich bevor die ärztliche Aufgabe erfüllt war, »dies ist nur psychosomatisch zu erklären«. Hier haben wir den charakteristischen Fall, dass die noogene Dimension eine gesunderhaltende oder zumindest kollapsaufschiebende Wirkung entfaltet hat. Comer beschreibt Untersuchungen über Zusammenhänge zwischen Persönlichkeit, Stimmung und Immunsystem[19]: bei »Menschen, die Herausforderungen begrüßen und bereit sind, sich zu engagieren ...« funktioniert das Immunsystem anscheinend besser als bei Menschen mit anderer Einstellung. Entsprechend lehnt auch Comer es ab, eine Beeinträchtigung des Immunsystems als unausweichliche Folge von belastenden Ereignissen zu betrachten.

Die oben skizzierten Zusammenhänge zwischen Sinnerfüllung, Affekt- und Immunlage sind also primär für die Psychohygiene, auch für die Rezidivprophylaxe relevant. Bei der Betrachtung der psychosomatischen Erkrankung ist sehr wesentlich, nicht in den Fehler eines Umkehrschlusses zu verfallen: Aus dem Umstand einer körperlichen Erkrankung lässt sich keineswegs schließen, dass sie der Ausdruck einer gekränkten »Geistseele« sei, worauf Frankl[20] immer wieder hingewiesen hat. »Nur ein verklärter Leib wäre repräsentativ für die geistige Person; der Leib des ›gefallenen‹ Menschen jedoch stellt einen zerbrochenen und darum verzerrenden Spiegel dar.«[21]

Völlig in diesem Sinne zitiert Comer[22] einen Leidenden: »... in diesen durchpsychologisierten Zeiten hat die Einsicht, dass Krankheit vom Geist beeinflusst ist, so viel Macht über uns bekommen, dass wir oft vergessen, dass sie auch körperlich ist.« Aber es kommt noch schlimmer: »Doch denen, die mutig leiden, wirft man jetzt vor, sie hätten versagt, wenn sie sich nicht erholen – man schaut sie sogar an, als würden sie Selbstmord begehen ...«

Frankl hat eine solche Sicht als »Extrem der Noosomatik« beschrieben und die Behauptung abgelehnt, »die Erkrankung an einem Karzinom stelle nicht nur einen unbewussten Selbstmord dar, sondern auch eine unbewusst an sich selbst exekutierte Todesstrafe aus irgendeinem Schuldkomplex heraus«.[23]

Natürlich beziehen sich diese Feststellungen auf die psychosomatischen Erkrankungen im engeren Sinne, bei denen die körperliche Erkrankungsdisposition gegeben ist und lediglich die Auslösung psychogen erfolgen kann.

Die Krankengeschichte von Charlotte, deren Magengeschwür perforiert – aber erst nach der Abgabe der Arbeit – wurde bereits erwähnt. Aber wie ist sie zu interpretieren?

Hat die geistige Person pathogen gewirkt, indem sie eine rechtzeitige Behandlung verhindert hat? Oder hat sie die dramatische Zuspitzung der Krankheit verhindert – zumindest so lange, bis die der Kranken über alles wichtige Arbeit fertig gestellt war? Hat die geistige Dimension also eher eine krank machende oder eine gesund erhaltende Funktion? Bei der noogenen Neurose, bei der es um existenzielle Werte geht, wie beispielsweise das Ringen mit dem Sinnlosigkeitsgefühl, kann das Psychophysikum unter dem Anspruch der geistigen Person erkranken. Also hat sie hier eine pathogene Funktion – allerdings in der Regel im Sinne einer Alarmglocke, dem Fieber vergleichbar. Beide weisen nämlich darauf hin, dass die Gesundheit gefährdet ist, dass etwas nicht stimmt mit dem Menschen, mit seiner Lebensführung. So hat diese Erkrankung letzten Endes einen Sinn: nämlich den Menschen geradezu dazu zu zwingen, seinen Lebensstil, seine Gewohnheiten, vielleicht auch seine Einstellung und seine Wertehierarchie zu überprüfen und gegebenenfalls zu verändern. Dann kann die geistige Person ungeahnte Ressourcen aus dem geistig Unbewussten mobilisieren, die imstande sind, Leiden zu lindern statt sie hervorzurufen. Aber selbst da passt der Vergleich mit dem Fieber nicht schlecht – auch wenn es unangenehm zu ertragen ist, so bewirkt es doch eine Steigerung der Abwehrkräfte, die ohne die Alarmfunktion nicht eintreten würde.

Somit gibt es für Charlottes Krankengeschichte verschiedene Interpretationsmöglichkeiten: Wenn es ihr bei ihrer »über alles wichtigen« Arbeit um den unaufschiebbaren Fortschritt der Wissenschaft gegangen ist, dann hat ihre geistige Person eine gesunderhaltende Wirkung auf ihr Psychophysikum ausgeübt insofern, als sie die schwerwiegende Komplikation ihres psychophysischen Leidens, die Perforation herausgeschoben hat, bis das »geistige Soll« erfüllt war. Allerdings legt Charlottes Ausdrucksweise (die »über alles« wichtige Arbeit) auch die Frage nach ihrem Wertehorizont nahe. Könnte es sein, dass ein ungeheurer seelischer Druck dahinter stand, um einer hyperintendierten pyramidalen Wertspitze – im wahrsten Sinne des Wortes – zum Erfolg zu verhelfen (du musst, du musst unbedingt!)? »Sinnvoll ist ... was nicht unterfordert und nicht überfordert ...«[24] Hat eine weniger sach- sondern mehr erfolgsorientierte Seele der geistigen Person das Steuer aus der Hand genommen und – bei bestehender Krankheitsdisposition – zum Geschwür und schließlich zur Perforation geführt? War also der Logos die ziehende oder die Psyche die treibende Kraft?

Zu beantworten sind alle diese Fragen nur durch eine sorgfältige Gewissenserforschung und nur von Charlotte selbst. Müßige Gedankenspielerei? Nein, das sicher nicht – denn spätestens im Zusammenhang mit der Rezidivprophylaxe können sie lebensrettende Bedeutung gewinnen. Es sind im Grunde genau die Fragen, denen wir uns alle stellen müssen und deren Beantwortung uns oft so schwer fällt: Was will ich eigentlich wirklich? Was soll ich? Und:

Lebe und handle ich tatsächlich im Einklang mit meinem Gewissen, nämlich im Sinne dessen, was ich soll und will? Die Beantwortung dieser Fragen ist Voraussetzung für Sinnerfahrung. »Mangel an Sinnerfahrung (ist) die primäre Voraussetzung für Störungen und Erkrankungen, körperlich und seelisch.«[25] Erstaunlich vielen Patienten ist bereits mit solcher (ungewohnter) Fragestellung geholfen – und das Finden der Antwort können wir durch die beeindruckenden inneren Bilder der wertorientierten Imagination[26] erleichtern. Schließlich werden wir mithilfe der Logotherapie auch versuchen, solche Art der Fragestellung zur »Gewohnheit« werden zu lassen[27].

Freilich müssen wir uns darüber klar sein, dass wir auf diese Weise psychosomatische Krankheiten, die auf einer organischen Grundlage beruhen, nicht etwa heilen, sondern lediglich einer seelischen Auslösung vorbeugen können.

## *Kein organischer Befund*

Ganz anders stellt sich die Situation bei den psychosomatischen Erkrankungen/Störungen ohne organische Grundlage dar: Nicht, dass wir Logo/Psychotherapeuten sie etwa heilen könnten, aber wir können unseren Patienten helfen, ihre Symptome oder Störungen realistisch wahrzunehmen, die Mängel in der Lebensführung zu entdecken (insofern hat die Logotherapie durchaus auch »aufdeckenden« Charakter), kopernikanische Wendungen in der Einstellung zu vollziehen und damit Selbstheilungskräfte freizusetzen und zu fördern. Im zweiten vorgestellten Fall (Cornelia) handelt es sich zunächst um ein geradezu klassisches Konversions-Symptom mit starker Ausdruckskraft: Eine Lehrerin, die ihre rechte Hand nicht mehr bewegen kann, kann nicht mehr korrigieren, also ihren Beruf nicht mehr ausüben. Damit drückt sie aus, was sie mit Worten derart eindrucksvoll nicht sagen kann: Ich bin mit meiner Kraft am Ende, ich kann nicht mehr! Bei der Betrachtung der Lebensgeschichte fällt seit Kindertagen eine starke Leistungsorientierung auf.[28] Später musste Cornelia nach einer dramatischen Flucht aus einem Ostblockland alle ihre Prüfungen wiederholen, was glanzvoll gelang. Die Anerkennung ihrer Person war in ihren Augen abhängig von ständiger Spitzenleistung und den entsprechenden Erfolgen. Es hat für sie jahrelang keine Ferien gegeben ohne den Druck, der von den korrektur-bedürftigen Schulheften in ihrem Koffer ausging. Dabei stellt sich heraus, dass sie durchaus noch imstande ist, auch das Komische der Situation wahrzunehmen, während sie schildert, wie sie mit den Heften im Sand einer Fernost-Küste im wahrsten Sinne des Wortes – strandet. Das Lachen (und damit die Selbstdistanz) wird im Laufe der nächsten Stunden häufiger, die Tränen seltener. Es überrascht mich, wie schnell Cornelia lernt, dass beides Platz hat, dass beides sein darf, weil sie selbst sein darf und nicht nur leisten und Erfolg haben muss. Dem Krampf, der Lähmung ihrer rechten Hand hat sie den Namen »der Krampus« gegeben. Warum? »Das ist doch der böse, der strafende Anteil vom Nikolaus. Das passt einfach.« – »Was erreicht der eigentlich Böses bei Ihnen?« – »Dass ich einfach nicht korrigieren kann, ich kann's einfach nicht – dabei war ich früher wie eine Korrigiermaschine.« – »Glauben Sie, dass der Sinn Ihres Lebens darin liegt, eine Korrigiermaschine zu sein? Ist es nicht vielleicht ganz freundlich vom Krampus, dass er sie jetzt mal für eine Weile daran hindert?« Sie stellt voller Staunen fest, dass der Krampus – so gesehen – eigentlich eher ein Freund ist, der auf drastische Weise, aber dafür unübersehbar, dafür sorgt, dass sie aufhört, in selbstzerstörerischer Weise ihre letzten Kraftreserven zu verschwenden. Denn um eine unsinnige Verschwendung handelt es sich, wenn jemand seine Restkräfte einsetzt, um seine Hyperintention aufrechtzuerhalten – statt der Erschöpfung mit Pause und Erholung zu begegnen. Cornelia hatte inzwischen selbst bemerkt, dass sie weder zu konzentrierter Arbeit noch zu wirklicher Entspannung imstande war, weil der ständige Kampf mit dem Krampus sie bei jeder Art von Lebensvollzug behinderte. Also beendete sie den Kampf, freundete sich mit ihm an. Und siehe da, er stellte seine ständige Begleitung wieder ein. Als Erstes konnte sie unbehelligt ihr Erleben, ihre Gefühle ins neu angeschaffte Tagebuch schreiben. Sie richtete »Wohlfühltage« ein und genoss die Erfahrung, dass Leben auch unabhängig von Leistung und Erfolg lebenswert ist, dass sie auch gemocht, geachtet und geliebt wird, ohne dass sie sich dafür in wilde Anstrengungen stürzt – einfach um ihrer kreativen, musischen, liebenswerten Person selbst willen.

Die vielfältigen wechselnden Körperbeschwerden, die sich zusammen mit dem Krampus eingestellt hatten, waren in diesem Fall ein Hilfeschrei des Organismus, der sich durch die dauernde rücksichtslose Jagd nach Anerkennung vergewaltigt fühlte. Als Cornelias innere Unabhängigkeit größer wurde, klangen die Beschwerden langsam ab.

Wenn ein Mensch seine Person und sein Dasein so überwiegend über Leistung definiert, dann fehlt es ihm in aller Regel am Urvertrauen, an der Geborgenheit. Ich frage danach. – »Ich habe mich noch nie wirklich geborgen gefühlt. Da waren immer, auch bei den schönsten Situationen, irgendwelche schwarze Schatten«, antwortet Cornelia. Sie wandert im Erleben der neuen Freiheit und im Zuge einer wertorientierten Imagination zum Ort der Geborgenheit. Da kommt sie zunächst an ihren »dunklen Schatten«

vorbei. Dabei handelt es sich um eine Gruppe von Menschen, die möglicherweise Probleme mit ihrer neuen Unabhängigkeit haben – dadurch ist sie für manche, die ihr früher gern ungeliebte Aufgaben aufgehängt haben, natürlich auch unbequemer (weil nicht mehr erpressbar) geworden. Dann folgt eine längere Wanderung durch ein Tal (!). Schließlich erlebt sie – auf einer Anhöhe angekommen – einen weiten Blick auf Stadt und Land und spürt mit dem Arm ihres Bruders auf der Schulter, der Hand ihres Sohnes in der ihren und Tränen in den Augen zum ersten Mal in ihrem Leben Geborgenheit, Sein dürfen ohne Wenn und Aber.

Trotzdem war und ist die Therapie nicht leicht für Cornelia, denn 46 Jahre in dem Gefühl zu leben, ich werde nur gesehen, anerkannt, geliebt, wenn ich Maximales leiste, hinterlässt gewisse (ungute) Denk- und Gefühls-Gewohnheiten. Und die sind bekanntlich nur mühevoll zu ändern. Aber auch und besonders die inneren Bilder, die wir ja nicht nur sehen, sondern mit allen Sinnen »wahr-nehmen«, helfen, das Ziel nicht nur intellektuell sondern mit allen Dimensionen des Menschseins anzustreben.

Die Panikattacken von Thomas, die man auch als Beginn einer früher so genannten Herzneurose (Organneurose) auffassen kann, sahen so dramatisch aus, dass der notärztliche Dienst eine stationäre Einweisung vorsah, nachdem er immer wieder zu dem 21 Jahre alten Patienten gerufen worden war. Der Hausarzt bewahrte den jungen Mann davor und schickte ihn zur ambulanten Psychotherapie. Die Herzneurose (F 45.30 ICD) war nach wenigen Therapiestunden »geheilt«. Aber was steckte dahinter? Der Vater hatte gerade einen Herzinfarkt überstanden und in unseren Gesprächen trat deutlich zu Tage, dass Thomas sich zu diesem Zeitpunkt erstmals mit der Erkenntnis auseinander setzte, dass nicht nur sein Vater, sondern auch er selbst eines Tages sterben würde. Die Therapie bestand eigentlich nur darin, diesen Erkenntnisprozess und die Einsicht zu unterstützen, dass es keinerlei Möglichkeit gibt, auf die Tatsache des Todes Einfluss zu nehmen. Dagegen sind wir frei, was die Gestaltung unseres Lebens angeht: ob wir es zum Beispiel mit Herzneurosen (Angstanfällen) oder lieber mit anderen Inhalten füllen wollen. Wir haben gemeinsam seinen speziellen angstneurotischen Zirkel entdeckt, aufgezeichnet und überlegt, an welcher Stelle und mit welchen Gedanken er am besten zu durchbrechen ist. Da sich beruflich gerade die Gelegenheit ergab, von seinem Verlegenheits-Job zu einer Arbeit zu wechseln, die ihn wirklich reizte, gelang das besonders schnell. Und dadurch, dass die Therapie rasch eingesetzt hatte, hatte sich der angstneurotische Zirkel nicht allzu oft gedreht und seine zerstörerische Wirkung nicht voll entfaltet.

In diesem Fall hat es sich um eine existenzielle Erschütterung gehandelt, nämlich um die Erkenntnis der Unausweichlichkeit von Tod bzw. Verantwortung für die Gestaltung des Lebens. Der Hintergrund war also letztlich eine Gewissensangst (vgl. dazu auch[29] und[30]). Diese existenzielle Angst hatte zwar deutlich krankhafte Ausmaße angenommen, aber sie hatte einen Sinn, nämlich die Mängel bei der Lebensführung anzuprangern, gewissermaßen einen Entwicklungsrückstand aufzuzeigen, und zwar so heftig, dass eine Korrektur mithilfe der Therapie unumgänglich wurde. Frankl beschreibt eine vergleichbare Krankengeschichte[31] und bemerkt dazu: »So erwies sich, wie sehr dieses kardial-neurotische Erlebnis der ›Unruhe‹ letztlich Ausdruck der geistigen Unruhe, der ganzen Unerlöstheit dieses Menschen gewesen war.«

## Noo-Psychosomatik – Versuch eines integrativen Ansatzes

Die aktuelle Sicht der Ätiologie von psychosomatischen Krankheiten (im engeren Sinne) lässt sich also folgendermaßen zusammenfassen: Eine besondere psychische Belastung trifft auf eine bestimmte körperliche Konstitution, die oft auch erblich ist, beispielsweise eine Neigung zur Erkrankung der Herzkranzgefäße oder zur Ausbildung eines Magengeschwürs. Gesundheitsschädigende Gewohnheiten (Rauchen, Alkohol) erhöhen das Erkrankungsrisiko. Ein seelisch/sozialer Druck, Stress oder Schock kann als Auslöser für die Erkrankung wirken, muss es aber keineswegs[32].

Mit solcher Sichtweise sind einige der oben genannten Kritikpunkte Frankls an der Psychosomatik ausgeräumt: Die »kränkende« Rolle der Seele erscheint hier nicht mehr übertrieben, die Bedeutung der körperlichen Konstitution angemessen gewürdigt. Von einer Konflikt-Spezifität als Ursache der jeweiligen psychosomatischen Krankheit ist keine Rede mehr[33/34].

Allerdings fällt auch bei dieser aktuellen Betrachtungsweise der Ätiologie auf, dass wieder nur zwei Dimensionen des Menschen einfließen. Die geistige Dimension ist nicht enthalten. Insofern ist Frankls Kritik an der psychosomatischen Medizin auch heute noch berechtigt. Es ist sein großes Verdienst, dem gängigen Psychosomatik-Konzept die geistige Person hinzugefügt zu haben. Sie ist es, die erst noch entscheidet, wie der Mensch mit Gesundheit, Risikofaktoren und Krankheit umgeht. Sehr wahrscheinlich liegt hier die Erklärung für die in der psychosomatischen Medizin durchaus bekannte Beobachtung, dass manche Menschen in ihrer Individualität Möglichkeiten gefunden haben, den klassischen Risikofaktoren, wie zum Beispiel Stress, entgegenzuwirken, sodass es trotz anlagebedingter Organschwäche und gefährdender seelischer Belastung eben nicht zum Krankheitsgeschehen kommt. Was aber ist individuell, unteilbar und darum absolut einzigartig am Menschen? Seine Angst? Seine Wut? Seine Begabung? Nun, die existenzanalytisch-logotherapeutische Antwort ist eindeutig: Individualität ist allein an die geistige Person geknüpft.

Auch wenn diese geistige Person expressis verbis immer noch keinen Eingang in die psycho-somatische Literatur gefunden hat, so finden sich doch zunehmend Entwicklungen, die in eine solche Richtung weisen. In den Therapiekonzepten der psychosomatischen Kliniken beispielsweise tauchen immer häufiger Gruppenangebote für »Sinnfindung im Leben« und »Suche nach Spiritualität« auf. Und im Schrifttum finden sich Äußerungen wie bei O. Leiß[35] in seiner Arbeit über das neue infektiologische Konzept der Magengeschwürsbildung, das die frühere psycho-somatische Sicht weitgehend verdrängt hat: »Für den Arzt steht der Patient mit seiner Einzigartigkeit im Mittelpunkt seines Handelns ...« und er fährt fort: »Die Dialektik der ärztlichen Situation, das Dilemma zwischen Wissenschaft und Humanität, besteht darin, dass sie dem Menschen nur in dem Maße gerecht wird, in dem sie seine Menschlichkeit und also seine Individualität ins Spiel bringt; und sie gewinnt ihre therapeutische Wirksamkeit in dem Grade, in dem sie sich dem Biologischen zuwendet.«

Ich denke, diese Feststellung wäre im Sinne von Viktor Frankl.

DR. MED. RENATE DECKART, Leiterin des Gesundheitsamtes Aichach, hat ihre Logotherapie-Ausbildung im *Süddeutschen Institut für Logotherapie* in Fürstenfeldbruck (Dr. Lukas, Dr. Zsok) und Tübingen (Prof. Kurz, Dr. Hadinger) absolviert und durch die wertorientierte Imagination (*Hamburger Institut*, Dr. Böschemeyer) ergänzt. Sie hat die Zusatzbezeichnung »Psychotherapie« durch Weiterbildung in tiefenpsychologisch fundierter Psychotherapie an der *Süddeutschen Akademie für Psychotherapie* in Grönenbach/Allgäu erworben und arbeitet in freier Praxis als Logo-/Psychotherapeutin.

Anschrift:
Im Kessel 6
86551 Aichach
Tel.: 08251/82 70 27 Fax: 08251/82 70 49

PEGGY LANGE

# *Paradox, aber befreiend*

Eine der wichtigsten Ausdrucksformen im menschlichen Dasein ist das Lachen. Jeder hat die Gabe des Humors und die Fähigkeit, diesen zu äußern. Der Humor ist so wichtig für unsere seelische Gesundheit, dass wir nie die Augen zur Nachtruhe schließen sollten, bevor wir nicht für diesen Tag wenigstens einmal gelacht oder uns gefreut haben.

Wilhelm Raabe sieht im »Humor den Schwimmgürtel auf dem Strom des Lebens. Wir alle bedürfen dieses Schwimmgürtels, damit wir, wenn wir in die ziehenden Strudel des grauen Alltags zu geraten drohen, obenauf bleiben.«

Als »Waffe« gegen die Angst kann der Humor auch therapeutisch gezielt eingesetzt werden.

Dies beweist die Methode der »Paradoxen Intention«, ein weltweit Anerkennung findendes Verfahren aus der Logotherapie. Diese mag wie ein Trick anmuten, dahinter steht jedoch ein komplexes Grundkonzept: das Wissen um die geistigen Kräfte im Menschen und die Mobilisierung dieser Kraft in Form einer »lächelnden Trotzmacht des Geistes«. Hierbei wird vor allem die Fähigkeit zur Stellungnahme gegenüber körperlichem oder seelischem Leiden gezielt eingesetzt, um pathologische Muster zu durchbrechen. Der Mensch ist für seine Ängste oder zwanghaften Einfälle, welche sich einmal verselbstständigt haben, nicht verantwortlich. Aber er besitzt einen Entscheidungsfreiraum, wie er sich ihnen gegenüber verhält, ob er sich von diesen vereinnahmen lässt oder sich distanziert.

Sinnvolle Angst ist ein Alarmsystem des Körpers, welches warnen und schützen soll. Im Falle einer Gefahr werden viele Körperfunktionen gesteigert, um in der Situation schnell und gezielt handeln zu können. Doch übersteigt die Angst ein sinnvolles Maß an Erregung oder führt sie sogar zu einer anhaltenden Spannung, schützt sie nicht mehr, sondern blockiert, engt ein und kann krank machen. Ein Kreisel zum Beispiel hält sein Gleichgewicht nur bei einem wohldosierten Anschub. Ein Zuviel dieses Kraftschubes bringt den Kreisel ins Schleudern und lässt ihn sogar umfallen. Die Angst muss ihre Signalfunktion behalten, nicht weniger – aber auch nicht mehr.

Statt vor unseren Ängsten davonzulaufen, können wir stehen bleiben, uns umdrehen, auf sie zugehen und diese regelrecht aus- und weglachen. Auf die Seele wirkt das Lachen wie ein heilendes Pflaster und vermag sogar verschüttete Lebenskräfte zu befreien. Was ist stärker und wichtiger als die Angst? Der Humor. Nicht was wir fürchten, soll im Mittelpunkt stehen, sondern was wir lieben und worüber wir uns freuen.

Wenn wir uns mit Ängsten befassen, ziehen wir an, was wir eigentlich vermeiden wollten. Wir bewegen uns geistig auf das zu, womit wir uns beschäftigen. Wollen wir destruktive Gedanken krampfhaft wegdenken, verstärken wir diese nur, geben ihnen immer mehr Aufmerksamkeit und damit mehr Macht über uns. Ein dunkler Raum wird nicht heller, indem man das Dunkel austreibt, sondern nur, indem man das Licht hereinlässt!

Stellen Sie sich einen verzweifelten Menschen vor, der mit letzter Kraft die Türen eines großen Schrankes zuhält. In diesem Schrank hatte es ein wenig gerumpelt und er bekam Angst, dass alles herausfällt. Seine gesamten Kräfte konzentriert er seitdem darauf, ein gedanklich vorweggenommenes Unheil abzuwenden. Dieser unglückliche Mensch könnte sich jedoch mit einem Augenzwinkern und Schmunzeln wünschen, dass der ganze Schrank zusammenbricht, dann endlich hätte er einen Grund sich einen neuen und moderneren zu kaufen. Er könnte loslassen und würde feststellen, dass so gar nichts passiert und der Schrank ruhig stehen bleibt. Jetzt hätte er die Hände und damit Kräfte frei für Vorhaben, die wirklich wichtig sind. Die Befreiung von seinen übertriebenen Ängsten würde seinen Handlungsspielraum erweitern, ein wertvoller Gewinn für die eigentlichen Aufgaben des Daseins.

Die Chance in der bewussten und gezielten Auseinandersetzung mit der Angst besteht darin, dass, wer sich ihr trotzend stellt, zur wahren Tugend des Mutes finden kann. Wir alle kennen Beispiele, wo überdurchschnittlich ängstliche Menschen in Gefahrensituationen für eine ihnen wichtige Sache oder für einen geliebten Menschen zu wahren Heldentaten fähig waren.

Im paradoxen Humor beginnt der Mensch, sich selbst weniger ernst zu nehmen und zu sorgen. Probleme verlieren an Bedeutung, erscheinen kleiner, mitunter sogar lächerlich. Wer ein Problem nicht mehr so wichtig nimmt und sogar darüber lachen kann, schafft sich Freiräume, um aus alten Verhaltensmustern auszusteigen. Dabei nimmt er geistig zu seinem Schicksal Stellung und demonstriert, wie schwierige Situationen auch zu meistern sind. Der Mut zum Dennoch vermag viele Grenzen zu überwinden.

## Eine ganze Froschfamilie im Hals

Viktor Frankl prägte den Begriff der »Paradoxen Intention« 1939, was so viel bedeutet wie »umgekehrter Wunsch«. Er begründete den therapeutischen Effekt dieser Methode vor allem damit, dass es dem Patienten möglich werde, sein Leiden humoristisch aufzufassen und damit zu diesem Distanz zu gewinnen. »Weil der Patient verletzt ist und so ein schreckliches Gefühl von dem hat, was falsch ist, muss er das Lachen inmitten der vertrauten Tränen finden und einen flüchtigen Blick auf seine eigene Absurdität erhaschen. Ohne ein gewisses Maß an Respektlosigkeit stecken er und der Therapeut im Sumpf der Ernsthaftigkeit fest.«

Voraussetzung ist eine tragfähige Vertrauensbasis und eine Aufgeschlossenheit des Patienten, ungewöhnlichere Wege zu gehen. Solange er den vorhandenen gedanklichen Bahnen verhaftet bleibt, die ihn vor neuen Schritten zurückhalten, kann ihn die Furcht in ihrem Bann halten. Dem Patienten sollte buchstäblich vorgespielt werden, wie es vorstellbar ist, selbstständig variierend die Methode in seinem eigenen Fall anwenden zu können.

Michael Titze schreibt dazu: »Frankls Methode der Paradoxen Intention ist für mich die genialste Entdeckung der Psychotherapie. Denn in Gegensatz zu anderen Methoden hatte Frankl ausdrücklich die geistige Kapazität des Menschen vor Augen. Er war zutiefst davon überzeugt, dass der Mensch unter allen Umständen über sich hinauswachsen kann, sofern es ihm gelingt, sich von sich selbst zu distanzieren. Dazu bedarf es des Mutes zur Lächerlichkeit, den der Therapeut aber nur dann vermitteln kann, wenn er diesen Mut selbst besitzt.«

Das irrationale Angstgefühl stellt einen psychischen Zustand dar. Die geistigen Kräfte im Menschen nehmen nun zu diesem Zustand Stellung, indem sie einen irrationalen Wunsch entgegensetzen, der das psychische Gefühl zu entmachten vermag. Im paradoxen Humor ist nichts, aber auch nichts empfehlenswerter, als sich ausgerechnet das Gefürchtete in übertriebenem Maße zu wünschen oder vorzunehmen. Eine überzogene Angst wird durch einen überzogenen Wunsch ausgetrieben. Es ist einfach unmöglich, sich vor etwas ernsthaft zu fürchten und es sich gleichzeitig heftig zu wünschen. In dem Buch »Ärztliche Seelsorge« von Viktor Frankl steht dazu: »Man lächle ruhig über diese Art, den Kranken sich seinem Symptom gegenüber einstellen zu lassen. Er selber wird auch lächeln, und damit haben wir sein Spiel auch schon gewonnen. So hat der Kranke es in zunehmenden Maße zu lernen, sich schrittweise ›über‹ sein Symptom zu stellen.«

Wichtig ist dabei, dass es nicht bei einer gedanklichen Vorstellung in sicherer Entfernung von der angstbesetzten Situation bleibt, sondern dass es zu einem tatsächlichen Vorhaben kommt, indem das Gefürchtete in völlig übertriebener Form herbeigesehnt wird. Hilfreich kann vor allem am Anfang eine Kombination mit Entspannungstechniken wie zum Beispiel das Autogene Training oder die Progressive Muskelrelaxation sein. Körperliches Entkrampfen wirkt rückkoppelnd lösend auf die seelische Anspannung.

Es ist mit Sicherheit nicht leicht, sich ausgerechnet das zu wünschen, wovor der Schrecken so groß ist. Doch der persönliche Humor und die »lächelnde Trotzmacht des Geistes« können diese Hürde überwinden. Theo Lingen nennt »Humor eine famose Turnübung, die darin besteht, sich selbst auf den Arm zu nehmen«, eine witzige anschauliche Beschreibung.

Ist dieser paradoxe Wunsch zumutbar? Die Anforderung an den Patienten ist hoch, doch im Menschen steckt noch viel mehr geistiges Potenzial, als krankmachende Ängste zu verlachen. Auch mit einer Träne im Auge kann er sich für den paradoxen Wunsch und damit für den Gewinn von mehr Lebensqualität entscheiden. Die humorvolle Übertriebenheit wirkt nicht autosuggestiv, so Überspitztes kann nicht ernst genommen werden, es kann nur zum Schmunzeln bringen und macht damit die Angst lächerlich.

Bei einem längeren Vortrag spürte ich einmal gleich zu Beginn einen immer größer werdenden »Frosch im Hals«, der meine Stimme einem Reibeisen immer ähnlicher werden ließ. Zunächst wartete ich angespannt darauf, dass mir die Stimme ganz versagt.

Doch dann ergriff ich die Initiative und damit die Gelegenheit, diese geniale paradoxe Methode selbst anzuwenden. Ich wünschte mir statt nur einem Frosch eine ganze Froschfamilie, nein, eine ganze Froschdynastie in meinen Hals, damit sich das eine Fröschlein nicht so allein fühlt. Nachdem ich mir dies mehrmals mit einem inneren Schmunzeln gewünscht hatte, war der ganze Spuk vorbei, denn ich hatte »meine Frösche« einfach vergessen. Erst nach dem Vortrag fiel mir diese Episode wieder ein.

Bei realistischer situationsangemessener Angst ist die Paradoxe Intention natürlich fehl am Platz. Es ist nicht ratsam, an einem Abgrund weiterzugehen und sich dabei einen »angenehmen Flug« zu wünschen. Zu wenig Sorge verleitet zu Waghalsigkeit und kann gravierende Folgen haben. Therapeutisch wird nur die Angst angegangen, die einem »Kino im Kopf« entspringt und sich psychisch und körperlich einengend und destruktiv auswirkt.

# Ich habe die Angst, aber ich bin nicht die Angst

Andreas (Name und biografische Daten geändert) kam in die Therapie wegen einer seit Jahren bestehenden Angstsymptomatik, vorherrschend in Form von Panikattacken, welche mittlerweile in fast allen Lebensbereichen auftraten.

Aufgrund einer in der Jugend durchlebten lebensbedrohlichen körperlichen Erkrankung mit damals ungünstigen prognostischen Aussichten, hatte sich Andreas für eine exzessive Lebensführung entschieden, um die, wie es schien, knapp bemessene Lebenszeit so viel wie möglich zu genießen. Er trank viel Alkohol und rauchte jahrelang Marihuana, um sich besser zu fühlen, doch auch, um aufkommende Fragen nach dem Sinn des Ganzen zu verdrängen. Obwohl die Krankheit aufgehalten werden konnte und eine Ausheilung heute möglich ist, änderte er seinen Lebensstil nicht und brach sein Studium nach dem Vordiplom ab. Übermüdet von nächtelangen Feiern und unter Marihuanawirkung erlitt er während einer Autofahrt seinen ersten Panikanfall. Symptome wie Schweißausbrüche, Ohnmachtsgefühle, Schwindel, Seh- und Koordinationsstörungen lösten Todesängste aus und machten eine Weiterfahrt unmöglich.

Bei diesem Patienten löste eine Verkettung von Umständen einen Symptomkomplex aus. Lange nach dem Ereignis kreisten seine Gedanken noch immer um das Geschehen und nährten die Befürchtung einer Wiederholung. Es entstand eine Erwartungsangst, und die brachte die Wechselwirkung zwischen Psyche und Körper ins Rollen. Dieses Phänomen ist als »sich selbst erfüllende Prophezeiung« bekannt. Angst vermag gerade das heraufzubeschwören, wovor sich die Person fürchtet, körperliche Verspannung und psychische Anspannung verstärken dies. Das Symptom tritt bei gefürchteten Gelegenheiten wieder auf, wodurch der Betroffene in seiner Erwartungshaltung bestätigt und bestärkt wird und daraufhin diese Situationen meidet. Diese Verknüpfung setzt einen tragischen Mechanismus in Gang, welcher die Tendenz hat, sich zu verselbstständigen und auf andere Bereiche zu übertragen.

Auch Andreas steckte nach wiederholten Panikattacken in solch einem »angstneurotischen Zirkel« und mied nach und nach U-Bahnen, Aufzüge, enge Räume oder Menschenansammlungen. In seiner ersten großen Hilflosigkeit kam es zu längeren Krankschreibungen, zwischenmenschlichen Problemen und sozialem Rückzug, bis er erfuhr, dass seine Symptomatik medizinisch bekannt ist und es dafür pharmakologische und therapeutische Ansätze gibt. Unter einjähriger Einnahme von Psychopharmaka ging es ihm etwas besser, nach dem Absetzen war alles beim alten Stand. Doch Andreas wollte von solchen »Happypillen« unabhängig sein und lehnte eine weitere Medikation ab. Eine Gesprächstherapie brach er ab, weil er sich »halt nur verstanden« fühlte, sein Leidensdruck jedoch unverändert blieb.

Das ursprünglich kontaktfreudige und aufgeschlossene Naturell von Andreas veränderte sich durch die Angsterkrankung immer mehr in Richtung Isolation und Aufgabe vieler bisheriger Interessen und Aktivitäten. Einerseits vermied er viele alltägliche Situationen und Kontakte, andererseits ertrug er Alleinsein und Stille schwer, empfand dies als bedrückend. Die Anwesenheit oder Begleitung vertrauter Personen reduzierten etwas die auftretende Beklemmung und Unsicherheit. Der gesamte Tagesablauf wurde nach der Angst ausgerichtet. Situationen wurden im Vorfeld nach möglichen Auslösern für die bedrohlichen Panikattacken abgecheckt, sein Umgehungs- und Vermeidungsverhalten begrenzte fast alle Handlungen.

Das ängstliche Unbehagen verzerrte die persönliche Wahrnehmung und wurde auf das gesamte Umfeld übertragen. Der Blick für die reellen Umstände war stark eingeengt und ließ ihn die jeweilige Situation nur aus einem einzigen Blickwinkel heraus betrachten. »Wie geht es mir dabei mit meiner Panik?« Weil ihm das U-Bahn-Fahren nicht möglich war, wurden täglich beträchtliche Strecken mit dem Fahrrad oder zu Fuß zurückgelegt, was sicher nicht ungesund ist, aber den ohnehin vorhandenen Zeitdruck noch verstärkte. Durch eine enorme Hyperreflexion, das heißt eine überdimensionale Selbstbespiegelung und Fixierung auf die eigenen Probleme und die starke Einengung seiner Lebensbereiche, entstand ein ungesunder Neid auf alle Mitmenschen, die sich frei bewegen und entscheiden können. Das einzig wichtige Vorhaben für ihn war, seine Angst loszuwerden, andere Lebensziele schien es kaum zu geben. Stützender Aspekt in seinem Leben war und ist die anhaltende Unterstützung von seinen Eltern und seiner Freundin, was keine Selbstverständlichkeit ist, können doch Angehörige psychisch kranker Menschen oft nicht damit umgehen und distanzieren sich in ihrer Hilflosigkeit.

Ein großes Potenzial an Trotzkraft zeigte sich bei Andreas in Bemerkungen wie dieser: »Ich will mir nicht noch mehr von der Angst nehmen lassen.«

Diese Aussage konnte jedoch nicht so stehen bleiben, beinhaltet sie doch, dass die Angst stärker ist als er. Wichtig war zuerst die gedankliche Trennung des kranken psychischen Bereiches von seiner heilen geistigen Person, welche im Erkennen der Störung und in der Auseinandersetzung damit nicht selbst krank sein kann. Mit dem Widerspruch des gesunden Bereiches: »Ich muss mir von so einer ängstlichen Seite in mir nun wirklich nicht alles gefallen lassen!«, war eine Distanz zur Erkrankung gelungen und ließ diesen jungen Mann erkennen: »Ich habe die Angst, aber ich bin nicht die Angst.«

In imaginären Bildern zeigte sich ihm diese Angst als ein riesengroßer Drachen, der drohend vor ihm stand. Doch dieser Drache wurde bei näherem Hinsehen immer kleiner, damit weniger bedrohlich und entpuppte sich sogar als Pappmascheefigur. Diese innere Symbolik machte bewusst, wie aufgebläht das eigene Schreckgebäude war. Meinem Patienten wurde klar, dass seine übergroßen Ängste nicht zu seiner Ursprungsnatur gehören, sondern dass sie das Ergebnis von Verkettungen und Umständen seiner Lebensgeschichte waren.

Unumgänglich für die Aktivierung des persönlichen Humors ist das bewusste Erleben, nicht mit den eigenen Gefühlen verschmolzen zu sein, sondern ihnen sogar widersprechen zu können. »Nein Angst, ich nehme dich jetzt nicht ernst, ich werde trotzdem das tun, wovon du mich abhalten willst!« So ein energisches »Trotzdem« wirkt schon allein befreiend. Hierbei wird die Selbstdistanzierungsfähigkeit mobilisiert, jene spezifisch menschliche Fähigkeit, welche uns ermöglicht, die Situation und unsere augenblickliche Gefühlslage durch ein inneres Zurücktreten zu betrachten und zu beurteilen. Durch den gewonnenen Abstand sind vorhandene Freiräume zur Gestaltung der jeweiligen Gegebenheit besser erkennbar. Mit der Fähigkeit zum Distanzieren sind wir in der Lage, uns aus dem Gefängnis alter Muster zu befreien, unsere Lage umfassender einzuschätzen und gezieltere Entscheidungen zu treffen. Dieses Abrückenkönnen von der eigenen Problematik wird auch durch folgende Fragestellung unterstützt.

Was würde Andreas ohne die Angst tun? »Erst einmal ganz viel U-Bahn fahren, in den Urlaub fliegen, in eine andere Stadt ziehen und beruflich Fuß fassen.« Solche ersehnten Pläne als konkrete lebendige Bilder im Bewusstsein haben eine große Anziehungskraft, richten sie doch den inneren Fokus auf gesunde Lebensbereiche und Möglichkeiten, die nur darauf warten, verwirklicht zu werden. Blockierend dabei war sein anhaltendes Betrauern der als verloren empfundenen vergangenen Jahre. Hier galt es, diese Zeit zu akzeptieren und anzunehmen, so wie sie nun einmal war. Ein Lösen von seiner Ausrichtung auf Vergangenes und die Hinwendung zu der Frage, »Was ist mir wichtiger, als die Angst?«, konnten diese Hemmschwelle überwinden und seiner Sehnsucht nach Entscheidungs- und Bewegungsfreiheit mehr Dynamik verleihen. Auch die wiederholt geäußerte Enttäuschung über sein eigenes beengtes Leben verbunden mit anhaltenden Selbstvorwürfen erschwerten das Loslassen. Die Energie, die er bisher in diese destruktiven Gedanken investiert hatte, wurden nun als Kraft zur Veränderung in einen Widerspruch gebündelt. »So will ich nicht mehr weiterleben! Ich werde selbst etwas unternehmen. Ich bin überzeugt, dass es mir gelingen wird, meine Angst zu überwinden!«

Es galt, mit dieser Kraft humorvoll trotzend den beschriebenen Kreislauf am Punkt der Erwartungshaltung zu unterbrechen. Durch einen Vortrag hatte Andreas von der logotherapeutischen Methode der Paradoxen Intention schon gehört. Es war für ihn jedoch nicht vorstellbar, sich das Gefürchtete tatsächlich vorzunehmen. Doch dass er sich darauf einlässt, wie skeptisch auch immer, war genau das, was nottat, im Wortsinn – eine Tat, um Not zu überwinden. Seine Grundangst bei einer auftretenden Panikattacke war, ohnmächtig zu werden und dabei umzufallen. Schon das Reden darüber beschleunigte seinen Puls. Wir begannen zu überlegen, wie er eine Ohnmacht so inszenieren könne, dass auch alle anderen Fahrgäste zu einem unterhaltsamen Erlebnis kommen. Abwechselnd übten wir dann eine volle Drehung um die eigene Achse mit hochschwingenden Armen und einem filmreifen Initialschrei. Die dabei kullernden Lachtränen waren genau richtig, um die Übertriebenheit dieses Wunsches zu verdeutlichen und die Furcht vor einer Katastrophe zu nehmen. Genau diesen Blödsinn konnte sich Andreas jetzt vornehmen, lies es sich doch so gar nicht ernst nehmen. Laut Absprache sollte er pro U-Bahnstation einmal umkippen, wobei er sich mit dem Aufstehen immer sehr beeilen müsse, denn solche ausgefeilten Szenen benötigen ihre Zeit. Zusätzlich wollte er sich nach jeder Pirouette »Haltungsnoten« geben lassen.

Die erste U-Bahnfahrt unternahmen wir gemeinsam, und ich bat ihn sogleich nach der Abfahrt, mir das Geprobte nun vorzuführen, doch nicht als Schauspiel, sondern mit rasendem Puls und echter Ohnmacht. Über beide Ohren grinsend gestand er mir: »Es geht nicht.« Ich deutete auf die anderen sich genauso wie ich langweilenden Fahrgäste und bat erneut um eine Vorführung. Nichts geschah. Langsam wurde ich ungeduldig und drängte, doch endlich zu beginnen, wir seien ja bald am Ziel. Doch nicht einmal sein Puls beschleunigte sich. Je mehr er versuchte, eine Panik zu bekommen, umso weniger gelang es. Schon bestärkt fuhr Andreas auf der Rückfahrt allein – samt seinem unsinnigem Vorhaben. Auch diese Fahrt gelang angstfrei und symptomlos. In einem winzigen rundum geschlossenen Aufzug übten wir das ganze Szenario auch erst zusammen, dann fuhr Andreas mehrmals allein, mit gleichem Erfolg.

## Hilfe zur Selbsthilfe

Es wird mit dem Patienten gelacht, nie über ihn. Sein Leiden wird ernst genommen, wir lachen nur über seine unsinnigen Sorgen. Dieses Lachen weckt ganz offensichtlich den verschütteten Mut zur Bewältigung der Problematik. Als Therapeut ist es wichtig, das eigene Vertrauen in die geistige Trotzkraft des Patienten und eine stützende Sicherheit zu vermitteln.

Für den Patienten müssen die passenden Formeln gefunden werden, welche seine Hauptbefürchtung treffen und lächerlich genug sind. Diese Formeln müssen vor der Annäherung an die angstbesetzte Situation aktiviert werden, um der geistigen Trotzfähigkeit nicht durch eine Überflutung aus der psychischen Ebene die Kraft zu nehmen. Rationale Lösungsstrategien helfen bei irrationalen Ängsten wenig.

Wenn es zu Beginn einmal gelingt, dass das Symptom ausbleibt, dann ist die Spirale der Erwartungsangst unterbrochen und kann nun regelrecht »zurückgespult« werden. Schon das erstmalige Erleben der Symptomfreiheit lässt neue Hoffnungs- und Vertrauensräume entstehen. Die bisher vermiedenen Gelegenheiten sollen solange mithilfe der Paradoxen Intention aufgesucht werden, bis durch die wiederholt erlebte Symptomfreiheit eine Katastrophenerwartung ausbleibt. Die therapeutische Technik ist Hilfestellung und Werkzeug – den Mut und den Humor zur Anwendung sowie das Durchhaltevermögen muss der Patient selbst aufbringen. Mark Twain drückte dies so aus, »dass man eine Gewohnheit nicht zum Fenster hinauswerfen kann, sondern sie stufenweise die Treppe hinunterlocken muss«. Ein Hauptanliegen in der Therapie ist nach anfänglicher therapeutischer Begleitung die Selbstanwendung der paradoxen Methode in kreativer Selbstständigkeit, um sich jederzeit selbst helfen zu können, falls ein Bangen wieder auftritt. So kann der Erkrankte erleben, dass er seiner Angst nicht nachgeben muss, sie mit seinem geistigen Potenzial einfach »überlisten« kann. In der Erkenntnis um die Harmlosigkeit des gefürchteten Angstinhaltes findet er ein Stück mehr Vertrauen in sein Dasein. Wie schön beschreibt dies ein altes

Sprichwort: »Angst klopfte an die Tür, Vertrauen öffnete, und Niemand war draußen.«

Es gilt das Leben annehmen zu können mit seiner prinzipiellen Ungewissheit, aber auch im Bewusstsein des täglichen Beschützt- und Getragenseins.

Um seine vegetative Angstbereitschaft zu verringern und den Einstieg in das paradoxe Denken zu erleichtern, lernte Andreas auch die Entspannungsmethode der Progressiven Muskelrelaxation nach Jacobson. Diese sollte ihm in sehr angespannten Phasen helfen, durch eine körperliche Entspannung rückkoppelnd entlastend auf sein Psychikum zu wirken. Die größte Schwierigkeit war für ihn, sich des paradoxen Wunsches rechtzeitig zu erinnern. Doch mit jeder gemeisterten Situation gelang ihm dies besser. Die ersten Alleinfahrten mit der U-Bahn waren völlig problemlos. Die längere Fahrt zur Arbeitsstelle mit verschiedenen öffentlichen Verkehrsmitteln blieb trotz etwas Unbehagens beim ersten Mal ebenfalls symptomfrei. Supermärkte voller Menschen gehörten auch zu den vermiedenen Einrichtungen. Doch nun ging Andreas mit dem Vorhaben hinein, »hier einmal richtig auszuflippen. Publikum ist ja auch herrlich viel da, und am besten gleich meine Aktion am Ende der Schlange starten, damit die Wartezeit nicht so öde wird.« Und siehe da, auch hier geschah kein Unglück. Der Besuch eines Konzertes ließ ihn zwar seine alte Schwierigkeit, längere Zeit still zu sitzen, wieder erleben, doch ganz ohne Panikgefühle. Nach der Devise: »Neue Situationen sind interessant, aber nicht angsteinflößend!«, begab er sich in immer neue »Übungsfelder«. Auch die Angst vor der Angst brauchte ihren Meister. Oft tauchte sie auf, wenn Andreas allein in seiner Wohnung war. In solchen Beklemmungsmomenten begab er sich auf die Suche nach »seinem Drachen«, sein bildgewordenes Angstgefühl. Mit lautem Rufen schaute er in jedes Zimmer und jede Ecke und war ganz enttäuscht, wenn er ihn nicht fand. Während dieser herrlich albernen Suche verflüchtigten sich die bangen Gedanken und er konnte sich wieder auf seine alltäglichen Verrichtungen konzentrieren.

Aus Liebe zu seiner Partnerin ist sein angestrebtes großes Ziel, sie bei ihrer geplanten Flugreise nach Übersee zu begleiten. Für diesen Flug ließen wir uns schon ein paar unsinnige Wünsche einfallen: Vor Angst solle er so beben, dass auf dem Radarbildschirm das Flugzeug nur als hüpfender Punkt zu sehen ist. Für die gesamte Flugüberwachung solle dies ein ewig ungelöstes Rätsel bleiben, sooft sie den Flieger auch untersuchen. Dass auch diese Reise katastrophenfrei wird, habe ich keine Bedenken.

Frei von allen anschleichenden »Schreckgespenstern« fühlt sich mein Patient immer in liebevollen Momenten mit seiner Partnerin, bei interessanten Gesprächen und oft bei körperlich anstrengenden Aktivitäten. Dies sind alles Augenblicke, in denen er ganz bei einem anderen Menschen oder bei einer ihn interessierenden Sache ist und sich selbst sowie seine momentanen Gefühle dabei vergisst.

Viktor Frankl bezeichnet dieses urmenschliche Phänomen als Fähigkeit zur Selbsttranszendenz. »Menschliches Dasein verweist immer auf etwas, das nicht wieder es selbst ist – auf etwas oder jemanden, nämlich entweder auf einen Sinn, den es zu erfüllen gilt, oder aber auf mitmenschliches Dasein, dem es begegnet. Wirklich Mensch wird der Mensch also erst dann, und ganz er selbst ist er nur dort, wo er in der Hingabe an eine Aufgabe aufgeht, im Dienst an einer Sache oder in der Liebe zu einer anderen Person sich selbst übersieht und vergisst.«

Jedem Menschen werden bestimmte Fähigkeit in seine Wiege gelegt. Dies müssen nicht immer künstlerische Kreativität sein, nein auch die Fähigkeiten zum Zuhören und Trösten gehört dazu. Unser Dank und gleichzeitig unsere Aufgabe ist es, diese Gabe zu entdecken, zu entwickeln und zum Wohle aller einzubringen.

Hermann Hesse beschrieb dies folgendermaßen: »Ziel eines sinnvollen Lebens ist, den Ruf der inneren Stimme zu hören und ihm zu folgen. Der Weg wäre also, sich selbst erkennen, aber nicht über sich richten und sich ändern zu wollen, sondern das Leben möglichst der Gestalt anzunähern, die als Ahnung in uns vorgezeichnet ist.«

Andreas fehlte ein persönlicher Lebensentwurf, einer, den er von ganzem Herzen bejahen kann, der ihm Orientierung ist und Zugkraft besitzt. Doch aus tiefster Seele formulierte er seinen Wunsch: »Ein Stückchen Welt zu formen und zu verschönern.«

Bei dem Benennen seiner Talente wurde die Liste erstaunlich lang. Viele kreative, handwerkliche und organisatorische Fähigkeiten lagen brach. Aus bisher ungelebten Möglichkeiten formten sich allmählich konkrete Pläne. Doch alle Pläne müssen hinterfragt werden: »Werde ich dort tatsächlich gebraucht, oder gibt es eine andere Aufgabe, welche gerade ich und nur ich erfüllen kann.« Herausforderungen warten viele auf diesen jungen Mann. Der »Zufall« führt ihn zu einer Schule, deren Ausbildungsrichtung genau seinen Vorstellungen entspricht und deren zeitliche und finanzielle Voraussetzungen für ihn durchführbar sind. Ein Berufsabschluss in dieser vielversprechenden Branche ist nun das nächste Ziel. Er traut sich wieder etwas zu – vertraut sich schon mehr.

Solche so genannten Zufälle gibt es viele in jedem Leben. Sind wir uns dessen bewusst und auch der unzähligen Gelegenheiten, in denen wir vor Schlimmem bewahrt werden, haben wir allen Grund zu tiefer Dankbarkeit. Auch mein Patient war ganz erstaunt, wie viele schützende Momente es in seinem Leben bisher doch gegeben hatte.

»Hätte ich gewiss alle Tugenden gerne zu Eigen, so will ich doch vor allem dankbar sein, denn diese Tugend ist, wie die größte, so die Mutter aller übrigen Tugenden.«
Marcus Tullius Cicero

Peggy Lange, (geb. 1970) Pharmazieingenieurin, Ausbildung am *Süddeutschen Institut für Logotherapie* in Fürstenfeldbruck unter Leitung von Frau Dr. Elisabeth Lukas; Erlaubnis zur Ausübung der Heilkunde auf dem Gebiet der Psychotherapie.

Anschrift:
Springertstraße 23
81477 München
Tel.: 089/30 72 77 89

GIOSCH ALBRECHT

# *Sinn erfahren durch symbolische Raumbezogenheit*

Dieser Beitrag behandelt ein Phänomen besonderer Art. Wie die Geschichte der Menschheit zeigt, entspricht es scheinbar einem menschlichen Ur- oder Grundbedürfns, die Lebensräume mit symbolischen Zeichen, Gestalten und Formen auszustatten, deren Verstehen und Begreifen Geborgenheit und Vertrautheit vermittelt. Der Mensch erweist sich so als ein Wesen, das nicht einfach schicksalshaft seinen Räumen ausgeliefert ist. Er ist fähig, zu diesen ihm zwar schicksalshaft gegebenen Räumen in Freiheit Stellung zu nehmen und diese zu seinen eigenen machen zu können. Diese innere Raumerfassung mittels symbolischer Formen und Zeichen ist ganzheitlich. Die moderne Gestaltspsychologie spricht vom Primat der Gestaltganzheit in unseren Sinneserlebnissen über das Erleben der Teile hinweg. Das Ganze erweist sich dann irgendwie unabhängig von den Teilen, insofern es auch dann als dieses Gestaltganze erfassbar bleibt, auch wenn die Einzelteile sich irgendwie ändern. So werden Symbole, diese besonderen Wege menschlichen Raumerfassens, immer ein Ganzheitserlebnis vermitteln, in dem Sinninhalte und Zusammenhänge aufleuchten. Inhalt und Zielrichtung unseres Lebens werden dadurch wohl geprägt und bestimmt. Ich will meine Darlegungen in drei Abschnitte teilen:

## **Alle geschaffenen Wesen brauchen ihren Raum**

Ich befasse mich vorerst mit der Raumbezogenheit aller Wesen und verweise auf ihre natürlichen Anpassungstendenzen und Integrationsmechanismen bei sich verändernden Räumen, die Sinn erkennen lassen.[1]

**Geistige Wesen haben über alle übrigen Bezüge hinweg einen symbolischen Raumbezug**
So will ich der Bedeutung dieser symbolischen Raumbezogenheit nachgehen und überprüfen, inwiefern sie ebenfalls Sinnerfahrungen ermöglicht.

**Einige konkrete Beispiele**
Sie sollen Gegenstand des letzten Abschnittes sein und uns veranschaulichen, wie uns symbolische Raumgestaltung oder Raumbezogenheit im Raum besser zurechtfinden lässt und Sinn schenkt.

## Alles Geschaffene ist raumbezogen

Es ist eine phänomenologische Tatsache, dass alles Geschaffene, alle Lebewesen Räume brauchen, die ihrer Art entsprechen, um leben und überleben zu können. Es gibt Räume, die das Überleben gewisser Lebewesen verunmöglichen. Entstandene oder geschaffene Räume sind naturgemäß Veränderungen unterworfen. Die Ansicht des griechischen Philosophen Heraklit von Ephesos (440/450-480 v. Chr.) scheint mit der Erfahrung übereinzustimmen: Panta rhei! Alles ist im Fluss! Vielleicht gilt dies mit einer Ausnahme. Teilhard de Chardin und andere Evolutionslehrer und Forscher sind mit ihm der Meinung, dass alles, was sich bewegt, selbst ein Träger (eine Mitte, eine Achse) haben muss, der die Bewegung auffängt. Die Bewegung trägt sich nicht selbst. Die letzte Mitte allen Seins kann selber weder zentripetal noch zentrifugal sein.[2] In ihr steckt die Energie, das Leben, aber zugleich ist sie auch ruhender Punkt, der alles eint und harmonisiert.

Wandel, Veränderung bedeuten auch Verunsicherung und Gefährdung im Sein, schafft Unruhe, Spannung, Konflikte, Anpassungsschwierigkeiten oder desintegrative Tendenzen. Ständiger Wandel der Lebensräume stellt daher hohe Anforderungen an die Anpassungsfähigkeit der Lebewesen.

Unter Anpassung wird nicht selten etwas Negatives verstanden, eine Art Kapitulation vor den Zwängen der Umwelt oder das Sichducken im gesellschaftlichen System. Anpassung erscheint als fauler Kompromiss. Dies trifft besonders dann zu, wenn es um Anpassung im sozio-kulturellen Bereich geht. Anpassung kann angesichts des ständig sich verändernden Raumes aber auch Herausforderung an die eigene Kreativität der Kreaturen sein, diesen Raum oder sich selber (nämlich den ganz persönlichen Raum) zu gestalten, jene Bedingungen zu schaffen, die den Raum bewohnbar machen. Ich persönlich bevorzuge in gewissen Situationen an Stelle von Anpassung den Begriff Integration. Dabei meint Integration nicht einfach Wohlgeordnetsein und Kasernierung, sondern ein Anpassen im Sinne von Selbstverwirklichung und Sich-selber-sein-Dürfen.

## *Anpassung als biologisches Prinzip*

Betrachten wir nun »Anpassung« bezogen auf lebendige Systeme, als auf Lebewesen, seien diese nun Bakterien, Pflanzen, Tiere oder eben auch Menschen. Da erscheint Anpassung vorerst einmal als »biologisches Prinzip«, als Prozess, der die Existenz aller Lebewesen erst ermöglicht hat. Alle Lebewesen leben in einer bestimmten ökologischen Abhängigkeit. Diese hat unterschiedliche Folgen je nach Art, Schnelligkeit und Intensität der Veränderung jener Umwelt. Lebewesen zeigen sich sehr flexibel und erfinderisch bei der Anpassung an sich verändernde oder neue Räume oder dann in der Gestaltung dieser Räume, um darin bestehen zu können. Die Erforschung der Entwicklungsgeschichte unseres Planeten hat dargelegt, dass sehr viele Lebewesen Mechanismen entwickeln mussten, um mit ökologischen Veränderungen überhaupt fertig werden zu können. Einerseits sind es den Organen mitgegebene, andererseits aber entwickelte oder erfundene Mechanismen. Von daher sprechen wir oft »vom zweckmäßigen Bau der Pflanzen und Tiere, von den Funktionen ihrer Organe und Strukturen«, die zu etwas dienen. Alle diese zweckmäßigen Organe und Funktionen von Organismen haben arterhaltenden Wert oder Sinn. Einige Beispiele aus der Tier- und Pflanzenwelt mögen genügen, um zu zeigen, wie Anpassung und Körpergestaltung Sinn machen und überleben lassen.

Da lebt z.B. in unseren Bächen die so genannte Kapuzenschnecke. Ihr sanft ansteigendes kapuzenförmiges Gehäuse ist der starken Strömung gut angepasst und ermöglicht dadurch der Schnecke, sich auf den vom Wasser überströmten Steinen zu halten, dort den feinen Algenbewuchs abzuweiden und ihr Leben unter diesen extremen Strömungsbedingungen zu führen und ihren Lebensraum zu behaupten.

Der Hai hingegen ist ein Tier des Meeres. Da gibt es fast keine Strömung. Seine Torpedo-Körperform ist die Anpassung eines aktiven Schwimmers. Sein Körper bietet geringen Widerstand und ermöglicht ihm ein Leben als Räuber, der schnell sein muss.

Ein letztes Beispiel aus der Tierwelt sei noch erlaubt: Der Frosch passt seine Temperatur der Umgebung an, indem er selber wechselwarm ist. Er darf nur nicht gefrieren, weil Eisbildung seine Organe zerstört und auch nicht wärmer werden als 45°, da das Eiweiß in den Zellen gerinnt. Andere Froscharten verändern ihre Hautfarbe, um sich bei Gefahr vor Feinden zu tarnen.

Ein Beispiel aus dem Pflanzenreich liefern die an trockene Standorte angepassten, zur Speicherung von Wasser fähigen Kakteentypen, die so genannten Sukkulenten. Ihr fleischiger Spross dient der Wasserspeicherung. Die Blätter sind weitgehend reduziert oder völlig zu Dornen umgewandelt. Da Pflanzen über ihre Blätter viel Wasser verdunsten, bedeutet deren Reduktion eine beträchtliche Anpassung an das trockene Klima der Wüsten. Umbilden der Blätter zu Dornen bietet zudem auch Schutz vor Gefressenwerden durch Tiere, für die diese natürlichen Wasserspeicher verlockend sind.

Auch bei Menschen sind solche natürlichen Notwendigkeiten gegeben. So weiss jeder Hochgebirgler, dass die sauerstoffarme Luft auf einer bestimmten Höhe ihm vorerst zu schaffen macht. Nach einigen Tagen erst kann er sich daran gewöhnen. Das Blut hat einen neuen Blutfarbstoff gebildet, der den Sauerstoff teils durch seine größere Menge, teils durch besseres Bindungsvermögen leichter bindet. Verschiedene Faktoren, die da zusammenspielen, ermöglichen das Überleben.

Solche Anpassungsprozesse können auch von völlig anderen, nämlich geistigen Kräften gefördert und gefordert werden, d.h. sie hängen von unserer Einstellung ab, von der subjektiven Einstellung zu notwendigen Veränderungen in der Umgebung.

Wie wir wissen, gibt es sozio-kulturelle, sozialpsychologische Mechanismen, die dem Menschen in seinen Anpassungs- und Integrationsprozessen behilflich sein können. So kann zum Beispiel ein kultureller Verein für einen Gastarbeiter in einem kulturell fremden Raum als adaptiver und integrativer Mechanismus dienen. Nomaden oder Flüchtlinge nehmen ihre Götter mit auf den Weg oder in die Fremde. Der Bezug zu ihnen schafft vor allem in der Fremde Gefühle der Geborgenheit und Sicherheit.

Den Lebensraum markieren oder gestalten gewisse Lebewesen je nach Art durch Körpersäfte und Düfte. Dadurch wird Raum als eigener Raum abgegrenzt. Im Gegensatz zum Tier markiert der Mensch als geistiges Wesen seinen Raum nicht so sehr mit Körpersäften und Düften, als vielmehr mit Gegenständen und Zeichen, mit Bildern, die symbolische Kraft besitzen und so den Raum gestalten und als tragend erleben lassen.

## Geistige Wesen und ihre symbolische Raumbezogenheit

Bilder haben in der Menschheitsgeschichte schon immer eine große Rolle gespielt, wenn auch zu keiner Zeit vor uns so unterschiedliche Bilder auf die Menschen eingeströmt sind wie heute. Von klein auf werden Kinder von Bildern umgeben. Überall auf Spielzeugen, auf Kleidungsstücken und Gegenständen der Kinderwelt sind Bilder zu sehen. Selbst das Töpfchen wird mit einem Bild versehen.

Aber auch die Mehrzahl der Erwachsenen liebt Bilder. Das Bild hat seine besondere Funktion. Es dient als Blickfang, Reizmittel und prägt eindrücklich das Unterbewusste. Was immer Menschen verkaufen wollen, Mode, elektrische Geräte, Bücher, ja selbst politische und andere Ideen, alles wird mit Bildern gekoppelt. Der heutige moderne Mensch ist vor allem ein audiovisuelles Wesen geworden. So wertvoll dies sein mag, die Überflutung mit Bildern bedeutet gelegentlich aber auch Verlust der Sensibilität. Der Mensch läuft Gefahr, abgestumpft zu werden für die hintergründige Realität. Man weiß unterdessen aber auch, dass Bilder umso einflussreicher sind, je tiefer sie mit emotionaler Energie und Dynamik erfüllt werden.

Betrachten wir kurz die Etymologie vom Wort »Bild«. Die altsächsische Form von Bild ist »Bilidi«. Der germanische Wortstamm »Bil« weist auf numinose Kraftgeladenheit hin. »Bilidi« ist das, was ursprünglich ein numinoses, göttliches Wunderzeichen darstellt. Es ist ein geheimnisvoller Vorgang, in dem sich eine verborgene Wirklichkeit ihren sinnhaften Ausdruck schafft. Die althochdeutsche Form des Verbs »biliden« meint folglich: einer noch ungeformten Wirklichkeit Wesen und Gestalt geben.

Unser heutiger Zugang zum Bild ist leider aus dem oben erwähnten Grund eher flach und oberflächlich. Die eigentliche Bedeutung des Bildes wird nicht ausgeschöpft. In unserem Zusammenhang verstehen wir hier unter Bild die Erscheinung einer tiefer gründenden Wirklichkeit, die keineswegs Trug oder willkürliche Fiktion, sondern Anzeichen einer unsichtbaren Realität ist. Deshalb führt das wirkliche Bild auch von seiner sinnhaften Gestalt in die gestaltlose Tiefe, aus der es aufgestiegen ist. Wer zum Beispiel vor dem Bild eines Hauses die Wirklichkeit »Haus« spürt, erfährt etwas von der Ursehnsucht des Menschen nach einem Zuhausesein, nach Geborgensein. Um das zu spüren, braucht er eine Art inneres Auge. Im Yoga ist etwa die Rede von »Yantra«, einem Kultbild, das zum inneren Schauen anleiten soll. Es bedeutet Werkzeug, Gerät, dessen sich der Mensch für eine spezifische Verrichtung bedient. In meinen Einführungskursen in die Meditation verwende ich für eine besondere Übung, die unter dem Motto »Entdecken, was dahinter steckt« steht, ein Mikroskop und einen kleinen Kalzitstein, in dessen Ritzen ein kleiner, schwarzer Punkt zu sehen ist. Man könnte sagen, es sei ein Dreckpunkt. Ich bitte die Teilnehmer, den Dreckpunkt durch das Mikroskop zu betrachten. Und siehe da, der Dreckpunkt offenbart sich durch das Mikroskop als wunderbare Welt. Da zeigt sich dem überraschten Betrachter eine herrliche Blume in zartem Blau mit gelbem Blütenstengel, eingebettet in dunkelblau-violetten Blättern. Diese Wirklichkeit ist nur dank dem besonderen Instrument zu entdecken. Jeder Betrachter wird davon tief berührt. Wie gar oft im Leben steckt hinter dem vermeintlichen Dreckpunkt eine herrliche Welt, die aber erst durch die richtige individuelle Einstellung des eigenen inneren Mikroskops auch in individueller, einzigartiger, tiefgründiger Intensität erlebt wird.

Als geistige Wesen verwenden Menschen Symbole, um ihre Lebensräume zu markieren, zu gestalten und zu erleben. Wir reden so von symbolischer Orts- oder Raumbezogenheit des Menschen.

Wie gewinnen Zeichen symbolische Bedeutung? Machen wir uns einmal einige Gedanken zum Gegenstand »Tisch«: Ein Tisch ist

ein Tisch! So könnte man sagen. Im Lexikon steht für Tisch: »Möbelstück aus waagerechter Platte auf einem oder mehreren Beinen.« Das ist von außen gesehen eindeutig und klar. Aber ist es dann so eindeutig, was ein Tisch ist? Könnte ein Tisch mehr als ein Tisch sein? Denken wir darüber nach, tauchen Gedanken auf wie:

- »Gegenstand oder Ort, an dem sich die Familie trifft«;
- »Gäste kommen und geniessen da Gastrecht«;
- »an einem Tisch miteinander zu essen, verbindet, verpflichtet«;
- »man spürt den größeren Zusammenhang, in dem einer steht« und so weiter.

Sachen sind Sachen. Man kann sie zählen, messen, fotografieren. Für Sachen gibt es Kaufhäuser. Man kann sie ersetzen. Unersetzlich sind aber die Lebensgründe: Hoffnung, Liebe und Freundschaft. Dafür gibt es keine Kaufhäuser. »Die Menschen haben keine Zeit mehr, irgendetwas zu lernen. Sie kaufen sich alles fertig in den Geschäften«, heisst es in der Geschichte vom »Kleinen Prinzen« von Saint-Exupéry, »aber da es keine Kaufläden für Freunde gibt, haben die Leute keine Freunde mehr.« Hoffnung, Liebe und Freundschaft sind immer Geschenke. Weil sie ein Geheimnis sind und nicht einfach machbar, kann man sie verborgene oder innere Wirklichkeit nennen.

Solche Bilder, Gegenstände, Beziehungen und Zeichen führen allmählich zu Symbolen und dadurch zu einem tieferen Erleben. Wirklichkeiten, die niemand ganz kennt, von denen aber alle leben, offenbaren sich in Symbolen. Die Hand eines anderen berühren und halten, ein Kuss, eine Umarmung sind beispielsweise Symbole der Liebe. Symbole lassen das Unsichtbare erleben. In Symbolen kommunizieren wir mit dem Grund der Welt, aus dem die Menschen leben. Das Symbol ist die Sprache der unsagbaren, nur erlebbaren Wirklichkeit. Sachen sind Sachen, sind Zeichen. Zeichen sind eindeutig. Vergleichen wir die Verkehrszeichen. Sie sind Piktogramme. Es wäre wohl verheerend, wenn diese Zeichen nicht eindeutig wären. Symbole sind Zeichen besonderer Art. Sie sind mehrdeutig und lassen unterschiedliche, individuelle Tiefen erleben.

Der Ausdruck »symbolische Ortsbezogenheit oder symbolische Raumgestaltung« weist auf jene Fähigkeit des Menschen hin, Objekte und Phänomene dieser seiner Umwelt auf dem Wege der Symbolisierung in die soziale Welt des Menschen zu transponieren und sie so zu Bezugspunkten menschlichen Erkennens, Empfindens und Verhaltens zu machen. Symbolisierung bedeutet dabei Verbindung höchst persönlicher Erlebnisse und Sinnmomente mit dem Raum, in dem diese Erlebnisse stattfanden, um so Verborgenes zu erleben. Das Symbol ist rational nicht definierbar, weil es von unterschiedlichen Kräften des Geistes geformt wird. Die rationale Interpretation von Symbolen, so scharfsinnig sie auch sein mag, bleibt letzten Endes in ihren eigenen Strukturen gefangen, ohne die hintergründige Wirklichkeit des Symbols erreichen zu können. Um in die innere Dimension des Symbols zu gelangen, bedarf es eines anderen Sinnes, eines ebenso inneren Symbolsinnes, dem es die Menschen verdanken, die eigenen Wurzeln berühren zu können. Mit diesem inneren Symbolsinn erst wird die empirisch geschlossene Oberfläche der Dinge aufgebrochen, durchlässig oder durchsichtig, sodass der Gegenstand als sinnliche Erscheinung zwar keineswegs verschwindet,aber einer Glaswand gleich den Blick freigibt auf die Tiefendimension des Sinngehaltes. Bekanntlich ist nicht jede Wirklichkeit durch wissenschaftliches Denken ausschöpfbar. Welche Wissenschaft erreicht dann mit ihren zweckgerichteten Methoden die transzendente Wirklichkeit? Wenn neben den Wissenschaften und über ihre Grenzen hinaus nicht die Begabung mit dem dritten Auge hinzukommt, bleibt der Mensch im Gehäuse seiner Selbstdefinitionen gefangen.[3] Saint-Exupéry lässt es den kleinen Prinzen so formulieren: »Man sieht nur mit dem Herzen gut.« So beinhaltet ein symbolisches Zeichen immer mehr als es bezeichnet. Es führt zum Erleben des Hintergründigen eines Sinnbezuges. Nach logotherapeutischer Auffassung ist der Sinn »unbedingt« gegeben, wenn auch nicht »unbedingt immer« sichtbar. Sinn wird nicht gegeben, sondern ist gegeben, vorhanden. Es scheint dem Menschen »aufgegeben«, diesen Sinn zu suchen. Symbole lassen ihn erleben und können so ordnen, integrieren, heilen und aufbauen. Ihre Wirkung reicht in die tiefste Gefühlswelt des Menschen und in die Höhen seines Geistes. Im Symbol artikulieren sich die mächtigen Kräfte sowohl des geistig wie seelisch Unbewussten.

Symbole sind wie am Beispiel des Tisches demonstriert geschichtlich geworden, so wie sich ja auch die psychische und die soziale Struktur des Menschen in einem historischen Prozess entwickelt hat. In der Zeit, die der anfänglichen Entwicklung des Ichs und des Bewusstseins voranliegt, gilt eine noch ganz vorgedankliche Existenzweise. Unbewusste Inhalte und psychische Vorgänge haben da noch die Vorherrschaft, obgleich ein »Geprägtsein vom Geistigen her« diesen Vorgängen beim Menschen immer schon anhaftet.[4] Die Darstellungsform des Unbewussten ist aber anders als jene des Bewusstseins. Sie kann noch nicht in logischen Schritten eine Sache umkreisen, von anderen Gegenständen abgrenzen und definieren. Der Weg und Erkenntnismodus des Unbewussten ist das Symbol. Darum geht menschheitsgeschichtlich wohl das unbewusste, symbolische Erfassen der Wirklichkeit ihrer bewusst gedanklichen Eroberung voran. Geistige Inhalte treten hier gegenständlich, wir könnten sagen, in »symbolischer Bekleidung« auf.

All die Symbole, mit denen die Menschen vergangener Zeiten in mythologischer Weise den Anfang zu erfassen suchten, sind heute noch lebendig wie zur Urzeit. Wir entdecken sie in Kunst und Religion, aber auch im lebendigen Traum und in der Phantasie des Einzelnen. Gemeinsame Bilder und Zeichen für bestimmte Inhalte sind bei vielen Völkern zu verschiedenen Zeiten zu entdecken. So taucht zum Beispiel fast überall in der Menschheitsgeschichte das Vollkommene als Kreis, Kugel und Mandala auf. Ich erinnere mich an einen Vortrag eines amerikanischen Indianerhäuptlings an der Universität in Zürich, der mich darauf hinwies. Er sagte, was sein Volk schon seit Urzeiten sah: Alles ist Kreis, die Sonne, der Mond, die Erde ..., alles ist Kreis!

## *Durch Rituale das Symbol erleben*

Bedenkenswerte Entdeckungen und auffallende Rituale in den verschiedensten Epochen der Menschheitsgeschichte lassen uns staunen über die innere Unruhe, die Menschen bewegt haben muss, nach dem »Inneren« des eigenen Selbst, nach dem, was sie trägt, zu suchen. Wie ein roter Faden zeigen sich ähnliche Bilder, ähnliche »Wege«, Symbole, Verhaltensweisen im Verlaufe der Menschheitsgeschichte, die auf diese von allen Menschen geteilte innere Unruhe schliessen lassen. Folgende Beispiele mögen genügen, um dies zu illustrieren und uns Fragen nach dem Sinn eines geheimnisvollen Handelns von Menschen weit zurückliegender Zeiten aufzugeben.

Ein erstes eindrückliches Beispiel für religiöse Riten, die eine mythische und auch mystische Lebensdeutung beinhalten, stellen wohl die steinzeitlichen Höhlen von Lascaux (bei Montignac in Südfrankreich, Höhle mit Felsmalereien, 1940 entdeckt), jene von Altamira (Höhle mit altsteinzeitlichen Malereien und Gravierungen bei Santillan del Mar, Spanien, 1879 entdeckt) und die von Les Trois Frères (bei Montesquieu-Avantès, Frankreich, 1916 entdeckte Höhle) dar. Das, was die Forscher dabei entdeckten, dürfte wohl mit dem Begriff einer symbolischen Raumbezogenheit zusammengefasst werden. Die Wissenschaftler nehmen an, dass die Höhlen für die Menschen aus der Zeit zwischen 30000 und 10000 v. Chr. von lebenswichtiger Bedeutung waren. Den damaligen Jägern der Nacheiszeit dienten sie als Kulträume. Die Wege in die uterale Tiefe der Erde waren beschwerlich, abenteuerlich und lang. Sie konnten nur in stundenlangem Kriechen und Klettern in tiefer Dunkelheit zurückgelegt werden. Seen mussten durchschwommen, Wasserfälle überwunden oder Wände in kühnen Rutschpartien gemeistert werden. Im innersten Bereich dieses labyrinthischen Weges erst wurde dann der heilige Ort erreicht, und dies unter ständiger Bedrohung des eigenen Lebens. Wir müssen uns fragen, was diese Menschen veranlasst haben kann, einen solchen Weg zu gehen, einen Ort aufzusuchen, an den sie scheinbar keine äußere Lebensnotwendigkeit band. Was mag sie derart angezogen haben? Welche menschlichen Bedürfnisse liegen im geistigen Hintergrund eines solchen Tuns? Die ungeheuren Strapazen, die diese Menschen auf sich nahmen, um zur »Mitte«, zu ihrer »Kultstätte« zu gelangen, die ihnen Leben, Kraft und Energie verlieh, gleichen gelegentlich jenen Mühen, die Menschen in ihren Lebens- und Sinnkrisen auf sich nehmen müssen, um zur »Mitte«, zum schon im Verborgenen vorhandenen Sinn zu gelangen. Unsere therapeutischen Alltagserfahrungen scheinen diesen Vergleich nahe zu legen.

Zweifellos, so wird angenommen, handelt es sich um einen rituellen oder symbolischen Weg in den Uterus der »Großen Mutter«, um eine Einkehr in die eigene Mitte, um wieder »neugeboren« zu werden. In seiner Grundbedeutung heißt Ritus ja Weg. Wir sprechen daher auch heute noch davon, dass man einen Ritus »be-geht«. Nach E. Neumann können wir annehmen, dass die eiszeitlichen Jäger, die in das Höhlenlabyrinth eindrangen, »von dem dunklen Inneren des Berges in eben dem Maße fasziniert und angezogen wurden, wie Menschen heute noch von dem dunklen Inneren ihrer Seele fasziniert und angezogen werden ... Der Frühmensch folgte diesem Weg ins Dunkel, indem er ihn ›außen in der Welt‹ ging ...«[5]

Dieser »Einstieg« oder diese »ungemütlichen Prozessionen« sind in ihrem inneren Kern wie alle Prozessionen bis heute symbolischer Natur, das heißt sie lassen mehr erleben als das, was sie äußerlich bezeichnen oder darstellen. Die äußeren Gestaltungen in der sichtbaren Welt entsprechen inneren Sehnsüchten und Bedürfnissen des Menschen. Sein rituelles Tun erfasst ihn. Durch sein äußeres, anstrengendes »Procedere« holt er die »heilige Mitte« in sein Bewusstsein. Diese lässt ihn deren Kraft spüren und macht ihn bereit für die »Rückkehr zur Oberfläche«, auf der er zu leben hat.

Daher kann das Ritual als »begangenes« Symbol gelten. Es ist eine Art gestalterisches, in den archaischen Kulturen getanztes Erleben des Raumes, das eben mit Leib, Seele und Geist vollzogen wird. Dem Tanz liegt, wie angenommen wird, eine archetypische Symbolstruktur zugrunde. Sie gestattet mit den Figuren des Kreises, der Spirale, des Labyrinths die unbewusst empfundene Daseinsthematik auch unbewusst zu bewältigen. In allen Religionen ist so der Ritus jener Weg, der den Menschen in die Erfahrung des Symbols, also in die allein durch das Symbol erschließbare Wirklichkeit führt, sie in Verbindung mit dem weder anders Begreif- noch Aussprechbaren bringt.

> »Darum sind Symbole die einzige Sprache, in der sich religiöse Wirklichkeit unmittelbar ausdrücken kann. Sie sind die authentische Sprache der Religionen selbst. Die Wissenschaften mögen die Religionen noch so exakt erforschen, sie machen sie zugleich auch zum Objekt und bringen somit lediglich ein Wissen über Religion zustande. Wenn aber die Religionen selbst sprechen, wenn sie artikulieren, was ihre innere Wahrheit ist, geschieht dies ausschliesslich in der Sprache des Symbols.«[6]

Diese Rückbindung des Lebens an eine das faktische Leben transzendierende Wirklichkeit lässt tragenden Sinn erleben. Diese transzendierende Wirklichkeit muss vorerst aber noch gar nicht als Transzendenz im religiösen Sinn verstanden werden. Sinn ist nach logotherapeutischer Auffassung immer schon etwas Transzendentales, nicht mit mir Identisches. Es wird draußen in der Welt entdeckt und hat seine Auswirkungen in meinem Inneren. In der Folge wird das Leben als verankert und lebenswert erfahren.

»Mythen, Märchen, Sagen und Legenden waren einmal der volkstümliche Erzählstoff, von keiner Instanz vermittelt, durch niemanden und nichts ›betreut‹. Zweifellos hätte zu keiner früheren Zeit jemand eine rationale Aufschlüsselung dieser Erzähltradition geben können. Man lebte in ihr vergleichbar jener vorbewussten Art, wie sich das Leben in der menschlichen Frühzeit in symbolischen Strukturen vollzog. Die Dämonentänze der Fastnacht (Faschings), die österlichen Lichterbräuche, das Ritual um Aussaat und Ernte ... wurden nicht von außen angeschaut, sondern waren noch der unmittelbare Ausdruck des eigenen Lebensgefühls. Da musste niemand etwas ›über‹ Symbole wissen. Der Lebenssinn des Volkes empfand symbolisch, artikulierte sich symbolisch, kommunizierte symbolisch. Mit dem Ende des ›gemeinen Volkes‹ ist auch dieser symbolische Kosmos dahingeschwunden. In gebildeten Kreisen hatte er schon längst vorher seine Grenze gefunden. Wahrscheinlich ist ihm letzten Endes der ionische Logos zum Verderben geworden, denn schon die vorsokratischen Denker hatten den symbolischen Sinn verloren und die ersten Attacken gegen den Mythos geritten. Xenophanes (570–480 v. Chr.) verstand bereits nicht mehr den Anthropomorphismus der Götter, und um 300 v. Chr. glaubte Euhemeros in einem frühen entmythologisierenden Kahlschlag, den historischen Ursprung aller Götter entdeckt zu haben. Über zweitausend Jahre blieb diese rationalistische Strömung eher unter der Oberfläche isoliert. Im 14. Jahrhundert aber kam sie hoch und fördert seitdem eine Intellektualisierung der Bildung, deren Preis der Verlust der Ganzheit des Lebens ist.«[7]

Durch die rasante Entwicklung der modernen Technik, Wissenschaft und folglich auch der modernen sozialen Lebensformen blieben zu wenig Zeit und Muße für die Erfahrung der Ganzheitlichkeit menschlichen Lebens.

»Inzwischen wissen wir, wie tief sich die Zerstörung eingefressen hat. Unsere Dörfer zeigen bereits von außen, dass der Sinn für gewachsene Formen wurzeltief abgestorben ist. Da ist der Sinn für den inwendigen Ausdruck ebenfalls verdorrt. Es wäre eine Untersuchung wert, ob Metaphern und Symbole, die das ›gemeine Volk‹ ehedem intuitiv verstand, heute noch ebenso allen Menschen zugänglich sind. Vermutlich ist hier unter dem Einfluss einer ›wissenschaftsorientierten‹ Schule und eines eindimensionalen Lebensbewusstseins die Sprachsklerose weit fortgeschritten.«[8]

Eine Gegenbewegung des Irrationalen und gelegentlich allzu Esoterischen mag Hinweis für notwendige Lebensbezüge sein, die für den »Do it yourself-Menschen«, für den exklusiv auf sich selbst zentrierten »homo faber« scheibar verloren gegangen sind.

In seinem Roman lässt Max Frisch diesen Menschen in der Wüste »abstürzen«. Wüste bedeutet dabei viel mehr als bloß geologische Beschaffenheit.

> »Unser Aufenthalt in der Wüste von Tamaulipas, Mexico, dauerte vier Tage und drei Nächte ... Ich bin Techniker und gewohnt, die Dinge zu sehen, wie sie sind. Ich sehe alles, wovon sie reden, sehr genau; ich bin ja nicht blind. Ich sehe den Mond über der Wüste von Tamaulipas – klarer als je, mag sein, aber eine errechenbare Masse, die um unseren Planeten kreist, eine Sache der Gravitation, interessant, aber wieso ein Erlebnis? Ich sehe die gezackten Felsen, schwarz vor dem Schein des Mondes; sie sehen aus, mag sein, wie die gezackten Rücken von urweltlichen Tieren, aber ich weiß: Es sind Felsen, Gestein, wahrscheinlich vulkanisch, das müsste man nachsehen und feststellen. Wozu soll ich mich fürchten? Es gibt keine urweltlichen Tiere mehr. Wozu sollte ich sie mir einbilden? Ich sehe auch keine versteinerten Engel, es tut mir Leid; auch keine Dämonen, ich sehe, was ich sehe: die üblichen Formen der Erosion, dazu meinen langen Schatten auf dem Sand, aber keine Gespenster ... Warum soll ich erleben, was gar nicht ist? Ich kann mich auch nicht entschließen, etwas wie die Ewigkeit zu hören; ich höre gar nichts, ausgenommen das Rieseln von Sand nach jedem Schritt. Ich schlottere, aber ich weiß: in sieben bis acht Stunden kommt wieder die Sonne. Ende der Welt, wieso? Ich kann mir keinen Unsinn einbilden, bloß um etwas zu erleben. Ich sehe den Sandhorizont, weißlich in der grünen Nacht, schätzungsweise zwanzig Meilen von hier, und ich sehe nicht ein, wieso dort, Richtung Tampico, das Jenseits beginnen soll. Ich kenne Tampico. Ich weigere mich, Angst zu haben aus bloßer Fantasie, beziehungsweise fantastisch zu werden aus bloßer Angst, gerade mystisch ... In eurer Gesellschaft könnte man sterben, sagte ich, man könnte sterben, ohne dass ihr es merkt, von Freundschaft keine Spur, sterben könnte man in eurer Gesellschaft! schrie ich, wozu denn (ich hörte mich selber schreien), wozu diese ganze Gesellschaft, wenn einer sterben könnte, ohne dass ihr es merkt – ich war betrunken ... «[9]

Ist da der Sinn für inwendigen Ausdruck abgestorben? Ist des Menschen wahnsinniger Höhenflug fantastisch geworden, trotz oder gerade wegen der Bauchlandung in der Wüste?

## *Über Umwege zur Mitte: das Labyrinth*

In diesem Zusammenhang gestatten Sie mir, etwas ganz Persönliches aus meiner Kindheit zu berichten. Es war für mich eine besonders fantastische und vielleicht gerade deswegen auch glückliche Welt und Zeit, die Welt und Zeit meiner Kindheit. Sie hat mich für spätere Zeiten sehr stark geprägt. Vielleicht hat mein heutiges Interesse an der symbolischen Raumbezogenheit der Menschen als Weg der persönlichen Sinnfindung und Sinnerfahrung dort ihre Wurzeln. Ich erinnere mich an meine Großmutter, die meisterhaft und eindrücklich Märchen und Sagen erzählen konnte, so meisterhaft, dass wir Kinder das Erzählte miterlebten. Oder dann übermittelte sie uns die Erzählungen in alten Melodien. Die gesungenen Geschichten waren nicht selten bis zu zwanzig und dreißig Strophen lang. Sie sang sie alle auswendig. Ihr Gedächnis war erstaunlich. Auch das damals auf dem Land noch gelebte Brauchtum war voller symbolischer Zeichen, die den Raum unserer Kindheit mit geheimnisvollem Sinn erfüllten. Leider hat sich dieser Raum heute auch in diesen Gegenden verändert. Die Rationalisierung und Intellektualisierung des Lebens stumpfte jene Sinnorgane etwas ab, durch die der Zugang zur Botschaft der Symbole gewährleistet wurde. So schreibt Hubertus:

> »Die Entwicklung einer immer farbloseren Verbalkultur führte zu bestechenden intellektuellen Leistungen, aber zu einer gleichzeitigen Abschwächung der symbolischen Erlebnisfähigkeit ... Das Christentum hat ohne zu wollen mit der Zerstörung des symbolischen Kosmos zuallererst die Grundlagen der Religion vernichtet, denn was immer in den symbolischen Gestaltungen der Religionen existiert, nichts davon ist willkürlich. Es findet Gegenstücke und seinen Wurzelbereich in der menschlichen Psyche. Mit der Zerschlagung der symbolischen Bilderwelt erfolgt darum auch immer eine Verkarstung der Seele, sodass die innere Unbehaustheit wächst. Was zunehmend in der Folge dem Intellekt und einer willentlichen Disziplin unterworfen wird, vermehrt auf die Dauer das innere Vakuum.«[10]

Geblieben sei uns der Traum, meint Halbfas. Er sei die dunkle Zone, in welche die strapazierte Seele nächtlich hinabsinke, um all die unerlösten »Erfahrungen« des kopflastigen Tages zu verarbeiten. Hier könne sogar der seiner selbst entfremdete Kopffüßler das symbolische Vermögen als seine ureigenste und allertiefste – wenngleich ignorierte – Seelensprache wiederfinden. »Unsere Träume belegen, dass wir in den Mythen und Ritualen, in den Märchen und Sagen der Welt gar nicht jener fremden abstrusen Sprache begegnen, wie die Zeitgenossen heute meinen, sondern dass es unser Seelengrund selbst ist, der hier spricht.«[11] Darum erlerne auch niemand eine Fremdsprache, der symbolische Botschaften wieder un-mittelbar zu verstehen suche, sondern er kehre aus der Selbstentfremdung in seine eigentliche Heimat zurück. Mit seinen Symbolen sei der Mensch, wie Halbfas schreibt, in eine Verschränkung von Vergangenheit und Zukunft gespannt.

Jedes wahre Symbol konfrontiert mit Sinn, lässt Zusammenhänge spüren. Die Gegenstände hören auf, nur das zu sein, was sie alltäglich sind: Ein Stein wird zum Symbol der Weltmitte, der Baum ist zugleich Weltenachse, Verbindung von Himmel und Erde. Der Betrachter eines Textes, eines Bildes oder des Symbols erkenne, so Hubertus Halbfas, dass seiner Vorlage eine Wirklichkeit entspricht, welche die Sinneserfahrung übersteigt. Er transzendiere alle empirischen Gegebenheiten und gelange zu einer gnadenhaften Einsicht. Das Symbol werde dann zum Medium zentraler Sinnerfahrung.

Das Hinabsteigen der Höhlenbewohner in die Höhlen glich einem Hinabsteigen in ein Labyrinth des Lebens. In vielen alten Kulturen ist daher immer wieder das Bild oder Symbol des Labyrinths zu finden. Erwähnt sei hier noch eine Illustration aus der Antike, das Labyrinth von Knossos auf Kreta. Das Labyrinth diente dem kretischen König Minos als Gefängnis für den Minotauros. Der Minotauros war ein Ungeheuer mit einem Stierkopf auf einem Menschenkörper. Dem siegreichen kretischen König Minos sollten auf Rat des Delphischen Orakels von der besiegten Stadt Athen alle neun Jahre sieben junge Männer und sieben junge Mädchen für den Minotauros zum Fraß geschickt werden. Theseus, der wegen seiner Schönheit und Stärke bekannt war, wurde so auch als Opfer ausgesucht. Andere Interpretationen sagen, Theseus habe sich freiwillig als einer der vierzehn Opfer gemeldet. Ariadne, des Minos Tochter, verliebte sich in Theseus. Da Ariadne wusste, dass Theseus, selbst wenn er den Minotauros töten könnte, niemals den Weg aus dem Labyrinth herausfände, gab sie dem Geliebten einen großen Fadenknäuel mit. Beim Einstieg ins Labyrinth sollte Theseus diesen Faden abwickeln, um so später den Weg aus der Höhle wieder zurückzufinden. Der Faden (bis heute der »rote Faden« genannt) der Liebe wies den Weg zurück, wohl auch wieder zu sich selbst, nachdem das Ungeheuer im »Innersten« überwunden worden war.

Was könnte Menschen mit dem Bild des Labyrinths verbunden haben, müssen wir uns fragen. Die Antwort könnte lauten: alle Mühseligkeiten beim Suchen eines Weges, alle Sackgassen und Irrwege des Lebens, alle hoffnungs- und Sinnlosigkeitsgefühle, die der Mensch überwinden muss, alle Herausfoderungen zur Entscheidung, das Ungewisse einer Zukunft. Labyrinthe engen ein, lassen resignative Gefühle aufkommen, lassen mich denken, alles sei aussichts- und sinnlos. Labyrinthe wurden daher oft auch als den mühevollen, zielgerichteten Lebensweg ins Zentrum, in eine Mitte, gedeutet. In diesem Zentrum erst sollte unser Weg zum Ziel, unsere Person zu ihrem Selbst kommen. Das Zentrum, die Sinnmitte, bleibt der Ort, wo jeder »Theseus« seinen »Minotauros« besiegt.

Nun schlage ich vor, wir machen miteinander eine kleine Selbsterfahrungsübung. Sie können dies beim Lesen des Textes tun. Auf der folgenden Darstellung sehen Sie ein Labyrinth.

Gehen Sie in Begleitung einer meditativen Musik mit einem Bleistift den Windungen dieses Labyrinths nach und beobachten Sie dabei Ihre Gefühle. Welche Assoziationen tauchen auf? Welche Schwierigkeiten zeigen sich? Kommt Ihnen der Weg langweilig vor? Welche Möglichkeiten bietet er? Was stellen die vielen Windungen für Sie im Leben dar? Was empfinden Sie, wenn Sie in der »Mitte« angekommen sind? Ist es schon klar, was diese Mitte für Sie darstellt?

Dieses hier verwendete Labyrinth ist bekannt als das Labyrinth von Chartres. In der Kathedrale, die am 24. Oktober 1260 eingeweiht wurde, finden wir es mitten im Kirchenschiff. Die Darstellung weist einen Durchmesser von 12,5 m und einen abschreitbaren Weg von 305 m auf. Vom Kircheneingang, der sich im Westen befindet (und daher »Tod« symbolisiert), betritt man das Labyrinth und geht in Richtung Osten (Symbol des Lebens) auf das Zentrum zu. Verglichen mit den keltischen Labyrinthdarstellungen, die jeweils nur sieben Umgänge aufweisen, hat das Labyrinth von Chartres elf Umgänge. In der christlichen Zahlensymbolik steht die Elf für Sünde, Übertretung, Maßlosigkeit und Unvollkommenheit. Das Labyrinth stellt so die konkrete zerbrechliche Welt des Menschen dar. Wir können, da sich dieses Labyrinth in einer christlichen Kirche befindet, auch dessen christliche Interpretation erkennen. Der alte sündige, fehlerhafte und schwache Mensch muss sterben, zu seiner »Mitte« gehen, um als neuer Mensch wiedergeboren zu werden. Mit dem »sündigen Menschen« ist wohl nicht jener gemeint, der gegen irgendwelche Gebote verstoßen hat, sondern jener, der sich selbst entfremdet. Es ist jener, der sich verloren hat, ohne Halt, Orientierung und Mitte lebt. Der Eindruck einer gotischen Kathedrale vermittelt das beschwingte Streben nach oben, das »Sursum corda« (»empor die Herzen«). Derjenige, der zu sich selbst kommt, der seine »Mitte« erreicht, wird seinen Blick nicht wie ein Bedrückter in den Boden bohren, sondern wie ein Befreiter nach oben, zum Lichtvollen, Erfreulichen richten.

Das Kreuz ist nicht ausschließlich ein christliches, sondern ein menschliches Sinnbild für Leiden und Sterben, für Gebrechlichkeit und Zerbrechlichkeit im Leben des Menschen. Jeder hat sein

Kreuz. Es ist über die Windungen gelegt und scheint das Ganze der Welt in vier überschaubare Quadranten zu gliedern. In der Mitte steht nicht mehr die »Sünde, Verlorenheit und Tod«, sondern, wie Chartres eindrücklich sagen will, die Liebestat der Erlösung, der »Herr des Kosmos«. Es stellt nach dieser Labyrinthdarstellung eine immerwährende Herausforderung dar und fordert zu Umdenken und Umkehr auf. 28 Umkehr- oder Entscheidungspunkte weist es auf. Immer wiederkehrende Entscheidungsmomente werden vor Augen geführt. Wenn der Mensch den Weg zu sich selbst beharrlich verfolgt, gelangt er zur Mitte. Diese wird zum Ort der letzten großen Umkehr und Veränderung, zur Möglichkeit für jene Erkenntnis, die einen Richtungswechsel ermöglicht. Wer herauskommen will, muss sich um 180° drehen, sich also größtmöglich von seiner Vergangenheit distanzieren und den Weg zurück als anderer Mensch wagen. Der Wiedergeborene wird wieder ausgestoßen und entlassen durch die engen Windungen des Labyrinths. Er ist wie der Klient, der aus der Therapie in die eigene Verantwortlichkeit entlassen wird. Die geburtssymbolische Bedeutung wird verstärkt durch die Form und Enge der Windungen des Weges. Über der zerbrechlichen Welt steht das Kreuz, die Grenz- und Leiderfahrung, und der Weg durch diese Welt wird zum Läuterungsweg. Der Weg aus dem Labyrinth wird als Erlösungs- und Genesungsweg verstanden.

Die Darstellung darf nicht zu eng und religiös-konfessionell gedeutet werden. Sie ist eigentlich auf alle Menschen unabhängig von ihrer Religions- oder Konfessionszugehörigkeit anwendbar. Nur steht je nach Kultur und Religion interpretativ eine andere Mitte für sie da. Logotherapeutisch gesehen ist es der Sinn oder dann schließlich auch der Übersinn, der mich bestärkt und verwandelt. Das Kreuz ist nicht einfach ein christliches Symbol. Es ist älter als das Christentum, und alle Menschen erleben und erfahren seine Last. Jede Not und jedes Problem gehören dazu und stellen eine Herausforderung zur Entscheidung dar. Jeder kann an seinem Kreuz zerbrechen oder daran wachsen.

Bei der Betrachtung und Interpretation dieses Labyrinths tauchen Assoziationen zum Einstieg der Höhlenbewohner in den großen Uterus und zur erwähnten Theseus-Sage aus der griechischen Mythologie auf. Wir fühlen die Herausforderung, in das Innere unseres Selbst einzusteigen, um das zu entdecken, was uns trägt und um uns als jene entdecken zu lassen, die wir wirklich sind. Diesen Einstieg können wir wohl nur wagen, wenn uns der »Faden der Ariadne« mitgegeben wird, die Liebe und der therapeutische Beistand anderer Menschen.

## Raumbezogen und sinnzentriert – konkrete Beispiele

Es ist empirisch nachgewiesen, dass menschliches Leben und Überleben entscheidend von der Sinnfindung oder vom Glauben an einen Sinn beeinflusst werden. Sinnfindung geschieht nach logotherapeutischer Auffassung in drei Wertverwirklichungsmöglichkeiten:

- in schöpferischen Werten,
- in Erlebniswerten und
- in Einstellungswerten

Was heißt das? Der Mensch *wirkt schöpferisch* in der Welt. Er ist nicht nur ein abreagierendes oder reagierendes, sondern ein in die Welt hinein agierendes Wesen. Er realisiert ein Werk, gibt sich einer Aufgabe oder einer Person hin. Er gestaltet seine Welt, mobilisiert und reaktiviert Zeichen, auch solche symbolischer Art, die ihn das Leben in dieser Welt *sinnvoll erleben* lassen. So erlebt und entdeckt er, was dahinter steckt, was verborgen vorliegt, das, was ihn sein lässt, was ihn beglückt und erfreut. Als geistiges Wesen nimmt er *Stellung zu den größten Herausforderungen des Lebens*, wagt aufzubrechen und einzusteigen in das Labyrinth seines Lebens, um sein Leben nicht als existenzielle Leere, als paradoxes Sein im Nichts und zum Nichts, sondern als Auferstehung zu erfahren.

Marie Luise Kaschnitz hat die Erfahrung, die aus einer solchen Einstellung zum Leben ermöglicht wird, in ihrem Gedicht »Auferstehung« gezeichnet:

*Manchmal stehen wir auf*
*Stehen wir zur Auferstehung auf*
*Mitten am Tage*
*Mit unserem lebendigen Haar*
*Mit unserer atmenden Haut.*

Auferstehung wird also nicht allein als künftiges, sondern täglich erlebbares Ereignis, mit Haut und Haar gesehen.

*Nur das Gewohnte ist um uns.*
*Keine Fata Morgana von Palmen*
*Mit weidenden Löwen*
*Und sanften Wölfen.*

Nichts Außergewöhnliches, keine Sensationen und Sinnestäuschungen werden geschehen. Nein, der begrenzte, erfahrbare Alltag, seine Welt, wie sie ist, zeigt sich vor unseren Augen.

*Die Weckuhren hören nicht auf zu ticken*
*Ihre Leuchtzeigen löschen nicht aus.*

Sie deuten an, dass unser Leben begrenzt ist, einmal hier zu Ende geht. Das ist eine unausweichliche Tatsache.

*Und dennoch leicht*
*Und dennoch unverwundbar*
*Geordnet in geheimnisvolle Ordnung*
*Vorweggenommen in ein Haus aus Licht.*

Obwohl die Weckuhren nicht aufhören zu ticken und die Leuchtzeiger, die uns an die Vergänglichkeit unseres Lebens erinnern, nicht verlöschen, ist es nicht hoffnungslos das Leben, sondern bleibt erträglich, und wir empfinden uns als unverwundbar, weil wir entdecken, wie wir zu einer geheimnisvollen Ordnung gehören, antizipatorisch etwas erleben, was noch auf uns zukommt, keine dunkle, trostlose Höhle, sondern ein Haus aus Licht, ein Ort, ein Raum, in dem wir sein können.

Jedes wahre Symbol und jede symbolische Raumgestaltung konfrontiert mit Sinn, behaupten wir. Ein Gegenstand, der Symbol geworden ist, tendiert dazu, uns über seine Grenzen hinaus mit dem Ganzen eins werden zu lassen. Die affektive, erlebnismäßige Bindung mit einem symbolischen Gegenstand schafft je nachdem ein Gefühl des Vertraut- und Geborgenseins. Viele soziale Schwierigkeiten und Neurosen sind im Grunde weiter nichts als die seelischen Auswirkungen einer negativen Raumerfahrung und dessen, was der Raum beinhaltet.

Jeder hat schon beobachtet, wie Kinder in ihren Zimmern besondere Nischen oder Unterschlupfmöglichkeiten konstruieren und sich da in die besondere Geborgenheit und Intimität zurückziehen; wie sie ihre Lieblingspuppen und -tiere in diesen Raum mit hereinnehmen und da den besonderen »Frieden« finden.

Bleibend und prägend sind für mich persönlich nochmals einige Erfahrungen aus meiner Kindheit. In den langen Frühlings- und Sommerferien musste oder durfte ich als kleiner Bub der dritten Klasse im Dorf meiner Großeltern die Schafe und später die Ziegen der Bauern hüten. Täglich ging ich bei jedem Wetter mit meinen 450–500 Schafen und meinem kleinen Hund auf die Weide. Neun- und zehnjährig war ich und hatte in dieser Umgebung besonders auch Heimweh, starke kindliche Bedürfnisse nach Nähe und Geborgenheit, nach der Zuneigung und Zärtlichkeit der Eltern. Nun war ich kleiner Knirps auf den verschiedensten gebirgigen Weideplätzen ausgeliefert, wie mir schien, einer weiten, bedrohlichen und beängstigenden Welt. Ich erlebte manches Unwetter mit fürchterlichem Blitzen und Donnern. Fragend, wie ich das alles durchstehen konnte, erinnere ich mich, an jedem Ort, an dem ich länger blieb, mir eine Hütte, manchmal gar mit zwei Zimmern, gebaut zu haben. Dazu benutzte ich Material, das es jeweils in der Umgebung gab: Steine, Holz und Äste. Es waren nach heutiger Perspektive wohl mehr kleine Unterschlupfnischen. Dann stellte ich mit Schnüren von Baum zu Baum Telefonverbindungen her, die natürlich nur in der Fantasie Kommunikation erlaubten. Ich telefonierte mit meinen Lieben. Natürlich musste ich die erwünschten Antworten auch gerade selber geben. Aber sie genügten. Die Hütten standen meistens auf einer Anhöhe, von der aus ich die Welt überblicken konnte. Und diese Welt war für die Erlebnisfähigkeit eines Kindes sehr weit. Ich war froh, einen flinken Hund zu haben, der schneller an den Wald- oder Bachrand hinlief als ich, um meine Schafe zu wenden. Wenn ich heute als Erwachsener durch diese Gegend wandere, kommt mir diese Welt zusammengeschrumpft und klein vor. Mit dem Bau meiner Hütten holte ich in meine Welt herein, was ich konkret vermisste: Geborgenheit, Schutz, Sicherheit und die zärtliche Wärme meines Elternhauses. Manchmal stand noch irgendein Gegenstand oder ein Bild da, das mir meine Großmutter mitgegeben hatte. Ich spürte, dass es mehr als nur ein Bild war. So gestaltete ich unwillkürlich und unbewusst meine Welt, meinen Raum. Diese Gestaltung ließ mich Sinn erleben, der mich »überleben« ließ. Diese meine Welt wurde erträglich. Als ich später ins Internat ging – ich war unterdessen 13 geworden –, gab mir meine Mutter ein, rein vom künstlerischen Standpunkt aus gesehen, kitschiges Bild mit der Darstellung eines Schutzengels mit. Der Engel stand hinter einem kleinen Bub, der sich an den äußersten Rand eines mächtigen Felsens vorgewagt hatte, um Edelweiß zu pflücken. Der kleine Junge glich jenem damaligen Hirtenjungen, der sich auf der Suche nach der schönsten Blume der Alpen gar oft in eben solche Gefahren begeben hatte. Das Bild ließ mich den Schutzengel in unmittelbarer Nähe spüren. Der »Schutzengel« nimmt im Verlaufe eines Lebens viele Gestalten an.

Robert Sommer fand in einer Untersuchung von Betagten im Altersheim, dass diese mit der Zeit ihre Territorien ausbildeten und dass jede Verletzung dieses Territoriums Verwirrung schaffte. Die Existenz von bevorzugten Stühlen und Plätzen bezeichnet Sommer als »typisches Bild« im institutionalisierten Heimleben.[12] Wie Sommer berichtet, konnte auch Lipman in Interviews mit dem Personal und den Bewohnern von 17 englischen Altersheimen feststellen, dass es ein gewohnheitsmäßiges Besetzen von ganz bestimmten Plätzen gibt. Über 90% jener Patienten, die regelmäßig im Wohnzimmer saßen, benützten täglich die gleichen Stühle, die immer am gleichen Platz stehen mussten. Neueintretende hatten Mühe, einen eigenen Platz zu finden. Eventuell ist dieses Verhalten eine Folge der Institutionalisierung. Das »Sich-

Bewegen« in einem Raum, mit dem man nicht vertraut ist, bringt Risiken mit sich. Diese Risiken fördern die Isolation oder das negative Gefühl der Leere, der Sinnlosigkeit oder gar ein Niemand mehr zu sein. Der »eigene Stuhl«, auch wenn er dem Haus gehörte, ließ erleben, dass man wieder seinen Platz gefunden hatte, von dem aus die Welt wieder überblickbar wurde. Die Aussage eines Mitarbeiters einer Gruppe, die die Fragen der Identifikation und des Verhaltens alter Menschen studierte, dürfte vielleicht auf die Bedeutung von symbolischen Ortsbezügen hinweisen. Er berichtete von seinen Erfahrungen mit der eigenen Großmutter, die zu Hause, also in einer Umgebung mit symbolgeladenen Gegenständen, ihren Haushalt allein bewältigen konnte, in einer fremden Umgebung jedoch gestützt und geführt werden musste.

Die Umwelt hat gelegentlich auch symbolischen Wert und lässt uns gelassen darin leben, weil sie uns den inneren Grund unseres Seins, den Sinn des Daseins erfahren lässt. »Was sind die uns abgemessenen sechzig oder siebzig Jahre in einem Kosmos, der seit sechs oder zehn Milliarden Jahren existiert«, fragt Josef Vital Kopp in einem seiner Bücher.

> »So überfallen den Menschen zunächst Gefühle der Verlorenheit und völliger Nutzlosigkeit. Die Angst verwandelt sich aber nach Teilhard de Chardin in Trost, sobald man den Sinn der Evolution erfasst: Das unendlich Große hat in Symmetrie mit dem unendlich Kleinen nur die Funktion, die mittlere Schicht zu ermöglichen, in der das Leben aufbauen kann und in der der Kosmos im Menschen zwar nicht quantitativ, aber qualitativ kulminiert. Ebenfalls bilden die Jahrmillionen und die Milliarden Lebensformen, die uns vorausgegangen sind, Grund zu Trost, wenn man weiß, dass dieser enorme Aufwand notwendig war, damit das große Wunder Mensch wie ein Pfeil daraus emporspringe und nun auf seiner eigenen geistigen Bahn weiterdringe.«[13]

Was die Umwelt für uns bedeutet, ist nicht immer gleich. Ein Thron ist nicht ein Stuhl, obwohl auf beiden Objekten gesessen wird. Gewisse Fixpunkte helfen, uns zu orientieren, den Weg im Gelände zu finden. Objekte werden zu einem Bezugssystem mit entsprechender Bedeutung und Qualität, die uns mit einem gewissen Identitätsgefühl versorgen, das hilft, uns in der konkreten Gesellschaft zu orientieren und wohl zu fühlen.

In unserer Zeit sind Millionen von Menschen unterwegs. Sie wandern von Raum zu Raum. Die wirtschaftliche Entwicklung fördert diese Mobilität. Andere haben Hunger und Krieg zu Flüchtlingen im fremden Lande gemacht. Um sich nicht ganz so verloren zu fühlen in der Fremde, haben sie ihren Gott oder ihre Götter, ihre kulturellen Bilder und Gegenstände mit sich genommen. Durch die Symbole, die diese Götter darstellen, werden Bedeutungszusammenhänge geschaffen, die die Fremdheit verbannen und an ihre Stelle entlastende und emotionell positive Ordnungen setzen.

Vor vielen Jahren, während meiner Studienzeit in New York, war ich Mitglied des dortigen rätoromanischen Clubs. Wir trafen uns einmal im Monat im Swiss Inn. Die gemeinsame Muttersprache verband uns wie eine Familie. Eine Begebenheit aus dieser Zeit bleibt mir im Zusammenhang der hier behandelten Thematik unvergesslich. Wir saßen an einem Abend zusammen, als ein junger Mann das Lokal betrat und ganz verdutzt und erstaunt an unseren Tisch trat, weil er uns rätoromanisch reden hörte. Er war ein junger Künstler und Weltenbummler, der, soeben in New York angekommen, zufällig dieses Lokal betreten hatte. Doch sofort war die Verbindung da. Er wurde eingeladen, sich mit uns an den Tisch zu setzen und mit uns zu essen. Wir sprachen die gleiche Sprache und erlebten im Klang der Sprache den gleichen Hintergrund, den vertrauten Raum, der uns sein lässt. Das In-der-Fremde-Sein war überwunden.

Ähnlich strukturieren auch Kinder, wie schon erwähnt, ihre Welt mit »Wertsachen« und eigener Symbolik, um sich darin zu Hause zu fühlen. Eltern und Pädagogen müssten beachten, dass das ständige Aufräumenmüssen des unordentlich aussehenden Kinderzimmers für die Kinder häufig nicht Wiederherstellung einer Ordnung bedeutet, sondern eher Zerstörung strukturierter, das heißt geordneter Sinnzusammenhänge von symbolträchtigen Dingen.

Mit einem Beispiel aus Hans Paul Bahrdts Arbeit, das auf die Wichtigkeit von selbst geschaffenen Bedeutungszusammenhängen im Rahmen einer Kinder-Teilkultur hinweist, möchte ich schließen.

»Der Umzug von L. nach H. bedeutete für unsere drei Kinder (damals im Alter zwischen acht und drei Jahren) eine starke Verbesserung ihrer Wohnsitutation. Statt eines mäßig großen Zimmers konnten sie jetzt zwei Räume bewohnen, von denen einer ungewöhnlich groß war. Doch bedeutete der Umzug in eine neue Stadt eine bruchartige und trotz aller neugierigen Erwartung schwer zu bewältigende Umstellung, vor allem Verlust an freundschaftlichem Kontakt mit Nachbarkindern. Wenige Tage nach dem Einzug in die neue Wohnung hatte sich jedes Kind in einer anderen Zimmerecke ein so genanntes ›Geheimnis‹ gebaut, eine kleine Höhle aus zusammengerückten Möbeln, über die Decken gelegt waren. In diese Höhlen wurden einige Lieblingsspielzeuge gebracht, gerade so, als ob es kultische Gegenstände wären. Mehrere Tage hockten sie für Stunden untätig in diesen Behausungen. Niemand durfte die ›Geheimnisse‹ betreten oder zerstören. Sie erklärten jedoch, dass, wenn jemand aus L. zu Besuch käme, sie ihm ihre ›Geheimnisse‹ zeigen würden. Das Spiel dauerte mehrere Wochen. Die Etablierung des ›Geheimnisses‹ war eine kreative Leistung, mit der die Kinder eine ›Fluchtburg‹ bzw. einen geschützten ›Brückenkopf‹ in einer noch fremdartigen Umwelt schafften, deren Erschließung nicht von heute auf morgen geleistet werden konnte.«[14]

Dr. phil. Giosch Albrecht ist Präsident der *Schweizerischen Gesellschaft für Logotherapie und Existenzanalyse* und wissenschaftlicher Leiter des *Ausbildungsinstituts für Logotherapie und Existenzanalyse* in Chur (Schweiz).

Anschrift:
Bidemstraße 34
CH-7310 Bad Ragaz

HELMUT PATZER-UEHLI

# *Was wäre wenn ... – Die logotherapeutische Selbsterfahrung*

Bereits während meiner zwölfjährigen Heimerziehertätigkeit versuchte ich ganzheitliche, humanistische, pädagogische Arbeit zu leisten. Mit diesen Ansichten schwamm ich seinerzeit gegen den Strom, vor allem bei meinen Mitarbeiterinnen und Mitarbeitern. Dem Erfolg wurde mit Neid oder Misstrauen begegnet. Diese Tatsache ließ in mir einen wichtigen Entschluss reifen, mich nämlich aus der Heimerziehung zu verabschieden.

So versuchte ich als Stellenleiter eines öffentlich-rechtlichen Vereins in einem Einmannbetrieb, mich in die Drogen- und Alkoholberatung einzuarbeiten. Mein Hauptziel war, die Primär-Prophylaxe vor allem in Schulen und in Freizeitangeboten anzubieten. In der Literatur fand ich keine auf unsere ländliche Gegend zugeschnittene und für mich brauchbaren Unterlagen. Um nicht alles alleine entwickeln zu müssen, sah ich nur den Weg über die von mir ins Leben gerufenen Selbsthilfegruppen.

Diese von mir freiwillig geleistete Arbeit wurde von meinen Vorgesetzten und den zuständigen Behörden nicht geschätzt, da sie hierauf keinen Einfluss nehmen konnten. Als dann der Druck zu stark wurde, kündigte ich nach sechs Jahren die Stelle und begann 1984 den Weg in die Selbstständigkeit.

Als Erstes erstellte ich eine 50-seitige Informationsbroschüre zu Jugend- und Suchtproblemen, ein paar offene Worte mehr als üblich. Diese kam vor allem beim damaligen Schulpräsidenten so gut an, dass die Broschüre an über 200 Lehrerinnen und Lehrer verteilt wurde.

In dieser selbst gewählten Freiheit blühte ich nun so richtig auf, vor allem mit der Gründung und Begleitung dieser Selbsthilfegruppen konnte ich meine idealistischen und mitmenschlichen Vorstellungen verwirklichen.

## Der Einstieg in die logotherapeutische Beratung

Ein vom Fachverband Sucht e.V. ausgeschriebener Kongress in Karlsruhe veranlasste mich, 1985 mit einigen Gruppenmitgliedern daran teilzunehmen. Zum Thema »Sucht und Sinn« bestritt unter vielen anderen Referenten auch Frau Dr. Elisabeth Lukas ein Seminar. Sie stellte verschiedene logotherapeutische Methoden von Prof. Dr.med. Viktor E. Frankl vor. Wir waren von ihren Ausführungen hell begeistert, da aus unserer Sichtweise Frau Dr. Lukas unsere bisherige Arbeitsweise bestätigte und dieser sogar noch einen Namen geschenkt hatte.

Bis dahin hatten wir noch nie etwas von Logotherapie gehört, geschweige denn gelesen.

Dies war nun der Beginn meiner bewussten Auseinandersetzung mit dem franklschen Gedankengut.

1987 beantragte ich in Fürstenfeldbruck die Aufnahmekriterien für eine dreijährige Zusatzausbildung. Mit der positiven Rückmeldung im Gepäck begann nun meine therapeutische Ausbildung. Nach zwei Jahren theoretischen Schaffens und dem einjährigen Supervisionsjahr wurde 1990 das vierte Ausbildungsjahr geboren und sogleich angeboten.

## Die logotherapeutische Selbsterfahrung

In diesem vierten Ausbildungsjahr 1990/1991 bei Dr. Elisabeth Lukas waren wir mit sieben Teilnehmern/innen die Ersten, die sich mit der Erfahrung der eigenen Personalität auseinander setzten.

Jedes Mal am Anfang unserer Gespräche hörten wir meditative Musik von Dr.phil. Otto Zsok, die uns hervorragend geholfen hat, uns zu sammeln und auf das zu besprechende Thema einzulassen. Diese speziell von »Otto« ausgesuchten Musikstücke stammten von Wolfgang Amadeus Mozart.

Was an Anforderungen auf uns zukam, erfuhren wir über das elfseitige, schriftliche Konzept von Frau Dr. Lukas, das uns zusammen mit den Unterlagen zur Anmeldung zugeschickt wurde:

»Zur Erfahrung der eigenen Personalität – Selbsterfahrung auf andere Weise.«

Dieses ist aber nicht das einzige, logotherapeutische Erbe, welches sie einmal der nächsten Generation hinterlässt. Eine Anleitung zur Erstellung dieser logotherapeutisch geführten Autobiografie erschien auch 1991 in ihrem Buch »Spannendes Leben«.

Eine wichtige logotherapeutische Fragestellung entdeckte ich dort für meine Arbeit: »was wäre gewesen, wenn ...«, die für meine neu zu gestaltende therapeutische Aufgabe einmal sehr hilfreich sein könnte.

Neu war für mich auch dieses Zitat von Viktor E. Frankl: »Zum Wesen des Menschen gehört das Hingeordnet- und Ausgerichtet-Sein, sei es auf etwas, sei es auf jemand, sei es auf ein Werk oder auf einen Menschen, auf eine Idee oder auf eine Person. Doch nur in dem Maße, in dem der Mensch geistig bei etwas oder bei jemandem ist, nur in der Hingabe solchen Beiseins ist der Mensch bei sich.«

## *Die erste praktische Vorübung*

- Jeder Teilnehmer berichtet etwa zehn Minuten lang über ein beliebiges Ereignis, das innerhalb der letzten 12 Monate in seinem Leben stattgefunden hat.
- Jeder macht sich bewusst, dass die Auswahl des von ihm Erzählten etwas verdeutlicht, was mit einem Wert zu tun hat, sei es mit einer Wertverwirklichung, einem Werterleben, sei es mit der Bedrohung eines Wertes oder einem erlittenen Wertverlust.
- Jeder wendet die »Was-wäre-wenn-Technik« an und fragt sich: »Wenn dieses Ereignis nicht stattgefunden hätte oder wenn es anders verlaufen wäre, was wäre dann gewesen? Jeder sucht nach möglichen Konsequenzen.«

Auf weitere Details möchte ich nun verzichten, da es den Rahmen meines Titels sprengen würde.

## *Der Aufbau der logotherapeutisch geführten Autobiografie*

Er besteht aus meiner Sicht aus drei Hauptteilen:

1. Der Rückblick
   - meine Eltern
   - meine Vorschulzeit
   - meine Schulzeit
   - meine Erwachsenenzeit bis heute

2. Meine gegenwärtige Situation
   - das Leben im »Hier und Jetzt« mit seinem aktuellen Sinnanruf

3. Der Ausblick
   - meine nähere Zukunft
   - meine fernere Zukunft
   - mein Sterben
   - meine Spuren in dieser Welt

Aus der Gliederung geht hervor, dass von der gegenwärtigen Situation aus gleichermaßen ein Rückblick und ein Ausblick versucht wird. Die Sichtweise ist selbstverständlich immer die gegenwärtige, denn eine andere haben wir nicht zur Verfügung.

Eine kleine Richtlinie jedoch soll Berücksichtigung finden, was die Beziehung zu unseren Mitmenschen betrifft. Der Aspekt: »Was hat eine bestimmte Person für mich getan?«, wäre für sich genommen einseitig, würde er nicht ergänzt durch den Aspekt: »Was habe ich für diese bestimmte Person getan?«

Das Empfangene, das wir auf die Waagschale offen legen, verlangt ebenfalls die Offenlegung des Gegebenen. Wer davor zurückscheut, würde sich um die Bewusstmachung seiner »Verantwortlichkeit« betrügen.

## *Die ganzheitliche Auseinandersetzung mit der logotherapeutisch geführten Autobiografie*

Die Zuwendung zu den neun Lebensabschnitten erfolgt auf drei Schienen: emotional, kognitiv und geistig. Es werden daher jedem der neun Kapitel drei Fragen gegenübergestellt:

- Was fühle ich dazu?
- Was denke ich darüber?
- Wie setze ich mich damit auseinander?

Zu dieser Fragestellung musste ich nun auch Antworten geben. Denn menschliches »Dasein« hat allemal Antwortcharakter, wie wir es von Viktor E. Frankl gelernt haben.

## *Zu meiner Person ein kurzer Lebensabschnitt zum Thema: »Meine Eltern«*

Während des 2. Weltkrieges wurde ich in der noch freien Hansestadt Danzig von einem preußischen Soldaten und einer 17-jährigen Bauerntochter gezeugt. Da die junge Mutter dieses unerwünschte Kind nicht behalten wollte, kam ich in ein Waisenhaus. Mit drei Monaten wurde ich dank einer liebevollen Kinderschwester an ein befreundetes Ehepaar vermittelt, welche keine eigenen Kinder bekommen konnte Diese Kinderschwester wurde auch meine Patentante. Von diesem Ehepaar wurde ich nun amtlich beglaubigt adoptiert und die Mutter flüchtete mit mir 1945 aus der brennenden Stadt Danzig auf einem kleinen Fischerboot nach Dänemark, wo wir während eines Jahres in einem Flüchtlingslager untergebracht waren.

Nach diesem Jahr fand der Vater, als Verwundeter vom Russlandfeldzug zurückgekehrt, dank des Internationalen Roten Kreuzes die Adresse der Mutter. Von den elf Geschwistern mütterlicherseits fanden sich nach Ende des Krieges lediglich zwei wieder. Von den sechs Geschwistern des Vaters überlebte er als Einziger. So begannen wir zu Viert und mit einem Kriegskameraden des Vaters 1946 eine neue Existenz in Bad Bevensen in der Lüneburger Heide, damals englische Besatzungszone. Hier verbrachte ich auch meine Schulzeit.

Mit 14 Jahren wollte ich unbedingt den Beruf meines Vaters erlernen, den Gärtnerberuf. Doch der Lehrbetrieb war 50 Kilometer von zu Hause entfernt und so musste ich dorthin in Kost und Logis gehen. Alle vier Wochen durfte ich dann mit dem Velo (Fahrrad) übers Wochenende nach Hause fahren. Als Lohn verdiente ich DM 10,– pro Monat.

Doch bevor ich diesen Schritt in die Selbstständigkeit wagte, wurde ich erst noch aufgeklärt. Jetzt erfuhr ich erstmals, dass meine Eltern gar nicht meine leiblichen Eltern waren, wie ich bis dahin geglaubt hatte. Dieses Ereignis hat mich emotional zutiefst bewegt. Von diesem Moment an kamen erstmals bewusste Gefühle von Dankbarkeit, Liebe und Hoffnung auf, die Ehrfurcht vor dem Leben und der eigenen Gestaltung des Lebens für die Zukunft. Zu diesem Zeitpunkt reifte in mir auch ein Bewusstsein, dass es über uns Menschen doch eine Instanz geben muss, die höher ist, als alles Menschliche, und in jedem Lebewesen wohnt auch ein göttlicher Funke, den es zu achten und zu respektieren gilt.

Viktor E. Frankl stuft uns Menschen etwas höher ein als die anderen Lebewesen. Als Menschen verfügen wir über eine geistige Fähigkeit, uns für oder gegen etwas frei zu entscheiden, Ja oder Nein sagen zu können, in einem Leid oder Schicksalsschlag noch dank dieses göttlich Geistigen einen Sinn zu entdecken, welcher jedem Menschen innewohnt.

Mit dieser neuen Lebenserfahrung begann ich nun gestärkt meine Gärtnerlehre. Nach dem erfolgreichen Abschluss fragte mich einmal die Patentante, ob ich Interesse hätte, meine leiblichen Eltern kennen lernen zu wollen. Sie wüsste, wo diese sich im Westen niedergelassen hatten. Ich lehnte diesen Vorschlag kategorisch ab. Für mich existierten keine solchen Personen, denn ich hatte ja jetzt erst mit 14 Jahren meine »Eltern« erst so richtig lieb gewonnen.

Während meiner Niederschrift der Autobiografie musste die von mir »abgeschlossene Türe« noch einmal geöffnet werden. Je mehr ich nun schrieb, desto mehr fiel mir dazu ein, und zufällig entdeckte ich auch schriftliche Dokumente in einem Ordner, den der Vater angelegt hatte und alles bisher Geschriebene bestätigte.

Und plötzlich merkte ich, mit welcher Selbstverständlichkeit ich über »meine Eltern« geschrieben hatte, nur Gutes und Liebes stand über sie auf dem Papier.

Nun im Rückblick im Hier und Jetzt erkannte ich, dass sie für mich die besten Eltern gewesen waren, die ich mir vorstellen konnte und dass sie es im Grunde schon immer waren.

Was ich völlig vergessen, ja überhaupt mit keinem Gedanken gedacht hatte, war die Existenz meiner leiblichen Mutter und meines Zeugungsvaters. Erst mithilfe der Gruppe und Frau Dr. Lukas gelangte mir ins Bewusstsein, dass es auch noch eine Dankbarkeit gibt, diesen Menschen gegenüber, denen ich ja mein »Dasein«, mein Hier in der Welt verdanke.

Ich war erstaunt, wozu doch solch eine geistige Auseinandersetzung mit dem aktiven Leben auch nach so vielen Jahren interessant und gut sein kann. Ich komme seit dieser Zeit nicht mehr aus dem Staunen heraus: Die Ehrfurcht vor dem Leben, ein alter, ethischer Wert, den ich dank meiner logotherapeutischen Selbsterfahrung heute nun bewusst vor mir sehe und auch in meine berufliche Tätigkeit einfließen lasse. Auch die logotherapeutische Gesprächsführung erwies sich als eine erfolgreiche Methode, vor allem die humanistische Art und Weise war für mich so angenehm.

In ähnlicher Weise führte mich die persönliche Entdeckungsreise durch alle weiteren acht Themenbereiche der logotherapeutischen Selbsterfahrung.

## *Aus der Beratungsarbeit: Allein gelassen?*

Sophie (Name geändert) ein neunjähriges Mädchen, Einzelkind einer frisch geschiedenen Ehe, ist in der Schule so auffällig geworden, dass die Mutter mit mir Kontakt aufnahm. In der Schule beklagten sich die Lehrer, dass Sophie in letzter Zeit so unkonzentriert ist und im Grunde auch keine besonderen Kontakte zu Gleichaltrigen hat, sie sondere sich richtiggehend ab.

In einem logotherapeutischen Einzelgespräch erzählte Sophie ihre Sorgen, die sie so stark beschäftigten:

Ihre Mutter hatte bald nach der Scheidung eine neue Beziehung zu einem älteren Mann aufgenommen, um nicht so alleine zu sein. Zu diesem neuen Lebenspartner ihrer Mutter konnte Sophie keinen vertrauensbildenden Zugang finden. Er war ihr so unsympathisch, wie sie sich ausdrückte. Nach einer längeren Verschnaufpause gestand sie, dass ihre Mutter sehr oft am Abend zu alkoholischen Getränken griff, wo sie, Sophie, eigentlich etwas an Zuwendung von ihrer Mutter erwartet hätte.

In einem gemeinsamen Gespräch mit Mutter und Tochter versuchte ich anhand einer orientalischen Geschichte ihnen bewusst zu machen, wie lebenswichtig regelmäßige Gespräche über die beidseitigen Probleme sind, also ein offener Meinungsaustausch notwendig ist, aber auch die psychische Befindlichkeit ihrer Gefühle und die körperliche Nähe in einer gleichwertigen Beziehung gepflegt werden sollte.

Als ein weiteres Ziel besprachen wir dann den sozialpädagogischen Gesichtspunkt, also die Verbesserung der Beziehungen zu ihren Mitschülerinnen und Mitschülern und auch zu den Lehrpersonen.

In einem Abstand von 14 Tagen, auf Wunsch gemeinsam oder einzeln, trafen wir uns regelmäßig während eines halben Jahres bei mir in der Praxis oder bei beiden zu Hause. Sophie und ihre Mutter hatten nun wieder zu einer gewissen Lebensfreude zurückgefunden und ihre Beziehung hatte wieder einen Lebenssinn erhalten.

Eine frühzeitige Konfrontation und Auseinandersetzung der persönlichen Alltagsprobleme mit dem Logos im Hier und Jetzt, könnte auch für andere Menschen ein gangbarer Weg sein.

Helmut Patzer-Uehli, Gärtnerlehre in Topfpflanzen, Gemüsebau, Floristik und Landschaftsgestaltung in der Lüneburger Heide; Gesellen-Wanderjahre in Deutschland und der Schweiz; Gärtner-Meisterbrief; Sozialpädagoge; Gruppenerzieher in Erziehungsheimen in Deutschland und der Schweiz; Stellenleiter der Drogen- und Alkoholberatungsstelle der Bezirke Kreuzlingen und Steckborn, Schweiz; Logotherapeut, Zusatzausbildung nach Prof. Dr. med. Viktor E. Frankl, Wien bei Dr. phil. Elisabeth

Lukas, Fürstenfeldbruck; Fort- und Weiterbildung in Positiver Psychotherapie und Positiver Familientherapie; Aus- und Weiterbildung in der Lüscher-Farben-Diagnostik bei Prof. Dr. med. Max Lüscher in der Aeskulap Klinik, Brunnen-Luzern; freischaffend in der Sozial-Therapeutischen Beratungspraxis für Singles und Partnerschaftsfragen, Bottighofen, Schweiz.

Anschrift:
Pünt 19, Postfach 81
CH-8598 Bottighofen
Tel./Fax: 0041/71/688 76 40

# Säen und Ernten

Das vierte Ausbildungsjahr und der Abschluss meiner Autobiografie waren für mich bis heute die wichtigste Lebenserfahrung. Und zugute kommt mir immer wieder mein Erstberuf als Gärtner. Die Samen, welche Frau Dr. Lukas so liebevoll ausgestreut hat, sind bei mir auf einen gut vorbereiteten Boden gefallen. Diese Früchte kann ich nun ernten, fruchtig und saftig. In meiner beratenden und therapeutischen Arbeit fließen diese Erfahrungen immer wieder neu ein und sind zu Einstellungswerten herangereift.

Ich möchte mich hiermit bei meiner vorbildlichen Lehrerin ganz herzlich für die fachliche Begleitung bedanken und wünsche ihr zu ihrem 60. Geburtstag alles Gute, weiterhin so erfolgreiche Schaffenskraft und Gottes Segen.

Ihre besondere Beziehung zu ihren Schülerinnen und Schülern lag und liegt ihr besonders am Herzen. In ihnen sieht sie diese als Fackelträger für eine logotherapeutische Zukunft, welche mit Mut und Demut, mit Wissen und Weisheit das Humanissimum im Menschen verteidigen sollen, wo immer dieses gefährdet ist.

In Dankbarkeit
Helmut Patzer-Uehli

WOLFGANG BÜHLING

# *Stufen (m)einer Annäherung an die Logotherapie*

Zum Anlass des 60. Geburtstags von Frau Dr. E. Lukas besinne ich mich in einem dankbaren Rückblick auf die Stufen meiner Begegnungen mit der Logotherapie und deren Vermittler.

Eine erste Begegnung mit Prof. V.E. Frankl, damals Vorstand der Neurologischen Poliklinik der Medizinischen Fakultät an der Universität Wien, bescherte mir ein von meinem Vater gewährtes »Kultur-Semester« in Wien im Rahmen meines Medizinstudiums im Wintersemester 1961/62. Wenn es damals auch hauptsächlich um Diagnose und Differenzialdiagnose von neurologischen Krankheitsbildern ging, beeindruckten mich Gedankenschärfe, Witz wie auch Herzenswärme im Umgang mit den vorgestellten Patienten. Logotherapeutisch eingefärbte Weisheiten und Zusammenhänge – nicht eigentlich Thema dieser klinischen Vorlesung – leuchteten lediglich dann und wann aus dem Hintergrund reicher Sach- und erlittener Lebenserfahrungen hervor und gaben seinen Ausführungen eigene Farbe. Gelegentliche abendliche Fachvorträge zur Logotherapie bestärkten mich in meinem Berufsziel, eine seelenheilkundliche Fachrichtung anzustreben.

Eine weitere – auch persönliche – Begegnung mit Prof. Frankl im Sommer 1983 beim Besuch des Weltkongresses für Logotherapie in Regensburg ließen mich in der Wahrnehmung meiner Zweifel an Wirksamkeit und wirklicher Hilfe einer tiefenpsychologisch orientierten Therapie sicherer werden. Ich war inzwischen seit etlichen Jahren als Nervenarzt und tiefenpsychologisch (analytisch) ausgebildeter Psychotherapeut an einer Fachklinik angestellt. Auch wurden mir Unvereinbarkeiten zwischen dem Menschenbild Freuds und den Grundannahmen der bis heute gelehrten Tiefenpsychologie auf der einen und dem christlichen Welt- und

Menschenbild auf der anderen Seite deutlich. Dieser Widerspruch trat insbesondere bei analytisch vorbehandelten gläubigen Patienten zu Tage, zumal in einer Klinik, die sich eben diesem Hintergrund verpflichtet sah.

So fasste ich damals den Entschluss, meine fachliche Ausbildung zu komplettieren, ja, neu zu fundieren. Bis zur Verwirklichung sollte es nun noch einige Jahre dauern. Erst dann ließen sich die äußeren Schwierigkeiten einer Ausbildung in Wochenendblöcken, fernab vom Arbeits- und Wohnort klinikintern überwinden. Hilfreich dabei war – nicht zuletzt – die Einführung der schnellen ICE-Zugverbindungen bei den jeweiligen Anfahrten über Frankfurt am Main und München nach Fürstenfeldbruck.

In meinem ersten Semester der Zusatzausbildung machte Prof. Kurz die Grundlagen der Logotherapie, ihre geistigen Wurzeln wie ihr Umfeld, ihre Prägung durch Prof. Frankls Biografie deutlich – in anschaulicher Sprache und in glasklarer Didaktik. Ebenso vermittelte er Hinweise zu Möglichkeiten und Grenzen der Logotherapie. In den übrigen Semestern und der anschließenden geführten Biografie in rückblickender Selbsterfahrung kam es nun zu einer längeren Begleitung von Frau Dr. Lukas. Meine Erinnerung an diese und andere Begegnungen ruft nicht nur die Dankbarkeit für die lebendig-glaubwürdige Vermittlung logotherapeutischen Gedankengutes und logotherapeutischer Haltung vor reichhaltigem Erfahrungshintergrund in Therapie und Praxis wach, sie beinhaltet auch die mütterliche Bestärkung und Förderung eigener Gedanken und Ansätze auf dem Wege zum bewussten Einsatz der Logotherapie.

Nach wie vor halte ich einige tiefenpsychologische Theorie-Ansätze zur Klärung unbewusster Verhaltensweisen – individuell wie kollektiv mit ihrer sozio-kulturellen Prägekraft – für geeignet und damit – mittelbar – für hilfreich. Selten aber habe ich echte und bleibende Hilfe allein aus einer tiefenpsychologisch orientierten oder gar klassisch-analytischen Behandlung erwachsen sehen. Weit häufiger habe ich iatrogene Schäden bei so behandelten Patienten erlebt. Dies gilt besonders bei Patienten nach jahrelanger oder gar mehrfacher analytischer Einzel- wie auch Gruppentherapie.

Für Angst- und Zwangsstörungen erscheint nach meiner Beobachtung ein tiefenpsychologisch-analytischer Ansatz geradezu kontraindiziert, für andere, beispielsweise sexuelle Störungen, meist wirkungslos. Hier scheinen verhaltenstherapeutische Ansätze und darüber hinausführend die Logotherapie weit hilfreicher zu sein.

Vor dem Hintergrund der Erfahrung mit beiden Therapieansätzen, dem tiefenpsychologischen und dem logotherapeutischen, habe ich einige Kritikpunkte gegenüber einer tiefenpsychologisch zentrierten Behandlung formuliert, dazu – jeweils mit schwerpunktveränderndem Akzent logotherapeutisch orientierte Alternativ-Vorschläge – der besseren Einprägsamkeit wegen stichwortartig, thesenhaft:

## Fünf Einwände gegen eine vorwiegend tiefenpsychologisch zentrierte Behandlung

(»Von der Tiefenpsychologie zur Höhenpsychologie«, wie einer der zahlreichen Buchtitel von Frau Dr. Lukas heißt.)

Unsere Patienten – zumal die jüngeren – leiden heute vorwiegend unter den Folgen einer inneren Orientierungslosigkeit, Haltschwäche, materiellen Verwöhnung bei gleichzeitiger Sinn- und Hoffnungsleere, weit weniger unter tiefenpsychologisch angehbaren Konflikten. Folgende Auswirkungen – zumindest Gefahren – einer vorwiegend tiefenpsychologisch (analytisch) ausgerichteten Therapie liegen nahe und habe ich immer wieder beobachtet:

## *1. Die Übergewichtung der Vergangenheit*

Die Fixierung des Blicks zurück, die allzu ausführliche (Re-) Konstruktion der vermeintlich oder wirklich krankheitsverursachenden Vergangenheit, oft im Dienst einer Sündenbock-Suche (Eltern, andere schwierige Bezugspersonen, »Gesellschaft«) auf Kosten der Selbstverantwortung sowie mit der (unbeabsichtigten) Folge einer Festschreibung des krankhaften Verhaltens.

Logotherapeutisch orientierter Alternativ-Vorschlag: Mehr Schwerpunkt und Hinweis auf Ziele, (Rest-)Möglichkeiten, verwertbare Erfahrungen, zukünftige Möglichkeiten, Richtlinien, gezielte Vorsatzbildung!

## *2. Die zwangsläufige Egozentrierung*

Alternativ-Vorschlag: Eine Begleitung auf dem Weg weg vom Ego, hin zu einem gemeinsam verpflichtenden »Überwert«; Relativierung von Augenblicksgefühlen und jeweiliger Befindlichkeit; mehr Hingabe (auch Leidensfähigkeit und -bereitschaft) an Lebensziele, Personen, statt Fixierung auf das Selbst. – »Für was (wen) lohnt es sich zu leben, sich einzusetzen, gesund zu werden?«

## *3. Die Verleugnung einer Wert-Hierarchie*

Alternativ-Vorschlag: Richtlinien, ethische Maßstäbe, vermitteln; gläubige oder durch die christliche Botschaft erreichbare Patienten an die heilsame Ordnungs-Wirkung der Gebote heranzuführen; ihre Schutzfunktion gegen selbst gemachtes Chaos und Elend aufzuweisen wie auch die heilende Wirkung von empfangener wie weitergegebener Aussöhnung. – Nicht »gute« Gefühle oder Selbstverwirklichung als Selbstzweck anvisieren, stattdessen den Blick auf sinnvolle Ziele ausrichten! Bessere und haltbarere Gefühle stellen sich dann als Zugabe ein. – Mehr Wert auf kognitive Lernschritte legen; ein Patient sollte vor Beendigung der Therapie bilanzieren können: »Was muss ich loslassen? – Was könnte ich gewinnen?«

## *4. Die Überschätzung der Möglichkeit des Menschen*

Die voreilige Annahme der Mündigkeit des Menschen, seine Fähigkeit, aus sich selbst heraus »gut« und immer einsichtig, weise sein zu können. Das Nahelegen der Illusion, eine immer intensivere Beschäftigung mit der (vermeintlichen) Entstehungsgeschichte sowie die Ableitbarkeit der psychischen Störungen bewirke – per se – Gesundung und Mündigkeit.

Alternativ-Vorschlag: Die realistische Einschätzung der Grenzen des Menschenmöglichen individuell wie der Menschheit insgesamt. Aussöhnung damit, dass zu jedem normalen und gesunden Leben auch Leid, Selbstüberwindung, Mühe, Anstrengung, Enttäuschung an sich selbst und an anderen Menschen, Versagen, Schulderfahrung und Trauer gehören – gerade zum erfüllten Leben! – die weder »wegtherapiert« werden können noch dürfen!

## *5. Die unterschwellige (unkontrollierte) Beeinflussung*

Insbesondere von sinn- und orientierungsarmen Patienten in »wertfrei« – de facto wert-unverbindlich, oft entwertend – kommunizierenden, meist manipulierenden Gruppen in der Funktion eines säkularisierten Beichtvaters. Therapeut oder Mehrheit der Gruppe bestimmen, was recht und unrecht ist in Verwechslung mit dem, was gerade »in«, zurzeit Mode und Bedürfnis ist.

Alternativ-Vorschlag: Der gemeinsame Aufblick auf nicht selbstgesetzte oder leichtfertig übernommene – stattdessen auf vorfindliche (göttliche) Werte, Wahrheiten, Ordnungen, Hoffnungen, Verheißungen.

*Zusammengefasst:* Weg von einer Deformation des Therapeuten wie des Patienten durch die Fehlerwartung an eine sich selbst verrätselnde Therapie, weg von einer Überbetonung der scheinbar festschreibenden Vergangenheit, von einer (Re-)Konstruktion der Krankheitsgeschichte, von der Illusion, eine kausale Ableitung der psychischen Erkrankung, soziale Veränderungen, politische

Programme könnten eine Heilung oder gar eine Art Selbsterlösung des Einzelnen wie der Menschheit insgesamt bewirken!

Stattdessen mehr Gewicht auf Selbstverantwortung, Wertorientierung, Abfindungsarbeit an nicht veränderbarem Leid, an der unvollkommenen Vorläufigkeit des Lebens, Ablassen von Hader, von Feindbildern, Ideologien.

Öffnung für die Zukunft und ihre (Rest-)Möglichkeiten; auch Verzichtsarbeit im Dienst eines Einsatzes für Menschen, Ziele.

Erarbeitung von benennbaren Behandlungszielen, Vorsatzbildungen; Begleitung beim Einüben erster Erfolgsschritte.

Speziell im Glaubensbereich bei fragender Aufgeschlossenheit, aber ohne jede Bevormundung: Öffnung für die absolute Erlösungsbedürftigkeit, Schuldwahrnehmung, Vergebung, Aussöhnung, Verheißung – Leben auf Hoffnung hin – Christus-zentriert!

## *Aus der Vergangenheit in die Zukunft*

Zwei in der Fantasie verdichtete Bilder von Patienten und ihren Therapie-Erfahrungen stehen vor meinem inneren Auge:

Der eine Patient hat – im Blick zurück – gelernt, wer oder was ihn krank gemacht hat (habe), damit er nun – von den Schwierigkeiten der fesselnden Vergangenheit mehr oder weniger befreit, in größerer Freiheit nach besseren Lösungen suchen könne.

Der andere Patient hat – im Blick nach vorn – ein »Wofür!« gefunden, neue Motivation im Einsatz für ein angemessenes (Teil-) Ziel zur Verwirklichung eines bejahten persönlichen Lebenssinnes – mit allen und trotz aller erlittenen Verwundungen in der Vergangenheit, damit er frei werde für ein »Dennoch!« über bestehende Schwierigkeiten hinweg.

Auf dem Weg vom ersten zum zweiten Fantasieentwurf, in der Wahrnehmung des therapeutischen Auftrags, des Behandlungszieles und der metapsychologischen Vision haben Sie mir, liebe Frau Lukas, in lebendig-überzeugender Weise geeignetes Rüstzeug, bestätigende Ermutigung und inspirierenden Schwung mitgegeben zur eigenen Wahrnehmung wie zur Vermittlung je und je neuer Sinninhalte.

Dafür danke ich Ihnen herzlich, verbunden mit guten Wünschen für eigene weitere Sinnerfüllung, für weitere hilfreiche Begleitung anderer und schließlich für ausreichende Muße zur Wahrnehmung beglückender Echos als Frucht aus eigener sinnstiftender Aussaat.

Dr. med. Wolfgang Bühling, Facharzt für psychotherapeutische Medizin; Psychoanalytische Zusatzausbildung am entsprechenden Institut in Göttingen-Tiefenbrunn; spätere Zusatzausbildung und zeitweiliger Lehrauftrag in Psychodrama-Therapie; Logotherapie-Ausbildung am *Süddeutschen Institut für Logotherapie;* Oberarzt in der psychotherapeutischen und psychosomatischen Abteilung der *Fachklinik Hohe Mark* in Oberursel bei Frankfurt am Main; 1998 Eintritt in den (offiziellen) Ruhestand; verheiratet, 3 Töchter, 4 Enkel.

Anschrift:
Ortelsburgerstraße 6
31141 Hildesheim

HERBERT SCHEIBLICH

# *Wer bin ich? – Über Religions- und Nationalitätszugehörigkeit hinaus*

1987 war ich stellvertretender Direktor eines Bezirkskrankenhauses in Oberbayern und leitete nebenbei ärztlicherseits eine Drogenfarm in Niederbayern. Das therapeutische Konzept dieser Einrichtung umfasste auch die Behandlung der Suchtstörungen mit logotherapeutischen Maßnahmen. Man fasste die Suchtstörung als eine Sinnsuche auf, wobei die Droge der Versuch war, die Sinnleere zu überbrücken.

Die therapeutischen Mitarbeiter erarbeiteten sich autodidaktisch die Methodik der Logotherapie. Es gelang mit sehr guten Therapieergebnissen die existenzielle Krise der Klienten zu bessern.

Der Wunsch nach einer theoretischen Fundierung der Arbeit und fachlichen Ausbildung der Mitarbeiter führte auf der Suche nach einem Logotherapeuten direkt zu Frau Dr. Lukas nach München. Ohne Umstände kam ein Termin zustande, der zu einem bleibenden, im wahrsten Sinne des Wortes »bleibenden« Erlebnis für mich wurde.

Frau und Herr Lukas zeigten nach Darlegung der Arbeit eine Offenheit und die spontane Bereitschaft, sobald sie konnten die Arbeit in allen Bereichen zu unterstützen. Im weiteren Verlauf des Gespräches berichtete dann Frau Lukas über ihre Absicht, ein Institut zu gründen und kam ohne Umstände auf die Frage nach einer Mitträgerschaft meinerseits bei der Gründung des Süddeutschen Instituts für Logotherapie in Fürstenfeldbruck.

Wie alles begann – die Gründung des Süddeutschen Instituts für Logotherapie

Die Spontaneität ihrer Umgehensweise mit der parallelen Herstellung eines unmittelbaren herzlichen Kontaktes war mir eigentlich bisher nur von einigen Menschen aus den Vereinigten Staaten bekannt. Dort ist es leider streckenweise nur ein oberflächliches Verhalten und ein Mechanismus, um Menschen auf Distanz zu halten. Bei Frau Lukas war es jedoch eine tiefe Herzlichkeit und vor allem überraschte mich im weiteren Umgang mit ihr die Unkompliziertheit, zum Beispiel bei den Gründungsformalitäten der Gesellschaft. Sie zeigte sich gegenüber Widersprüchen und Einwendungen offen und man konnte mit ihr durch ihre sanfte stille Art schnell eine tragfähige Lösung herstellen, die keinen faulen Kompromiss darstellte.

## *Fachliche und menschliche Bildung*

Nach der Gründung des Instituts war ich über drei Jahre lang Dozent und leitete mit Herrn W. Busch einen Ausbildungskurs. Es war eine schöne faszinierende Arbeit, einerseits mit den Ausbildungskandidaten, von denen ich viel lernte, und andererseits in der Zusammenarbeit mit Frau Lukas direkt. Man gewann in dieser Zeit nicht nur fachlich an Horizont, sondern auch menschlich. Frau Lukas zeigte sich gegenüber meiner offenen, kreativen, manchmal auch chaotischen Art immer gleich bleibend wohlwollend und war eine gute Inspiratorin für meine eigenständige Entwicklung im Rahmen der Logotherapie.

Sie war nicht nur der Motor des Instituts, sondern auch seine Mutter. Viele Psychotherapeuten in diesem Land werden ebenso fühlen. Erstaunlich ist ihre Schaffenskraft. Fast jedes Jahr schreibt sie tiefgründige Bücher, die leicht zu lesen sind, einem die pädagogische Arbeit in den Kursen als Lernmittel quasi erleichterten und darüber hinaus fachlich fundiert waren.

Die alltägliche Arbeit und der Umgang mit Patienten durch sie war für mich auch bereichernd, zumal Frau Lukas als Psychologin deutlich zeigte, wo ihre Grenzen in Richtung Medizin und Psychiatrie lagen, und man arbeitete immer kooperativ.

Der Organisator und Vater des Instituts war ihr Ehemann, der in seiner lösungsorientierten verbindlichen Art stets für den reibungslosen Ablauf der Seminare sorgte.

Diese fruchtbare Zusammenarbeit endete leider durch meinen Wegzug in den Schwarzwald und mit dem Aufbau einer eigenen Klinik. Immer wieder drängte mich Frau Lukas, weiter dem Institut anzugehören. Leider schied ich jedoch, entgegen ihrem Rat, aus. Eine verpasste Chance? Ich denke, wir haben jedenfalls den Sinn der damaligen Begegnung und des daraus resultierenden Zusammengehens als ein Stück gemeinsamen Lebens erkannt, es gut gestaltet und können uns im Nachhinein darüber freuen als einem lebendigen Ausdruck gelebter Logotherapie im menschlichen Alltag.

## Doppelidentität – das Schicksal der zweiten Generation von Immigranten in unserem Land

### *Vorbemerkung*

Der Titel dieses Berichtes deutet anscheinend auf einen Widerspruch in sich hin. Der Begriff »Identität« induziert üblicherweise eine Einheit, nichts Doppeltes, nichts in sich Widersprüchliches. Er schafft somit eine Sicherheit, die vielleicht nie da war. Dass eine Doppelidentität dennoch so etwas wie eine Identität darstellt, wird anhand des im Folgenden dargestellten Fallbeispiels zu demonstrieren versucht. Neben der Schilderung des Falles beleuchte ich an einigen Stellen die zugehörige logotherapeutische Vorgehensweise.

## *Fallschilderung: Zwischen Mutter und Vater*

Das Genogramm der Patientin zeigt eine Herkunft aus zwei Kulturen.

***Vater:* 53-jährig, aus der Türkei stammend.**
Zwanghaft schizoid, regiert auf seine Familie autoritär, ist materiell orientiert und arbeitet nur für das eigene Haus. Vorarbeiter, Chef seiner Frau, stammt aus einer Mehrgenerationenfamilie mit starker Mutterbindung, geprägt von einem islamischen Bild des Mannes.

Sein Frauenbild: Unterordnung, Gehorsam.

Sein Lebensziel: immer gut bei anderen dastehen.

***Mutter:* 37, Italienerin.**
Hysterisch, attraktiv, manipulierend, hat viele Interessen, steht in der Doppelbelastung.
Mutter/Halbtagsfabrikarbeiterin im Akkord, löste sich früh vom Elternhaus über die Scheidung des Vaters. Lehnt Männer als unzuverlässig ab.

Ihr Frauenbild: Leben, selbstbewusstes Handeln.

Ihr Lebensziel: Freude haben. Niemandem wehtun.

**Verhältnis der Eltern zueinander.**
Streit um die Vorherrschaft in der Familie mit Pseudo-Frieden: Mutter unterwirft sich dem Vater oberflächlich mit dem gleichzeitigen Versuch der Parteibildung der Kinder gegen ihn. Das Wohnhaus dient als Grund für die Ehe und ist Medium der familiären Kommunikation.

***Patientin:* Tochter, 16 Jahre.**
Der Vater ist ihr gegenüber ambivalent. Stolz, ein Kind zu haben, enttäuscht, dass sie als Erstgeborene kein Sohn ist. Die Mutter war anfangs negativ eingestellt, da sie sich wegen der Geburt der Tochter minderwertig fühlte. Später übertrug sie ihre Lebenswünsche auf die Tochter.

Die Verwandtschaft des Vaters bestand auf Einordnung in die Sippe; die Mutter hatte keinen Kontakt zu seinen und ihren Angehörigen, strebt im Gegenteil immer die Opposition mit der Tochter zu den Angehörigen des Vaters an.

***Bruder:* 9 Jahre alt.**
Ist der Liebling der Mutter; Vater ihm gegenüber unsicher, stellt jedoch keinen Konkurrenten zu seiner Schwester dar.

## *Symptomatik und deren Entwicklung*

In Deutschland geboren, war die Patientin in der Kindheit immer das gehätschelte Püppchen, das den Vater um den Finger wickelte und die Mutter eher als gefährliche Konkurrentin erlebte. Die frühkindliche Entwicklung verlief unauffällig. An der Zukunftsplanung der Patientin entzündete sich aber der offene Konflikt in der Familie. Nach dem Willen des Vaters sollte sie nach Abschluss der Realschule in eine Fabrik gehen mit dem Argument, es hätte ja auch der Mutter nicht geschadet. Die Mutter dagegen verlangte eine gründliche Berufsausbildung; der Berufsinhalt spielte dabei eine untergeordnete Rolle. Es kam ihr auf einen ordentlichen Berufsabschluss an. Beide Vorstellungen der Eltern waren jedoch für die Patientin unerträglich.

Mit zwölf Jahren begannen bei ihr Gewichtsprobleme und damit einhergehend entwickelte sich bei ihr eine Essstörung mit mindestens einer Fress-/Brechattacke pro Woche. Das Mädchen empfand dies keineswegs als problematisch.

Die Mutter brachte sie in die Therapie, der Vater durfte von all dem nichts wissen. Sie selbst war der Therapie gegenüber ambivalent und schwankte zwischen Offenheit und einer misstrauisch-aggressiven Ablehnung. Ihre eigenen Gefühle verdrängend, dozierte sie oft altklug über die Unarten ihrer Eltern.

## *Identität und Persönlichkeits-entwicklung*

Der Begriff Identität beschreibt die völlige Gleichheit und Übereinstimmung zwischen zwei einzelnen Einheiten. Er stammt aus einer abendländischen Denktradition. In Bezug auf psychische Prozesse halte ich Identität jedoch für eine Pseudo-Realität. Deshalb verwende ich den Begriff hier nur im Sinne eines hypothetischen Konstruktes. Auf einer bipolaren Skala stellt er das eine Ende der unbewussten Integrationsbewegung des Selbst im Rahmen der psychosozialen Reifung des Menschen dar. Die Integration des Selbst entwickelt sich durch die phasenweise unbewusste Bindung des kindlichen Selbst an das der Eltern mit.

*Identifizierung*: Ähnlich-Sein den Verhaltensweisen der Eltern
*Internalisierung*: Normenübernahme wie man anderen begegnet, Fremdbeurteilung
*Introjektion*: Selbsteinschätzung über die Einschätzung der Eltern

Bei vielen psychosozialen Modellen der Persönlichkeit ist es eine Frage des Standpunktes, welche Verhaltensweisen unter pathologisch subsumiert werden. Die Entscheidung fällt in Abhängigkeit davon, ob das Denken eher eingleisig bezogen auf ein Denkmodell verläuft oder ob die Persönlichkeitsdefinition offen dafür ist, mehrere Deutungen zu kreieren und dann in Argumentation und Diskussion die dem Beobachtbaren am meisten angemessene zu suchen.

Das folgende Modell ist der theoretische Leitrahmen für die psychodynamische Deutung des Falles.

**Modell der Persönlichkeitsstruktur**

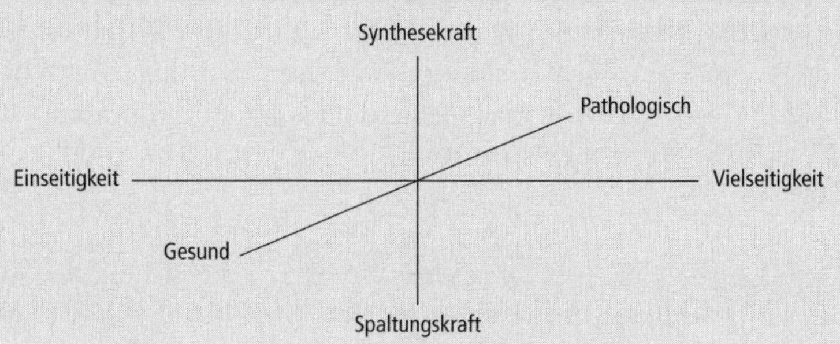


Aus dieser psychologischen Sicht befand sich die Patientin in einem komplexen Prozess und in einer Wiederreaktivierung einer ödipalen Konfliktphase. Sie hatte die erste Triangulierung nicht gelöst und blieb in der Adoleszenz in der zweiten Individuierung stecken. Bezogen auf unser Problem fluktuierte sie zwischen den emotionalen alternativen Modellen der Eltern.

Eigenständigkeit bedeutete sowohl Verrat gegenüber der Mutter als auch dem Vater, verbunden mit dem Schuldgefühl und der resignativen Erfahrung, dass jede Handlung, die sie ausführt, vonseiten eines Elternteils als falsch angesehen wird. Bei diesem so erlebten Versagen entstand Scham, da das Familienbild nach außen hin, besonders gegenüber der Verwandtschaft, nicht aufrechterhalten werden konnte. Wer sie ist, vermag die Patientin nicht auszusagen; sie berichtet aber, dass sie häufig eine unbestimmte Angst habe und ihre Umgebung als unrealistisch, fremdartig erlebe.

Die Patientin tendiert in ihren Verarbeitungsmechanismen stark zu einer pathologischen Spaltung. Die Essstörung war vor diesem Hintergrund der erste Kompensationsversuch, diese Tendenz zu stoppen. Das untergründige Gefühl der Angst und Orientierungslosigkeit war, so lange sie denken konnte, das überdauernde Gefühl ihres Lebens, und es drohte die Gefahr der Entwicklung einer Borderline-Struktur.

Aus existenzanalytischer Sicht kann ein Mensch mehrere (Teil-)Persönlichkeiten im Laufe seines Lebens haben, er ist als geistiges Wesen eine Person. Auf einem psychodynamischen Hintergrund ist es eine mehr oder weniger reflektierte Entscheidung, welche Persönlichkeit gefördert wird, logotherapeutisch ist bei Jugendlichen zuerst die Person zu entdecken und freizulegen.

Wegen dieser Struktur ihrer emotionalen Verarbeitung war aus meiner Sicht nicht die primäre therapeutische Aufgabe die Bearbeitung der Kindheitserfahrung, sondern die Förderung der Wertebildung der Patientin mit dem therapeutischen Ziel, zu einem stabileren Selbstkonzept zu kommen, außerdem einen Identitätsstatus als zeitliche Konstante zu schaffen sowie zu einer Ich-Entwicklung als Instrument zur Bearbeitung des Jetzt zu gelangen.

Jedoch welchen therapeutischen Weg einschlagen? Die Patientin konnte aus systemischer Sicht auf keine Hilfsquellen aus der Gesamtfamilie als dem sozialen Umfeld zurückgreifen, denn ein Ansprechen dieser Hilfsquellen hätte dazu geführt, dass Familiengeheimnisse und Tabus berührt würden, die sie zu einer Isolation und Abgrenzung zu den anderen geführt hätte und für diese Ausgrenzung hatte sie noch keine genügende Ich- und Abwehrstruktur gebildet.

Allerdings verfügte die Patientin über ein hohes kognitives Vermögen als Ich-Funktion und eine ausgeprägte Überich-Struktur als Ergebnis der starken Traditionsverbundenheit des Vaters.

Der Vater versuchte auf der einen Seite, diese Struktur im Sinne seiner historischen Erfahrung zu verwenden und die Tochter in das Bild einer angepassten Frau zu bringen. Die Mutter konnte jedoch durch ihre Manipulationstendenzen das differenzierte Denkvermögen der Tochter dazu benutzen, dass sie die Einseitigkeit der Vorstellungen des Vaters schnell erkannte.

Aus psychodynamischer Sicht befand ich mich in einer Position, ob ich Vater oder Mutter werden sollte, was bei der Patientin zur entsprechenden Übertragung und Widerstand geführt hätte.

Das alternative Vorgehen bestand darin, die Patientin im Sinne einer Dereflexion in eine »Adler«-Perspektive zu führen und ihre Person nicht im Sinne einer Einstellungsveränderung, sondern Einstellungsentdeckung zu einer eigenständigen Persönlichkeit wie oben beschrieben werden zu lassen.

### *Weiterer Therapieverlauf*

Der Vater lehnte nach Bekanntwerden die Therapie zwar ab, tolerierte sie aber. Die Mutter versuchte durch Telefonate und andere Eingriffe den Therapeuten in ihre Richtung zu benutzen. Ihr Ziel war dabei die Trennung der Eltern über die Trennung der Tochter und des Sohnes vom Vater. Nach Rücksprache mit der Patientin wurden die Eltern in die Therapie nicht einbezogen und es wurde vereinbart, über den therapeutischen Verlauf beiden überhaupt nichts mitzuteilen.

In dieser Phase ihrer Entwicklung ist sie in der Schule in allen Fächern sehr gut, aber Einzelgängerin und versucht, durch Parteinahme für ein Elternteil doch noch eine drohende Scheidung zu verhindern. Die affektiven Turbulenzen stürzten sie in eine depressive Krise mit Selbstmordversuch. Sie erfährt hierbei von ihren Eltern und auch der Großmutter väterlicherseits nur Vorhaltungen.

Sie hat noch die Hoffnung, durch partielle Anpassung an den jeweiligen Elternteil, mit dem sie gerade kommunizierte, eine Art Doppelidentität aufzubauen, nach außen hin Einzelgängerin, beim Vater heiratsbereit, bei der Mutter selbstbewusst.

Nachdem diese Versuche, die frühkindliche Triangulierung zu lösen, durch die emotionalen Kränkungen vonseiten der Eltern scheiterten, verstärkte sich die depressive Entwicklung der Patientin. Sie griff zu Drogen, stand in dieser Phase der Therapie sehr ablehnend gegenüber und stabilisierte sich nur durch die bindende Gegenübertragung.

Seit Therapiebeginn waren zwei Jahre vergangen und der Individuationsprozess war über eine agierende Symptomatik in Gang gekommen. Die Identifikation mit den Eltern, die sie auf dem Weg einer Aussöhnung und/bzw. Anpassung versuchte, war gescheitert und anschließend geriet die Patientin über eine Doppelidentifikation fast in eine Drogenkarriere in Verbindung mit einer affektiven Psychose. Der Wandel der Beziehung von der Psychose weg zur autistischen Haltung in der Depression ließ eine zunehmende Differenzierung ihrer Objektbeziehung zu.

Die Ich-Funktionen waren nun zur Alltagsbewältigung trotz Drogen gut ausgeprägt, die Patientin aber hatte kein Selbstkonzept und somit keine Identität.

Dies leitete die logotherapeutische Phase der Werteentwicklung(-entdeckung) der Therapie ein. In ihr hinterfragte die Patientin die Konzepte der Subkulturen ihrer Umgebung und über den Weg der Normenbildung wurde ihr so ein veränderter Umgang mit ihren tief sitzenden starken Schuldgefühlen und Schamängsten möglich.

In dieser Situation hinterfragte die Patientin stark auch meine Konzeption von der Welt.

Sie konnte sich von den Drogen befreien, bestand ihr Abitur und begann ein Sprachstudium, das ihrer multikulturellen Abstammung entsprach. Sie stabilisierte sich, wobei die Beziehung zu einem polnischen (!) Freund sehr hilfreich war, sich von den Eltern zu lösen.

## 1. Exkurs – Die Bedeutung der Werte und der Religion

Im Gegensatz zu S. Freud bin ich der Meinung, dass unter Berücksichtigung der Gegenübertragung der Therapeut Stellung zu philosophischen und religiösen Fragen beziehen soll. Er hat Werte und sollte diese Werte bewusst sprachklar benennen und also ein Bezugsangebot für den Patienten zur Verfügung stellen. Gleichzeitig sollte er in allen therapeutischen Sitzungen den Sinn des Augenblicks erfassen, in dem der Mensch so weit offen ist, dass er eventuell seine eigenen Werte hinterfragt und neue Werte und Einstellungen annimmt.

Allgemein ist Religion zuerst als Projektion eigener Objekte

(Vater-Repräsentanzen etc.) in einer Philosophie zusammengefasst zu sehen. Mit den Dialektikern des letzten Jahrhunderts (Feuerbach, Marx etc.) übereinstimmend, ist Religion anzusehen als die erste und indirekte Äußerung des Selbstbewusstseins des Menschen. Sie zeigt seine ursprüngliche Anthropologie.

Nach dem weitgehenden Verlust dieser Funktionen der Religion befinden wir uns in der postmodernen Zeit in einer Phase der Remythologisierung. Die moderne Mythenbildung geschieht analog der Hypothesenbildung der Wissenschaft. Der Mythos folgt dem Logos. Die wissenschaftliche Hypothese entspricht dem Inhalt der Religion und der Weltanschauung. (Ähnliche Ansätze zeigten sich schon in der orthodoxen Psychoanalyse.)

Die Religion ist somit nicht mehr zur Abwehr von Defizitärem zu sehen, sondern unter Umständen als Bewältigungshilfe für die Realität und das Leben.

In diesem Zusammenhang muss der Therapeut die Religion nicht nur in ihrer Funktion oder gar in ihrem Wahrheitsgehalt beurteilen. Er darf Religion im Gegenteil als ein Angebot und als Rahmen für die Weiterentwicklung des Klienten auffassen.

Im christlichen Kulturkreis unserer heutigen Gesellschaft ist die Bibel mit ihrer Ethik in dieser Sichtweise ein Angebot an die Menschen und aus der Affirmation des Menschen dazu wächst Glaube.

Das erste Gebot heißt: »Du sollst dir kein Bildnis oder Gleichnis von Gott machen.«

In dieser radikalen Offenheit und Neutralität ist mit (christlicher) Religion im therapeutischen Kontext umzugehen. Jesus als Zentrum der christlichen Weltsicht wird somit als Symbol der Liebe zum Vorbild für Menschen als Angebot des Übersinns. In ihm begegnen sich Gott und Mensch, Überindividuelles und Individuelles. Aus logotherapeutischer Sicht bedeutet dies, dass die Bibel christliche Wertinhalte und Jesus als Mensch Wertangebote sind, an denen sich der Betroffene orientieren kann.

Die Sprache des Therapeuten bedient sich – gemäß dem 1. Gebot – dabei allgemeiner Formulierungen, um keine zu einseitige Verknüpfung zwischen dem Erleben des Patienten und dem Angebot der Bibel, der Religion bzw. Philosophie zu induzieren.

Die Patientin begegnete in ihrer Vergangenheit einer Auseinandersetzung mit Islam und Katholizismus. Die Großmutter mütterlicherseits ist durch den Glauben das Leitbild der tapferen Frau. Der Vater benutzt Religion als Rechtfertigung zur Unterdrückung. Die Mutter ist eine religiöse Heuchlerin.

Bezüglich ihres schlechten Gewissens ist die Patientin niemandem etwas schuldig, sie könnte allenfalls aus freien Stücken dankbar sein.

Ihr eigenes Erleben hat zwei Seiten: Gütigkeit versus Unterdrückung – Freiheit versus Zwang – Angst versus Aggression – Heimlichkeit versus Offenheit.

So kann sie das Bild von Gott wie auch von den Menschen als polar mit zwei Seiten erleben. Dadurch wird es ihr möglich, sich in ihrer Zerrissenheit als eine Frau mit wechselnden Identitäten abzufinden und eine übergreifend quasi klammernde Identität als Frau und eigenständige Person zu entwickeln.

Zu diesem Zeitpunkt scheidet sie mit Heiratsabsichten aus der therapeutischen Arbeit aus.

## *Zusammenfassung – Der eigene Standpunkt*

Der Patientin gelang es, aus logotherapeutischer Sicht eine »Adler«-Perspektive zu ihren Problemen einzunehmen und aus dem Entweder/Oder mütter-/väterlicherseits auszusteigen und eine übergreifende Identität als eigenständige Frau und Europäerin zu entwickeln, in der sie ihren eigenen Standpunkt finden muss. Für sie war klar, dass sich ihre derzeitige Lebenskonstruktion mit zunehmender Lebenserfahrung immer wieder ändern wird. Sie verstand es, dass sie eine Person ist, ein einmaliges, individuelles originäres Wesen, das verschiedene Teilpersönlichkeiten haben kann, die auch aufgrund ihrer unterschiedlichen kulturellen Abstammung miteinander im Widerspruch stehen können.

Ihre Objektbeziehungen wurden stabiler, sie konnte überdauernde Bindungen eingehen und trug sich, als ihr Studium einen guten Verlauf annahm, mit der Absicht, sich selbst zu binden und dabei einen neuen kulturellen Hintergrund in ihr Leben über ihren Freund und zukünftigen Ehemann einzuführen und somit ihren Kindern nicht nur eine bikulturelle Spannung, sondern eine trikulturelle Spannung zu liefern.

Die Existenzanalyse bei dieser Patientin war schwierig. Sie zeigte im Zeitraffer eine erhebliche psychische Entwicklung und das logotherapeutische Arbeiten war mit ihr der Schlüssel zu ihrer Stabilisierung.

Aus meiner Sicht ist das analytische Tabu der Abstinenz zu durchbrechen und durch das Gebot der suchenden Neutralität des Therapeuten zu ersetzen. Jede menschliche Geschichte ist einerseits theologisch gesehen ein Ringen des Menschen um das Bild von Gott und um uns selbst, mit uns selbst nach Röm 1 u.2 und gleichzeitig ein Ringen des Menschen um seinen eigenen Sinn und seine Werte.

## 2. Exkurs – Das Migrantenproblem

10 % der Bevölkerung Deutschlands sind Migranten. Ihre Integration ist ein permanentes Problem und nicht im Sinne einer Multikulturalität zu lösen.

In dem vorstehend beschriebenen Fallbeispiel kämpft der Vater gegen die Abwertung seiner Position durch externe Ereignisse, Rollenumkehr und Aufwertung der Frau bei internem Traditionalismus. Hinzu kommt der Verlust des Dorfkollektivs als soziale Kontrollinstanz. Ein Rückgriff auf diese Erfahrungen fördert die Bildung von Ausgrenzung und Minderheiten.

Aus politischer Sicht wurde es versäumt, diesen Vätern Hilfe anzubieten. Man wollte in der damaligen Zeit unserer Republik nur Arbeitskräfte, bekam aber immer *Menschen*, die arbeiten wollten. Die Chancen, Loyalitätskonflikte wie oben beschrieben zu lösen, sind bei der zweiten Generation der Migranten größer, wenn wir ihnen helfen.

Hierbei sollte uns die Geschichte der Juden in Deutschland

eine Warnung sein. Auch der Versuch, ein Vereinigtes Europa zu schaffen, ist der Versuch, nationale Unterschiede zu überwinden. Ob die Idee einer überstaatlichen Gemeinschaft, wie sie die Sowjetunion und K.u.K. Monarchie darstellten, realisierbar ist, bleibt abzuwarten. Jedenfalls besteht eine berechtigte Chance hierzu. Wir benötigen dabei etwas Gemeinsames, eine Art von Philosophie oder Religion, andererseits einen Glauben an uns. Ich denke, dass die Lösung in einem übergreifenden Wertekatalog besteht, wie ihn zum Teil die UNO versucht.

Zusammenfassend ist die Patientin keine Gläubige, aber ein religiöser Mensch geworden auf der Suche nach Identität und Werten, die ihr helfen.

Ich verstehe meinen Beitrag als einen Versuch, die Chancen einer wertebezogenen Therapie aufzuzeigen. Hierbei entsteht ein eigenständiger Identitätsbegriff. Identität als Versuch, ein aus untereinander agierenden Teilen bestehendes Konstrukt zu schaffen.

DR. MED. HERBERT SCHEIBLICH, Mitträger der Gründung des *Süddeutschen Instituts für Logotherapie* in Fürstenfeldbruck; drei Jahre lang Dozent am *Süddeutschen Institut*; Leiter eines Ausbildungskurses; jetzt Leiter einer Klinik im Schwarzwald.

Anschrift:
Altensteigerstraße 27
72227 Egenhausen

ANGELA STEIGER-RONNER

# *Panta rhei – Alles fließt: Wege existenziellen Werdens*

## Im Fluss von Geschichte und Zeit

### *Menschliches Sein im Bezugssystem geschichtlichen Raumes*

Menschliches Sein ist vor allem wesentlich geschichtliches Sein, ist jeweils in einen historischen Raum hineingestellt, aus dessen Koordinatensystem es sich nicht herausnehmen lässt. Und dieses Bezugssystem ist jeweils von einem, wenn auch uneingestandenen, vielleicht überhaupt unausdrückbaren Sinn her bestimmt.[1]

Ein bewegend überwältigender Eindruck nimmt den Besucher des großartig konzipierten Hans-Erni-Museums beim Betreten des Auditoriums spontan in seinen Bann angesichts eines 30 Meter langen und 2,5 Meter hohen Wandgemäldes: Unter dem Thema »Panta Rhei« (Heraklit) eröffnet sich dem Betrachter eine von farbig lebendiger Dynamik geprägte Welt historischer Gestalten aller Epochen, die unsere abendländische Geschichte maßgebend geprägt haben. Ihre ausdrucksstarke Bewegtheit auf monumentalem Bild erweckt Gedanken und Kräfte zum Leben und reißt unmittelbar mit hinein in einen strömenden Fluss von implizit auftauchenden Fragen, Fragen nicht nur um geschichtliche Vergangenheit und um die uns und unsere Kultur, unser Denken und Handeln beeinflussenden Überlieferungen genialer Geister aller Zeiten. Viel stärker und zugleich überwältigend ist das spontane Erlebnis des unmittelbaren Dazugehörens, der konkreten Begegnung mit all den in lebensgroßer Wirklichkeit auf

HANS ERNI
Panta rhei

uns zukommenden, sich uns öffnenden Menschen verschiedenster Herkunft, verschiedenster Zeiten und individuell differenziertester Wesensart.

In der Begegnung mit Repräsentanten früherer Geschichte, im Bemühen, sie aus Sicht und Erfahrung ihrer Zeit, aus ihrem Lebenszusammenhang, aus ihrem jeweiligen Wahrnehmen von Daseinsverantwortung zu verstehen, wächst das existenziell freiheitliche, verantwortungsbewusst zielgerichtete Bestreben um immer besseres Verstehen eigener Geschichtlichkeit, um ein Erkennen möglicher Wirkungszusammenhänge rationaler Art wie auch um Wertvorstellungen aus tieferen Schichten unseres Menschseins, die sich aus der individuell-historischen Sinnhaftigkeit und der damit verbundenen Verantwortlichkeit unseres Daseins aufdrängen.

Genau um dieses Mitgerissenwerden zu bewegenden Fragen, zu einem darin wach werdenden Drang nach Austausch, nach Öffnung, nach Erkenntnisgewinn geht es dem Maler Hans Erni, wenn er einlädt in das Auditorium seines Museums, das er bewusst und gezielt konzipiert hat als Raum der Begegnung, wo Menschen sich treffen und Verständigung suchen in kreativem Austausch. »Das Mittel für diese Verständigung ist der Dialog.« (Hans Erni)[2]

In wechselseitiger Erhellung und lebendiger Verbindung von Vergangenheit und Gegenwart misst also der Künstler der Begegnung in ihrem dialogischen Charakter einen grundlegenden Stellenwert bei. So erklärt sich denn auch die Grundidee des Künstlers, zum Thema »Panta Rhei« an den beiden Längswänden des Vortragssaales »den Fluss des Geistes durch die Geschichte anhand von 26 charakteristischen Repräsentanten der historischen Epochen von der Antike bis in die Neuzeit darzustellen und dabei »das geistige Werden des Abendlandes als die Geschichte von Dialogen zwischen den einzelnen Epochen zu betrachten«. (Hans Erni)[3]

Nicht nur als Gestalten der Vergangenheit, nicht als wissenschaftlich historische Einzelfiguren, nicht als Vertreter von je einzelnen epochalen Ereignissen, Denk- und Forschungsrichtungen will der

Künstler die dargestellten Männergestalten verstanden wissen, vielmehr »sollen die bedeutenden Persönlichkeiten in der Lebendigkeit der Darstellung, durch die Richtung des Blickes, durch Haltung, Gebärden und Zuordnung eine Bewegung im Geistigen bewirken, die – ähnlich einem Reigen – die großen Denker Europas über die ganze Bildfläche miteinander verbindet und ihre Erkenntnisse von Epoche zu Epoche weiterreichen lässt«.[4]

## *Eine Bewegung im Geistigen – ähnlich einem Reigen*

Was man erdenkt, ist untrennbar von dem, was man erschaut. Wer wüsste besser als der geniale Hans Erni, dass für Aussagen über Bereiche, die sich der sinnlichen Erfahrung des Menschen entziehen, lebendige Bilder zu gleichnishafter Veranschaulichung in unserem sinnlichen Wahrnehmungsbereich schlummernd auf Erweckung warten. Im Bild des Reigens, eines ursprünglich höfischen Rundtanzes, erwacht der Begriff einer Bewegung im Geistigen im Zusammenklang gleich dreier Erfahrungsdimensionen: der visuellen, der akustischen und der kinästhetischen zu sprühend inspirierendem Leben und reißt mit in seiner Lebendigkeit zu einer vitalen Begegnung in wechselseitigem Aufeinanderzugehen, dynamisch schreitendem Miteinander in Blickkontakt und sogar handreichender Berührung, aber gleichzeitig auch zu kontrapunktischer Auseinandersetzung und rhythmischem Gegenschritt eines menschlich angeregten Austausches von Person zu Person, von Epoche zu Epoche, wo aus lebendig kommunikativer Inspiration vital belebende Strömungen ihre Eigenkraft entfalten, in mitreißendem Fließen sich zusammenfinden und neue Wellen in Bewegung setzen.

Es ist, als ob die in solchem Spiel von Bewegtheit sich aufbauenden rhythmischen Spannungsfelder über Jahrtausende hinweg eine dialogische Kommunikation hier und jetzt in unsere Gegenwart hinein erweckten zum Bewusstsein einer begegnenden Verbundenheit als Grundbedingung menschlicher Existenz.

## *Der Anruf im Hier und Jetzt*

Dieses Verschmelzen von Raum und Zeit im Hier und Jetzt ist ein zentraler Zielgedanke Hans Ernis, wenn er sein Auditorium öffnet zur dialogischen Begegnung, immer in unbedingtem Bewusstsein, dass »ein echter Dialog nur insofern lebendig werden kann, als die Dimension des Logos betreten wird«.[5/1] Voll aus dieser ganzheitlich geistigen Dimension schöpfend, weil selber geprägt in seinem Menschsein und Künstlertum von unermüdlich sinnsuchendem Streben, gelingt es Hans Erni in beeindruckender Weise, vor dem Hintergrund abendländischer Geschichte eine monumentale Welt menschlich gestalteter Wirklichkeit lebendig werden zu lassen. Eine Wirklichkeit, die im Hier und Jetzt lebt, als »das in der Vergangenheit Aufbewahrte, als das, was vor der Vergänglichkeit bewahrt ist«.[6] Eine Wirklichkeit im Hier und Jetzt, als Anruf von Existenz aus der Vergangenheit, Anruf von Existenz, die aus ihrem Gewordensein Botschaft ist von suchendem und um Sinn und Erfüllung ringendem Über-sich-selbst-Hinauswachsen, als Anruf einer im Hier und Jetzt zu Selbsttranszendenz erweckenden Existenz der Vergangenheit. Echte Begegnung ist also nicht nur »auf den Logos hin orientiert«, sondern erweckt im Sinne Viktor Frankls die Motivation, im Jetzt, »auf den Logos hin sich selbst zu transzendieren«.[7]

## *Sein ist Verantwortlichsein*

Welt und Geschichte sind zwei umgreifende Wirklichkeiten, die jedes menschliche Leben grundlegend bestimmen und die Menschheit durch alle Zeiten unausweichlich miteinander verbinden. Das Kernproblem für den einzelnen Menschen in seiner Individualität ist dabei der differenzierende Umgang mit der umgebenden Welt, der faktischen Welt menschlichen Daseins, wo er umfangen ist von dem, was um ihn herum gegenwärtig ist, was aber nicht er selber ist. Er ist zwar mitten hineingestellt, im Raum der eigenen Wirkungsmöglichkeiten existierend und in dem Sinne mitverantwortlich für das verändernde Gestalten und Aufbauen dieser Welt. Doch ruft gerade dieses Mitverantwortlichsein nach einer Besinnung über das eigene fakultative Sein. Im Wahrnehmen des Verantwortlichseins liegt die Erkenntnis, dass der Mensch in seiner Faktizität niemals aufgeht, »dass das menschliche Sein Verantwortlich-Sein ist, weil es Freisein ist.« Im Versuch, Geschichte als umgreifende Wirklichkeit zu verstehen und mitzugestalten, gilt es, der freiheitlichen Daseinsverantwortung in der eigenen Geschichtlichkeit bewusst zu werden.

»Der Mensch ist ein durch und durch geschichtliches Wesen ... Als geschichtliches Wesen ›ist‹ der Mensch niemals schon, sondern ›wird‹ er immer erst.«[8]

Liegt nicht hier gerade der geheime »unausdrückbare« Sinn jenes Bezugssystems, in das Viktor Frankl einleitend zu unserem Kapitel das geschichtliche Sein des Menschen hineinstellt, jenes Bezugssystems, das »jeweils von einem, wenn auch uneingestandenen, vielleicht überhaupt unausdrückbaren Sinn her bestimmt ist«![1]

Panta rhei

## Menschliches Sein im Fluss der Zeit

»Die Zeit verfließt – aber das Geschehen gerinnt zur Geschichte.«[9]

In der Auseinandersetzung mit der Vergänglichkeit entsteht unwillkürlich die bildhafte Gedankenassoziation zum »Fluss der Zeit« und darin die immer wieder bewegende Frage nach der Richtung des Fliessens. In der Vorstellung des Verfließens erleben wir die Zeit als aus der Zukunft durch die Gegenwart hinein in die Zukunft strömend, wobei es ein unverzeihlicher Irrtum wäre, die Vergangenheit als abbauendes »Nagen des Zahns der Zeit«, als allmähliches Versinken in die Vergänglichkeit zu verstehen und dabei zu übersehen, dass zwar die verflossene Zeit unwiederbringlich ist und bleibt, dass aber alles Geschehen, all unsere Taten unverlierbar in die Wirklichkeit hinein gerettet und als »ihr eigenes Denkmal« (Frankl) in der Vergangenheit aufgehoben und geborgen sind. So gesehen entsteht das ehrfurchtgebietende Verantwortungsbewusstsein vor der unentrinnbaren Vergangenheit angesichts der jederzeit noch offenen, der im Jetzt noch entscheidbaren Zukunft: die Zeit verfliesst – aber das Geschehen gerinnt zur Geschichte.

Der Philosoph Heraklit verwendet das Bild vom Fluss in seinem berühmt gewordenen Ausspruch: »Es ist unmöglich, zweimal in denselben Fluss zu steigen.«[10] In seinen biografischen Notizen erzählt er dazu folgende anschauliche Geschichte:

> Wenn man auch in denselben Fluss steigt, strömen doch immer wieder andere Wasserfluten zu.[11]
>
> Mein Leben war geprägt durch meinen ewigen Kampf mit dem Wasser. Zum ersten Mal kam ich als Junge damit in Berührung. Als ich zehn war, nahm mich mein Vater mit an den Fluss Klaseas und wollte unbedingt, dass ich schwimmen lernte.
>
> »Da gehe ich nie hinein!«, rief ich entschlossen aus.
>
> »Warum denn nicht?«
>
> »Weil ich Angst habe!«
>
> »Aber ich war doch gerade drin!«, entgegnete er und zeigte auf seine nassen Kleider.
>
> »Mein Wasser wäre anders als deines.«
>
> »Aber es ist doch derselbe Fluss!«
>
> »Der Fluss ist vielleicht derselbe, das Wasser nie.«

Ganz im Sinne Viktor Frankls lässt die Geschichte die Bedeutung des Jetzt, der Verwirklichung von Möglichkeit in der Gegenwart des Augenblicks lebendig werden. »Mein Wasser wäre anders als deines.« Darin liegt die Chance. Was mir zufließt, jetzt und immer wieder nur jetzt, das sind Möglichkeiten, je einmalige, je einzigartige Möglichkeiten. Sie sind vergänglich, doch indem ich sie »packe«, sie verwirkliche, geschieht Wertverwirklichung. Indem ich mich zur Verwirklichung entscheide, rette ich sie hinein in die Vergangenheit, in ein Vergangen-Sein, wo alles unverlierbar geborgen bleibt. Im Entscheiden aber liegt die Freiheit und unabdingbare Verantwortlichkeit vor der Zukunft.

Die Entscheidung des Menschen im Jetzt bewirkt kreativ eine Trennung von Vorher und Nachher. Der Augenblick weitet sich im Sinne Kierkegaards aus zu einer »Dichte« des Seins, zu einem Mehr an Sein, zu einem Kern, der nicht vergeht, der aufbewahrt bleibt und dessen sinnerfüllte Ausstrahlung die Vergangenheit prägt.

Ich kann den Fluss auch vorbeifließen lassen, die Möglichkeiten verpassen, mich »der Verantwortung vor der unentrinnbaren Vergangenheit für die entscheidbare Zukunft entziehen«.[12] Wenn ich gleichnishaft spielerisch einen Stein ins gleichmäßig fließende Wasser werfe, wird durch Störung der Wasseroberfläche eine Bewegung ausgelöst, eine ringförmige Wellenbewegung, die sich weiter ausbreitet, weitere größere Kreisbewegungen in Gang setzt. Verursacht durch einen freiheitlichen Entschluss, nämlich den Stein zu werfen, etwas zu unternehmen, ist bewegende Veränderung entstanden.

Für den Menschen als entscheidendes Wesen, das immer entscheidet – nämlich, was es im nächsten Augenblick sein wird –, bedeutet es, »dass die Spannung zwischen den bereits verwirklichten und den noch zu verwirklichenden, im Zustande der Möglichkeit im Keime der Person verharrenden Werte, dass dieses ›Wertgefälle‹ den eigentlichen Motor, die eigentliche Triebkraft abgibt, durch die die Bewegung des Lebens in Gang gehalten wird«.[13]
Panta rhei

# Vom Sein zum Werden

»Menschsein ist Herausforderung zur Menschwerdung.« (Viktor Frankl)

## *Offenheit des Seins*

Die dem Menschen ureigene Seinsdynamik, das unentwegte Offensein auf ein transzendentes Mehr hin, entspringt ganz eigentlich dem Drang alles Lebendigen nach einer richtungweisenden Wahrheit, die gelingendes Leben ermöglicht, einer Wahrheit als Weg zur Überwindung der Diskrepanz zwischen dem Sein einerseits und andererseits dem Sein-Können und Sein-Sollen. Denn niemals »ist« der Mensch –, immer »wird« er erst.

Viktor Frankl spricht von dieser Offenheit des Seins im gleichnishaften Bild eines »offenen Gefäßes, bereitgestellt für die Aufnahme von Sinnhaftem«, indem er den Menschen in seiner spezifisch menschlichen Dimension aus der Gefangenheit eines »geschlossenen Systems, innerhalb dessen es nur Ursachen und Wirkungen gibt«, emporhebt und ihn charakterisiert als das einzige Lebewesen, das in seinem geistigen Sein die Freiheit und darin den intentionalen Drang besitzt, in Selbstdistanzierung Stellung zu beziehen, in Offenheit über sich selbst hinauszuweisen und in Selbsttranszendenz aus sich herauszutreten und als geistige Existenz neue, noch unrealisierte Möglichkeiten des Sein-Könnens und Sein-Sollens zu entdecken.

Real greifbar und anschaulich erscheint auf dem eindrücklichen Bild Hans Ernis die »Gefangenheit jenes geschlossenen Systems, innerhalb dessen es nur Ursachen und Wirkungen gibt«, gleichnishaft als ein den suchenden Menschen umstrickendes Fadengewirr. Es sind die schicksalhaften Bedingtheiten und Begrenzungen der conditio humana, die den Menschen wie ein Netz umspannen und einengen und die er nicht abschütteln kann.

Gleichzeitig verlebendigt sich in der übernatürlich großen, sich aus den Umstrickungen freischaffenden Hand und dem hoffnungsvoll nach dem Licht ausgerichteten Blick eine Kraft, eine

HANS ERNI

## Mensch und Weltraum*
## Der Mensch auf der Suche nach Sinn

dynamische Urkraft, ein unstillbares Ringen um Befreiung – nicht von den beengenden Bedingtheiten, sondern vielmehr zu einer Stellungnahme in wahrnehmender Verantwortung, ein unstillbares Suchen nach Sinn. Dieses Suchen gehört zum Menschen, es entspringt einem existenziellen Grundbedürfnis, einer ihm »a priori« innewohnenden Kraft, der Urkraft seines Willens zum Sinn, die ihn aus den tiefsten Tiefen seines Menschseins durchwaltet.

## *Die menschliche Begrenztheit überwinden*

Wer kennt ihn nicht, den überwältigenden Eindruck unter dem nächtlichen Sternenhimmel, wer hat es nicht schon erlebt, das ehrfürchtige Staunen, von Albert Einstein beschrieben als das »verzückte Staunen über die Harmonie der Naturgesetzlichkeit, in der sich eine überlegene Vernunft offenbart«! Wie immer wir dieses ehrfürchtige Stillewerden aus subjektiver Sicht erleben, übermächtig ergreift es uns wie ein Hauch von Ewigkeit. Es verlagert Dimensionen des Denkens und Erlebens aus menschlich erlebter Kleinheit und Beengung in kosmische Ahnung und rastloses Drängen zu einem Aufbrechen aus der Enge des bisher Erreichten im Erspüren, dass aus den Quellen bisherigen Daseins Nieda-Gewesenes hervorbrechen und in kosmischer Sehnsucht, im Suchen nach Sinn, im Willen zum Sinn Erfüllung anstreben kann und will.

In der Begrenztheit seines Menschseins kann der Mensch das unbegrenzte Ganze, das ihn Transzendierende, Umfassende und Überragende denkend und erkennend nie erreichen. »Er kann«, wie Martin Buber es konkret ausdrückt, »dem Göttlichen nicht nahe kommen, indem er über das Menschliche hinauslangt. Er kann ihm nur nahe kommen, indem er der Mensch wird, der zu werden er erschaffen ist.«[14]

---

* *Im Einverständnis mit Hans Erni steht das Bild »Mensch und Weltraum« in den Vorlesungen der Autorin am Schweizerischen Institut für Logotherapie und Existenzanalyse in Chur als Sinnbild für den Menschen auf der Suche nach Sinn.*

Doch wie ist solche Selbstwerdung zu erreichen, wie kann die im eigenen Geschaffensein gemeinte Wahrheit erkannt, verstanden und gelebt werden?

»Keiner von uns hat sich selber gemacht. Ich habe mich vorgefunden mit Eigenschaften, die ich mir nicht vorgenommen hatte zu haben.«[15] Ich bin zwar ein Bedingter, ich habe mich nicht selber gewollt, aber indem ich mich vorfinde, erwächst in mir das Staunen, das Fragen, das Wissenwollen und darin eine »Unruhe des Herzens«, eine unstillbare Dynamik und ahnend sehnsüchtige Hoffnung, den tragenden Urgrund meines Lebens zu finden. Die Erkenntnis, mich vorzufinden, ohne es gewollt zu haben, bedingt die Annahme, dass ich aus anderem Wollen, aus einem außerhalb meiner Existenz, jenseits meiner menschlich begrenzten Welterfahrung existierenden Willen gewollt und erschaffen bin.

Der Mensch zu werden, der zu werden »ich erschaffen bin«, kann sich nur erfüllen, indem ich die so entstehende Beziehung vom Ursprünglichen zum Abgeleiteten, vom Urbild zum Abbild erkenne und annehme. Vom Urbild gewollt, geschaffen und daher auch geliebt, bin ich schöpfend aus dieser Liebe selbst schöpferisch. Denn ich trage meines Schöpfers Liebe und sein Mich-Wollen in mir, und aus der Kraft dieser Liebe und der Gewissheit des Gewolltseins erwächst mein eigenes Lieben und Wollen und die Hoffnung, in der Würde des unvollkommenen Ebenbildes mich vom göttlichen Gewolltsein anrufen und durchtönen zu lassen. So wird es auch gelingen, mein eigenes Wollen und meine eigene Liebe immer wieder an diesem meinem Gewolltsein schöpferisch zu entzünden.

## *Aufgehoben im Unendlichen*

In diesem gleichzeitig schöpfenden und schöpferischen Prozess vollzieht sich ganz eigentlich die Berührung menschlicher Bedingtheit mit der Unbedingtheit. Zum logotherapeutisch richtigen Verständnis dieser »Berührung« gilt es hier im Sinne der Dimensionalontologie, keinesfalls dem Versuch zu erliegen, das Höhere, das in menschlichen Bereichen Unfassbare im Niederen auflösen zu wollen. »Menschlicher Geist ist wesentlich persönlicher Geist.« Den göttlichen Geist im menschlichen Sinn nun aber ebenso als personalen Geist zu verstehen, wäre ein der Bedingtheit menschlichen Verstehens anzulastender Irrtum. Denn »göttlicher Geist ist überpersonal«.[16]

In der Beziehung des Endlichen zum Unendlichen wird das Endliche im Unendlichen aufgehoben – und dies zwar gleich in einem doppelten Verständnis, nämlich aufgehoben sowohl im Sinne eines Geborgen-Seins als gleichzeitig empor-gehoben, indem »das Ewige im Menschen unversehrt ins Höhere eingeht«.[17]

In der angesprochenen Wechselwirkung von geschaffen sein und selber schöpferisch sein können liegt die besondere Kostbarkeit, aber auch die besondere Verantwortung des Menschen.

In dem lebendig bewegten Über-sich-Hinauswachsen und dem gleichzeitig suchenden Ergründen seiner existenziellen Tiefenschichten drückt der Mensch sich aus als ein zu seinem Menschsein Geschaffener, und im Wahrnehmen der in diesem Geschaffensein fundierten Verantwortung erlebt er sich selber als fortwährend Neuzuschaffender. Unabhängig davon, ob dieser schöpferische Impuls zu stillen, verborgenen Taten des Alltags, zu handwerklichen Leistungen, wissenschaftlichen Erkenntnissen oder zu künstlerischen Schöpfungen führt – immer handelt es sich im Sinne Viktor Frankls um Wahrnehmung von Sinnmöglichkeiten, die Wirklichkeit zu verändern. Zwar kann sich dabei der Mensch aus dem Fadennetz schicksalhafter Bedingtheiten nicht befreien, er kann aus seinem individuell einmaligen und einzigartigen Schicksalsraum nicht heraustreten. Doch gewinnt in der Logotherapie das Schicksal einen ganz neuen Stellenwert in der Erschließung des Zugangs zur geistigen Freiheit einer Stellungnahme, eines konstruktiven Umgangs mit dem Netz, das in seiner scheinbar beengenden Funktion doch ungeahnte Möglichkeiten von Flexibilität und Variabilität in sich verborgen hält.

Hans Ernis »Kybernetes« scheint um diese Möglichkeiten zu wissen und als Steuermann, als tatkräftiger, verantwortungsbewuss-

HANS ERNI

Kybernetes
Wahrnehmung von Sinnmöglichkeiten

ter Sucher steht er mit beiden Füßen auf dem Boden, an den er durch sein Schicksal wie durch die Schwerkraft gefesselt ist. Realitätsbezogen erkundet er die Beschaffenheit des Netzes, entdeckt mehr oder weniger großmaschige Schlupflöcher, vielleicht auch Risse und fadenscheinige Problemstellen, prüft Biegsamkeit und Qualität des Materials. All das, um in schöpferisch kreativer Aktivität aus dem Geflecht von Fäden, die sein menschliches Dasein umspannen, tätig imaginierend Neues zu gestalten, gleichsam ein Muster in immer wieder neu entdeckten Varianten von Verflechtung und Umstrukturierung, von möglicherweise spannungsfähiger Straffung und Dehnung zu schaffen und als Kybernetes unterwegs zu sein, in Wahrnehmung seiner Verantwortung nicht nur lenkend, sondern gleichzeitig kontrollierend und korrigierend, die Richtung suchend in abwägender Wahrnehmung dessen, was noch nicht ist, was aber werden kann und werden soll.

Nun ist natürlich das »Muster« ein bloßer Entwurf, ein kreativ entstehender Plan, dessen Verwirklichung in Wahrnehmung geistiger Freiheit aus dem Willen zum Sinn erst lebendig wird. »Das, was du in dir hast und aussagen möchtest, führt deine Hand zu den Werkzeugen, die es dir gestatten, das zu verwirklichen, was du vorhast. Du siehst es natürlich noch nicht im Bild, aber es ist bei dir als menschliche Gesamtäußerung vorhanden und wird durch deine Hand langsam zur Darstellung.« (Hans Erni).[18] Mit dem Begriff der »Darstellung« rückt der Kunstmaler die – in ihrer Parallelität im Bereich der menschlichen Sprache ebenso bedeutungsvolle – Darstellungsfunktion ins Blickfeld, die sich im Gegensatz zur Ausdrucksfunktion in einer höheren Dimension verwirklicht, wo die »geistigen Akte« bis zu ihren »intentionalen Gegenständen« vorstoßen (Viktor Frankl). Was im Sinne Ernis als menschliche Gesamtäußerung bei dir »vorhanden« ist, »transzendiert sich selbst in die Welt hinein, auf den Logos hin« (Viktor Frankl) und »wird durch deine Hand langsam zur Darstellung« (Hans Erni).

»Keiner kann allein mit seiner Wahrheit fertig werden. Eines jeden Existenz verwirklicht sich nur in Verbindung mit anderen. Die Verbundenheit mit dem Nächsten, das Geöffnetsein für den anderen Menschen, die Begegnung, ist Voraussetzung aller Kommunikation.« (Hans Erni)[19]

»Ich wird Ich erst am Du« (Martin Buber).
Panta rhei

## Im Fluss zweier Welten

Das Wesentliche ist, dass die Welt der Sinnesempfindungen nicht die Einzige ist, die begrifflich existiert, sondern dass es noch eine andere Welt gibt, die uns allerdings nicht unmittelbar zugänglich ist, auf die wir aber nicht nur durch das praktische Leben, sondern auch durch die Wissenschaft immer wieder mit zwingender Deutlichkeit hingewiesen werden.[20]

Es ist bezeichnend für die immer wieder beeindruckende Bildhaftigkeit der Sprache Viktor Frankls, dass er die Vorstellung der beiden Welten »beseelt« mit dem Bild des Fließens, worin wir »die Welt der Sinnesempfindungen, das erfahrungsmäßig Gegebene er-fahren und durch diese Er-fahrung die ›andere Welt‹ er-landen, diese aber keineswegs kontinuierlich im Blick behalten, niemals in continuo, niemals im systematischen Zusammenhang als ›Kontinent‹, als Ganzes überschauen können«.[21]

Die im Bild auf Seite 230 zum Ausdruck gebrachte aktive Bewegtheit führt konsequenterweise zum Verständnis und macht erklärbar, warum nicht nur in der Philosophie, sondern auch im Bereich der Naturwissenschaften so oft und bei verschiedensten Vertretern die Assoziation zum Fließen ihren Niederschlag findet: Die Welt der Er-fahrung, die durch wissenschaftliche Methoden erforschbare Wirklichkeit, wird verglichen mit einzelnen Wellen, Wirbeln, Strudelbewegungen und Kräuselungen, die in der sinnlichen Erfahrung sich bilden, wechselweise entstehen, vergehen, sich verändern inmitten des die »andere Welt«, die Welt des Metaphysischen symbolisierenden Strömens eines großen Flusses.

Die lang gezogenen Fließbewegungen veranschaulichen einen universellen Strom, der sich nicht explizit fassen, sondern nur implizit erkennen lässt. Es ist das die Welt des Metaphysischen symbolisierende Strömen eines Flusses, in dem wir versuchen, Ganzheitliches zu er-landen. Was nun aber in diesem kontinuierlichen Fließen explizit fassbar, als Formen, als Wellen- oder Strudelbildungen, als Kräuselungen und Wirbelbewegungen konkret erkennbar ist, das sind Sinneswahrnehmungen, Gedanken, Forschungsobjekte, die für unser fragmentierendes Denken begreiflich, fassbar und wandelbar, in der Welt der Sinnesempfindungen er-fahrbar sind und je nach Bedeutsamkeit, Autonomie, Stabilität oder Entwicklungsfähigkeit hier sogar in menschlichem Gesichtsausdruck eine Darstellungsfunktion ausüben und darin das intentionale Streben nach Über-sich-Hinauswachsen versinnbildlichen.

## *Fragmentierung und Ganzheit*

Die Sichtweise von »ungeteilter Ganzheit in fließender Bewegung« des »großen« Stroms impliziert, »dass das Fließen den ›Dingen‹, die man in diesem Fließen entstehen und auch vergehen sehen kann, vorausgeht, nämlich als deren a priori, als Voraussetzung, als Bedingung möglicher Erfahrung«.[22]

Bertrand Russell definiert die Metaphysik als »einen Versuch, die Welt als ein Ganzes mithilfe des Denkens zu erfassen«. Im Gedanken einerseits an die Fragmentarität, der der Mensch in seinem Denken unterworfen ist, und andererseits an seine Unfähigkeit, das Ganze zu denken, wird hier einsichtig, dass zur vollständigen Beschreibung ein- und desselben Sachverhalts zwei unterschiedliche, nicht miteinander vereinbare, das heißt komplementäre Erklärungsmodelle erforderlich sind.

Die Idee der Komplementarität erzeugt eine tiefgreifende Bereicherung unseres Denkens. Der Physiker Max Planck, der mit seinen theoretischen Untersuchungen um die Wende zum 20. Jahrhundert den Stein der Quantenphysik ins Rollen brachte, hat als Erster versucht, die »Unvereinbarkeit« der »beiden Welten« aufzuheben, indem er sie zwei unterschiedlichen Ebenen zuordnete«. Die Erfahrung, dass es in der Physik Phänomene gibt,

HANS ERNI
Wasser
Im Fluss zweier Welten

die einander gleicherweise ausschließen und ergänzen (wie beispielsweise die beiden komplementären Eigenschaften eines Elektrons als Korpuskel und als Welle), legt den Gedanken nahe, dass auch in anderen Disziplinen und auf anderen Gebieten des menschlichen Denkens und Handelns verschiedene Betrachtungsweisen auf unterschiedlichen Ebenen erforderlich sind, weil die Erfassung des Ganzen eines Systems in einem einzigen Bild nicht gelingt.

Die unserem Denken eigene Fragmentierung zwingt uns, die Welt in Teile zu zerlegen. Doch widerspricht jede Teilbarkeit explizit dem Wesen der eigentlichen Wirklichkeit. Deshalb versucht der Mensch immer wieder, dieser »im Denken auferlegten Fragmentierung die Vorstellung einer Ganzheit entgegenzusetzen«. Das bedeutet – in unserem Bild gesprochen – mit dem Fließen in dem die »andere Welt symbolisierenden Strom« nicht nur »den Dingen voraus« zu sein (s. oben), sondern die »Dinge« gleichsam aus der Bruchstückhaftigkeit zu befreien. Und damit kann man sie als verborgene Einheit mit dem universellen Strömen zum Gleichnis für die Überwindung der eigenen Fragmentarität werden lassen in einem Aus-sich-Herausbrechen, in einem Über-sich-Hinauswachsen, im Erlangen einer Ganzheit, die unendlich viel mehr ist als die Summe ihrer Teile.[23]

Diese Problematik der Komplementarität von Fragmentierung und Ganzheit findet ihren ganz spezifischen Niederschlag in den Fragen nach den Dimensionen des Menschseins. Werner Heisenberg spricht explizit von einer Stufenleiter von Schichten, nämlich den »verschiedenen Bereichen der einen Wirklichkeit, die von einer untersten Schicht, wo wir noch vollständig objektivieren können, bis zu einer obersten Schicht reichen, in der sich der Blick öffnet für die Teile der Welt, über die nur im Gleichnis gesprochen werden kann.«[24]

In dieser Thematik nimmt Viktor Frankl klar Stellung, indem er den Gedanken von der Ganzheit des Menschen gegenüber der »Hartmannschen« Schichtentheorie in zwei Schritten modifiziert: Die bildhafte Veranschaulichung des Geistigen im Menschen als

»Kern« der Person, als das geistig existenzielle Zentrum, das vom Psychophysikum umhüllt ist und in seiner Kernhaftigkeit aufleuchtet und damit die es umgebenden Hüllen durchwirkt und erhellt, ist gleichsam der erste Schritt, der einsichtig macht, dass die Ganzheit Mensch nicht einfach eine Zusammensetzung von Leib, Seele und Geist verkörpert.

Dass die Ganzheit Mensch unendlich viel mehr ist als diese Summe von Leib, Seele und Geist, manifestiert sich dann in einem zweiten Entwicklungsschritt, nämlich in der Dimensionalontologie, wonach die Einheit Mensch »nur in einer Dimension zu finden ist, die jenseits der biologischen beziehungsweise der psychologischen Schnittebene liegt, eben in der menschlichen Dimension, im Raum des Menschlichen, in der Dimension der spezifisch menschlichen Phänomene.«[25]

## Im Fluss des Staunens

»In immer neuen Wogen wird mein sinnender Geist von Staunen erfüllt.« (Samuel Vollenweider)

Im Erwachen zu der überwältigenden Erkenntnis, dass »ich mich nicht selber gemacht, nicht selber gewollt, vielmehr vorgefunden habe« (von Weizsäcker, s. oben, Anm. 15), nimmt das Staunen im menschlichen Leben seinen Anfang. Es ist ein Erwachen zu etwas, das jenseits dessen liegt, was der Mensch bisher gedacht oder gewusst hat, ein Erwachen zum Fragen, zum Wissen-Wollen, zu einem Sich-Wundern. Dass im aristotelischen Sinne alles Fragen und Philosophieren mit einem »Staunen«, mit einem »Sich-Wundern« beginnt, ist »das eigentliche Wunder, vor dem der Mensch steht, das Mysterium, das Urphänomen seiner eigenen Existenz«.[26]

Im Abschnitt »Vom Sein zum Werden« sind wir den tiefgründigen Gedanken des von-Weizsäcker-Zitats nachgegangen, und in einem im Staunen erwachten brennenden Suchen nach dem tragenden Urgrund unseres Lebens ist im speziellen die Frage nach der Beziehung zwischen Urbild und Abbild zur zentralen Thematik gewachsen.

Dabei sind wir zur logotherapeutischen Erkenntnis gelangt, dass in der Berührung des Endlichen mit dem Unendlichen das Endliche im Unendlichen aufgehoben wird, aufgehoben sowohl im Sinne eines Geborgen-Seins als auch gleichzeitig emporgehoben, indem »das Ewige im Menschen unversehrt ins Höhere eingeht«. (s. oben, Anm. 17)

Und hier staunen wir: Hier ist eine Erkenntnis, die uns ganz persönlich angeht, die uns berührt, die etwas in uns bewegt, die uns verändert, indem sie uns öffnet. Wir sind aufgehoben, emporgehoben in eine Welt, die wir in den Bedingtheiten unseres Denkens, unseres Wissens und Erkennens gar nicht erfassen können.

Aus menschlicher Sicht ist das uns Umfassende, das uns Transzendierende, Überragende, »das unbegrenzte Ganze nicht mehr überschaubar, und darum geht auch der Sinn des Ganzen über unser Fassungsvermögen notwendig hinaus. Der Sinn des Ganzen ist nicht weiter aussagbar, nicht näher angebbar – es sei denn im Sinne eines Grenzbegriffes, so zwar, dass wir sagen: Das Ganze hat einen Sinn – es hat einen Übersinn. »Übersinn« hat aber nicht das Geringste zu tun mit »übersinnlich«, sondern heißt so viel wie »übersinnvoll«.

»Den Übersinn zu denken, ist unmöglich; so ist es notwendig, ihn zu glauben.«[27]

## *Staunend unterwegs*

»In immer neuen Wogen wird mein sinnender Geist von Staunen erfüllt«, und an der Grenze zu dieser neu sich öffnenden Welt, indem wir »ans Transzendente anstoßen« (Frankl), gelangen wir staunend aus den Bereichen des Wissens an eine Welt, die in ihrer Unerreichbarkeit nur glaubend erfasst, er-ahnt werden kann.

Liegt nicht vielleicht die Voraussetzung des Staunens in der Fähigkeit, die Welt des Wissens und Handelns, des schöpferischen Gestaltens und wissenschaftlichen Forschens von der Welt des Erahnens befruchtend durchwirken zu lassen, sich einer Wahrheit zu öffnen, die wir noch gar nicht besitzen, die aber er-ahnend zu erreichen unser Ziel ist, ein Ziel, das die »immer neuen Wogen des sinnenden Geistes« zum steten Unterwegssein motiviert?

Wiederum ist es der Kunstmaler Hans Erni, der die schöpferische Fähigkeit besitzt, das Wissbare, das Denkbare und hier in besonderer Weise auch das Er-ahnbare, das Anzustrebende, das zu Erhoffende lebendig erschaubar werden zu lassen in seinem Bild »Forscher und Wunder«. Alle unsere zuvor durchdachten Gedankengänge und Überlegungen werden lebendig: In einer »wogenden« Bewegtheit von tief engagiertem Forschen und Mühen, von Grenzerfahrungen und deren Chancen zu Überschreitungen, von immer neu und weiter gezogenen Kreisen, Stufe um Stufe hinaus in den Kosmos, von unermüdlichem Entdecken und Überwinden stets wieder neu auftauchender Horizonte wächst die Kraft, mit vorwärtsgerichtetem Blick im Licht von sinnsuchender Hoffnung die Chancen noch unbetretener Wege wahrzunehmen, neue Schritte zu wagen und weitere Kreise zu ziehen, die dem Licht entgegenwachsen.

Immer wieder sind es die großen Geister unserer Geschichte, die aus staunendem Ahnen die Grenzen ihres Forschens und derzeitigen Wissens durchstoßen haben, die unentwegt inspiriert und erfüllt von ahnendem Wissen, dass das Überragende, das einende Ganze, nach dem der Mensch sich in seiner unstillbaren Sehnsucht ausstreckt, nur in kontinuierlich fließender Bewegung auf neue Ziele hin im Blickfeld bleiben wird, nie erreichbar, aber immer mehr Nähe gewinnend. Das einende Ganze, das hier dargestellt ist durch ein strahlendes, das Bild dominierendes Sonnenlicht als Symbol für das Wunder, das dem Forscher unverlierbaren Impuls bedeutet, auf die erhoffte Wahrheit hin unterwegs zu sein.

Die Wogen des Staunens sind auch im Bereich von Forschung und Wissenschaft von integrierender Bedeutung als Beitrag zu inneren und äußeren Erkenntnisfortschritten. Obwohl das Staunen als ein subjektiver Bewusstseinszustand in wissenschaftlichen Methoden keinen Platz findet, haben wir es erkannt mit dem daraus wachsenden Fragen als Urphänomen allen Menschseins, und die Erfahrung lehrt, dass Staunen im Zusammenwirken mit Forschen

HANS ERNI
Forscher und Wunder

Entdeckerfreude auslöst und Impulse zu immer neuem Erkenntnisgewinn setzt. Doch darüber hinaus kann latent verborgenes Staunen auch in bereits bekanntem Wissen, im Verstehen von Naturgesetzen, in als logisch erwiesenen Sachverhalten Ehrfurcht gebietend beglücken.

Wenn ich abschließend als persönliches Anliegen in diesem Zusammenhang Frau Dr. Elisabeth Lukas zum Geburtstag das Bild »Forscher und Wunder« als Ausdruck von Verehrung und Anerkennung widmen möchte, so geschieht dies aus der tiefen Überzeugung, dass meine verehrte Lehrerin einen eindrücklichen Beweis für die Werthaftigkeit so erkannten kreativen Staunens in die Welt der Logotherapie gesetzt hat in ihrem weltweit engagierten Wirken, in ihrem umfangreichen Schrifttum und ganz speziell auch in der Ausstrahlung ihrer Persönlichkeit.

In jeder Begegnung, sei es durch Lektüre, durch Reden oder im persönlichen Gespräch entsteht spontan der bewegende Eindruck, wie sehr Elisabeth Lukas die Fähigkeit geschenkt ist, sich zu öffnen. Sie öffnet sich primär dem, was ihr selber zur Quelle des Staunens geworden ist, und das unermüdliche Schöpfen aus dieser Quelle wird animierend fühlbar in der aus dem Quellwasser genährten Wirklichkeit und Echtheit ihrer Persönlichkeit. Dabei wird als Konsequenz im Sinne Jaspers »das Wasser des Wissens erst zur geistigen Nahrung, wenn nicht nur der Verstand, sondern der Mensch selber da ist, der jenes Wissen denkend aneignet«. Es ist der Mensch Elisabeth Lukas, der dieses Wissen zum Leben erweckt, der sich öffnet, die Quellen aus eigener Öffnung fließen lässt und in diesem Sichverströmen auch im Hörer, im Leser, im Gesprächspartner Bewegung auslöst. Es ist eine Einladung, in den Fluss dieses Quellwassers einzusteigen, mitzuströmen, eigene Veränderung und existenzielles Wachstum zu erleben und in schöpferischen Impulsen des Staunens immer kundiger zu werden.

Im Staunen, das Elisabeth Lukas ausstrahlt, zu dem sie öffnet, »tut sich dem Menschen eine verborgene Dimension auf. Es ist eine Form der Resonanz mit dem Geheimnis der Welt und ihrem göttlichen Grund.« (Samuel Vollenweider) Es ist ein Staunen, das nicht nur mitreißt zu immer neuen Wogen sinnenden Geistes, sondern inmitten dieser Wogen erweckt es gleichzeitig ein tief empfundenes Gefühl von Dank und den Wunsch, ihn mitzugehen, den Weg von den Quellen und zu den Quellen, aus denen unser Leben sich erfüllt! Panta Rhei

Angela Steiger-Ronner, Mittelschulprofessorin für Musik und Methodik. Nach Zusatzstudium in Logotherapie Dozentin und Vorstandsmitglied am *Schweizerischen Institut für Logotherapie und Existenzanalyse* in Chur, Sektionsleitung Pädagogik und Kunst; Referate und Seminarleitungen an in- und ausländischen Fachtagungen, Kongressen und Symposien, Publikationen in diversen in- und ausländischen Fachzeitschriften.

Anschrift:
Weidstraße 11
CH-6300 Zug
Tel.: 0041/41/711 66 76

CHRISTOPH RIEDEL

# *Die Zeit – Herrschaftsstruktur oder Sinnmedium?*

Über Zeit nach-zudenken und anschließend, was nach-gedacht ist, vor-zulegen – das ist im Blick auf das, worum es im Thema »Zeit« geht, schwierig. Augustinus stellt zur Reflexion der Zeit fest: »Was also ist die ›Zeit‹? Wenn mich niemand danach fragt, weiß ich es; will ich einem Fragenden es erklären, weiß ich es nicht.«[1] Wenn etwas im Denken schwierig wird, dann wendet man sich an die, denen man, wenn schon nicht im Lösen, dann wenigstens im Bearbeiten dieser Denkschwierigkeiten Kompetenz zutraut, an die Philosophen. Das philosophische Erwägen der Zeit bildet den einen Teil dieser Abhandlung. Der andere Teil der Überlegungen bezieht die philosophische Differenzierung am Zeitbegriff auf existenzanalytische Aussagen zum Leben in der Zeit.

## Von der Schwierigkeit, Zeit zu denken und über Zeit zu sprechen

Lassen wir uns zunächst auf einen philosophischen Diskurs zur Zeit ein. Wir treffen auf die Frage, was denn die verwickelten Überlegungen der Philosophen zur Zeit das konkrete Leben angehen. Damit geraten wir in einen Grenzbereich der philosophischen Kompetenz: den Übergang des Begriffs zum Leben. Zeit – so lehrt die Philosophie – ist nicht nur jene reine Verstandesform, durch die hindurch der Mensch Wahrnehmungen zu Vorstellungen und Begriffen zusammenarbeitet (I. Kant, J.G. Fichte). Zeit ist auch nicht allein jener Prozess, der in einem Irgendwann begonnen hat, vielleicht in dem Augenblick, als sich nichtstoffliche

Energie in stoffliche Zustandsformen wandelte, gewissermaßen auf den Punkt kam, den wir als Zeit-Punkt im Munde führen, und nach einer gewissen Dauer in einem Irgendwann endet, möglicherweise in der Rücknahme aller stofflichen Zustände in Energie, wie es eine moderne Naturphilosophie sieht. Zeit, das ist Punkt und Linie zugleich, der Lidschlag des Augenblicks ebenso wie auch die Dauer der Geschichte.

Exstenzphilosophisch gesehen ergibt sich eine wichtige Differenzierung am Begriff der Zeit, die eine Beziehung zwischen Zeit und Leben herstellt: Zeit ist auch Lebens-Zeit. Spätestens jetzt verlieren sich die abstrakten Aussagen zur Zeit ins Ferne, Ungefähre. Denn Lebens-Zeit zeigt sich mit einem doppelten Gesicht: »In ihr entfaltet Leben sich nicht nur; sie ist ihm auch als Frist gesetzt.«[2] Schon erhält die Zeit ein anderes Gewicht, wenn sie zur Lebenszeit wird. Dann erscheint sie als die Zeit, die dem Einzelnen zur Entfaltung gegeben ist und die wieder endet, ohne dass jener allzu sehr Einfluss auf den Zeitpunkt des Endes nehmen kann. Die individuelle Lebens-Zeit ist in einen Zeitzusammenhang eingebettet. Sie verschränkt sich mit der Lebenszeit vieler anderer Menschen. Nicht nur derer, die Zeit-Genossen sind, sondern auch derer, die vorher lebten und nachher leben werden. Lebenszeit so zu sehen, legt eine andere Hinsicht auf die Zeit nahe: Lebenszeit erscheint im Kontext der »Zeit des Lebens«. Zeit ist ein Ermöglichungsgrund für das Leben und zugleich auch eine Grenze dafür.

Jetzt geht es nicht mehr nur um abstrakte Philosophie. Denn im Blick auf die Verflechtung von Lebenszeit und Zeit des Lebens kommt das Leben und das Dasein ins Spiel, unter dem Aspekt des konkreten Lebens. Leben im Horizont der Zeit bedenken, das gehört auch zum Geschäft der Existenzanalyse. V. Frankl hat als eine grundlegende Aufgabe die Hinführung des Menschen zum Geistigen festgeschrieben. Dabei bezieht er Geist und Existenz aufeinander:

> »Vielmehr ist Existenzanalyse Explikation der Existenz. Nur dass wir nicht übersehen, dass die Existenz, die Person, auch sich selbst expliziert: sie expliziert sich, sie entfaltet sich, sie rollt sich auf, und zwar im

ablaufenden Leben. Wie ein aufgerollter Teppich sein unverwechselbares Muster enthüllt, so lesen wir am Lebenslauf, am Werden, das Wesen der Person ab.«[3]

Die Existenzanalyse gerät vor die Frage der Zeit, indem sie die ausdrückliche Entfaltung der Person (Explikation) im Leben auf deren ursprüngliche und ermöglichende Dimension hinführt: auf das Geistige, das im Werthorizont der jeweiligen Situation greifbar wird, und in der Erfüllung des Sinns, den der Augenblick verlangt, durch den jeweiligen Menschen sich in der Zeit verdichtet.

Halten wir in vier Thesen das Ergebnis unseres einführenden Diskurses zur Zeit fest:
1. Zeit hat mit Verstand zu tun: Sie fließt in die Begriffsarbeit ein.
2. Zeit hat einen Anfang und ein Ende.
3. Zeit begegnet uns im Zeit-Punkt und in der Zeit-Dauer, den Bedingungen ihrer Messbarkeit.
4. Zeit bezieht sich auf Existenz als Lebenszeit, in der Leben sich befristet entfaltet, und als Zeit des Lebens, in welcher Leben ermöglicht und begrenzt wird.

Gehen wir auf das Thema zu und fragen uns: Ist die Zeit Herrschaftsstruktur oder Sinnmedium für unser Leben?

## Die Verwiesenheit von Zeit des Lebens und Lebenszeit aufeinander

Zeit erscheint immer ambivalent:
1. Sie hilft, das diffus Wahrgenommene im Begriff zu ordnen. Jede Ordnung aber kann zum Zwang entarten.
2. Zeit enthält eine Struktur: nämlich innerhalb von Grenzen Prozesse zu ermöglichen. Das kann als Sein in der Zeit beruhigend erlebt werden. Es kann aber unter dem Aspekt des »Habens von Zeit« beunruhigen, weil Zeit eben zuhanden auch schon verfließt. In diesem Erleben gründet nicht selten der schlechte Stress (Dystress).

3. Zeit erleichtert die Überschaubarkeit des Lebens, indem ihr Verlauf in Zeitpunkten festgeschrieben werden kann. Sie verhindert aber auch den Über-Blick über das Leben, weil wir jeden Zeitpunkt nur im Verlaufsgeschehen der Zeit haben. Solche Vergänglichkeit löst die Angst vor der endgültigen Grenze der Zeit aus, dem Tod.[4]

Darin lässt sich die angedeutete Ambivalenz der Zeit als Verweisungszusammenhang zwischen Zeit des Lebens und der Lebenszeit verstehen.

## *Die Lebenszeit als Möglichkeitsbedingung*

Zeit als Zeit des Lebens ermöglicht die Entfaltung des Daseins. Denn sie dimensioniert die Lebenszeit.

In ihr wird die Zeit für den Lebensbeginn, den Lebensverlauf und das Lebensende zugewiesen. Das Leben wird durch die Zeit von Anfang an in eine Beziehung zum Leben anderer gebracht. Es sind die Eltern, die den Anfang des Lebens in einer bestimmten Zeit mitentscheiden. Das Leben verflicht sich bereits anfangs mit den Menschen, die das politische, soziale, wirtschaftliche, ökologische, kulturelle Geschehen mitbestimmen. Individuelles Leben steht in der objektiven Dimension der Zeit.

Zugleich aber erhält der Einzelne nicht nur objektive Zeit, sondern gestaltet auch seine eigene Zeit. Das Wachen und das Schlafen im individuell gefärbten Rhythmus des Neugeborenen[5], die Lernentwicklung des Kindes, die Entfaltung der Ausdrucksfähigkeit der geistigen Person während der Pubertät und frühen Adoleszenz, die Gestaltung der Persönlichkeit in den Wertverwirklichungen und Sinnerfüllungen, in denen sich die Person des Menschen in der Zeit verdichtet – das alles hängt auch von den individuellen die genetische Entwicklung steuernden »Zeit«-Genen ab, und von der jeweiligen Bereitschaft, das eigene Leben im Spannungsfeld von Freiheit und Verantwortlichkeit selbst zu übernehmen. Die Zeit wird subjektiv.

Die subjektive Zeitgestaltung beeinflusst die Zeit anderer. Denn in der Interaktion veranlasst der Einzelne andere, auf seine Zeit einzugehen und ist gehalten, seine Zeit an die anderer anzupassen. Subjektive Zeit ist immer auch die objektive Zeit anderer Menschen, wie deren subjektive Zeit immer auch eigene objektive Zeit ist. Daraus erhellt sich, was die Verbindung von Zeit und Existenz bedeutet: Zeit des Lebens kann nicht von der Lebenszeit abgelöst werden. Die Zeit des Lebens vollzieht sich in den Lebenszeiten der Einzelnen. Die Lebenszeit der Einzelnen wird als solche erst im Zusammenhang der Zeit des Lebens abgrenzbar, individualisierbar.

Was vorher als »Dimensionierung« der Lebenszeit in der objektiven, subjektiven und interaktiven Zeit des Lebens angesprochen wurde, verdeutlicht sich jetzt:

Die Zeit des Lebens ist die Möglichkeitsbedingung des Bewusstseins der individuellen Lebenszeit, die als subjektiv gestaltete Zeit des Lebens erscheint. Das individuelle Leben ist als Verlauf nur in seiner Verflechtung mit der Zeit des Lebens wahrnehmbar. Indem wir unsere subjektive Lebenszeit den objektiven Zeitgegebenheiten abringen und in Interaktion mit ihnen gestalten, entdecken wir, dass unser Leben sich als selbst-transzendenter Verlauf oder Prozess vollzieht. Die Lebenszeit ist die Möglichkeitsbedingung des Bezuges von Leben und Zeit, der lebenserfüllten Zeit, der Geschichte eben, die ihre objektive Gestalt durch die subjektiven, lebenszeitlichen Gestaltungen erhält. Denn Geschichte wird erkennbar, wo Ereignisse aus dem Verlauf heraus abgegrenzt, voneinander abgesetzt, unterscheidbar werden. Dass Geschichte ein Prozess, d.h. ein Voranschreiten ist, das erkennen wir an den menschlichen Akten, die sich in Zeitpunkten verdichten, an denen sich ein Vorher von einem Nachher scheidet. Kurz gesagt: Zeit des Lebens und Lebenszeit sind aufeinander verwiesen und werden so als Phänomen für das bewusste Leben greifbar.

### *Ist Zeit ein Sinnmedium oder beherrscht sie uns?*

Jetzt ist die Themenfrage zugespitzt: Übt Zeit als die Grundstruktur des Lebens, als die sie in objektiver und subjektiver Hinsicht erscheint, nicht eine eiserne Herrschaft über das Leben aus? Mit dem Philosophen Michael Theunissen gesprochen: »Können wir in der Zeit glücklich sein?« Hängen also Gelingen oder Misslingen des Lebens »von unserem Umgang mit der Zeit«[6] ab? Noch einmal anders gefragt: Ist die Zeit sinnbringend, also ein Medium, in dem Sinn auf uns zukommt und von uns aufgegriffen werden kann?

An zwei Phänomenen des Zeiterlebens, dem der Schweren Depression (Major Depression) und dem der Lebenszeitbeschleunigung lesen wir Bausteine für eine Antwort auf die gestellten Fragen ab.

## Das Zeiterleben in der Depression

Ich komme auf die Verwiesenheit von Zeit des Lebens und Lebenszeit aufeinander zurück und versuche, jene im Zeiterleben des depressiv erkrankten Menschen zu rekonstruieren. Als Leitsatz dient eine Gedichtzeile des irischen Dichters Samuel Beckett. Er schreibt in »Cascando«[7] (1976, S. 49):

> *»die Stunden, da du fort bist, sind so bleiern*
> *zu früh fangen sie immer an zu schleppen«*

In dieser Formulierung steckt zweierlei:
- einmal das primäre Zeiterleben in der Depression: die »bleierne Zeit«;
- zum anderen die interaktive Komponente der Zeit: das »Ohnedich«, die Einsamkeit der Depression.

Das Zeiterleben in der Depression beschreibt R. Tölle[8] (1996, S. 238) so:

»Die Grundstörung der Melancholischen sieht von Gebsattel in einer »Werdenshemmung«. Der Kranke erlebt die vor ihm liegende Zeit als endlos gedehnt (was auch experimentell nachzuweisen ist), gleichzeitig verrinnt die Zeit für ihn unaufhörlich. Gestört ist also die innere Werdezeit, die erlebnisimmanente Zeit. Die Zukunft ist für den Melancholischen versperrt.«

Der depressiv Erkrankte sieht sich in einer ungeheuren Zeit-Dehnung. Für ihn verbreitert sich gewissermaßen die Zeitlinie zur Zeitebene, deren Ränder unscharf sind. Zeit erscheint in begrenzenden Konturen nicht mehr absehbar. Der Bezug der eigenen Lebenszeit zur Zeit des Lebens lässt sich für den depressiv Erkrankten so beschreiben: Er sieht die Zeit des Lebens in Gleichzeitigkeit (Syntonie) mit der Lebenszeit. Das Bedingungsverhältnis der Ermöglichung der Lebenszeit durch die Zeit des Lebens ist aufgehoben. Die Schwere Depression (Major Depression) kennt nur die Gleichzeitigkeit, das Verschwimmen der subjektiven mit der objektiven Zeit. Damit lösen sich die Konturen und die Zeit-Punkte im Meer der Zeit auf. Dieses Verschwimmen erlebt der depressiv Erkrankte als Verrinnen der Zeit, besser noch als Versacken in der Zeit – ohne eine Perspektive, also ohne Zukunft. Wer depressiv erkrankt, vermag seine subjektive Lebenszeit nicht mehr in der Zeit des Lebens zu verdichten, sodass er sie als Zeitpunkt erleben könnte. Die Stunden werden »bleiern«. Die Zeit beschwert das Leben des an einer Schweren Depression Erkrankten. Er fühlt »sich der Zeit ausgeliefert«.[9] D. Hell spricht vom Gefühl der »Losigkeit«. »Der depressive Zustand hat keinen inneren Ansatzpunkt mehr.«[10] Das Zeiterleben verliert seinen Kern und damit auch seine Grenzen. Die Zeit wird »bleiern«.

Das Gefühl, der Zeit ausgeliefert zu sein, entsteht also, wenn es nicht mehr gelingt, die Zeit des Lebens durch die eigene, die subjektive Lebenszeit zu verdichten und darin in eine Gestalt zu fassen. M. Theunissen resümiert dies in der analytischen Feststellung: »Das Krankmachende ist die Zeit selbst. Sie ist es in dem Sinne, dass ihre Herrschaft durch den Abbau der Gegenmacht des Subjekts ungehindert zur Geltung kommt.«[11]

Nun ist es im Falle der Schweren Depression eine neuronale Stoffwechselstörung, die die Herrschaft der Zeit als so grausam erfahren lässt. Dennoch erkennen wir am Zeiterleben des depressiv erkrankten Menschen während seiner depressiven Episoden etwas für das intakte Leben Erhellendes: Die Zeit des Lebens wird gegenüber der Lebenszeit zur beherrschenden Struktur in dem Maße, in dem wir unsere Lebenszeit nicht als Subjekte gestalten. Wer die eigene Lebenszeit nicht der Zeit des Lebens abringt, der erlebt sich im Sog der Zeit, in dem ihm langsam die Unterscheidung zwischen sich und den anderen abhanden kommt. Noch einmal ist an Becketts Gedicht zu erinnern: Dort ist von einem abwesenden Du die Rede. Die subjektive Kraft des Geistigen vermag gegen die ereignisreiche Zeit des Lebens keine »Deiche« mehr zu errichten. Die als persönliche Geschichte abgerungene Lebenszeit verliert an Boden. Die Interaktionen verflüchtigen sich für den Einzelnen. Die Zeit verliert für den depressiv Erkrankten ihre soziale, interaktive Dimension. Dadurch wird nicht nur die Lebenszeit, sondern auch der durch sie erschließbare Lebensraum ununterscheidbar. Der Erkrankte verliert seine Perspektive und erlebt seine Lebenszeit gewissermaßen nach allen Seiten offen und gedehnt. Das Leben wird angesichts des Verfalls seiner Zeit und seines Raumes gleichgültig, ohne die gesunde und intakte Wahrnehmung des Wert-Vollen des Augenblicks und der Vergangenheit. Das Leben erscheint wertlos. Daher rühren auch die Schuldgefühle, die häufig die Schwere Depression begleiten.

Halten wir grundsätzlich fest:

Wenn der Mensch es aufgibt, der Zeit des Lebens seine Lebenszeit gestaltgebend abzuringen, gibt er zugleich seinen Lebensraum auf. Die pure Zeitlichkeit seines Daseins wirkt wie ein unentrinnbares Verhängnis, dem er ausgeliefert erscheint.

## Das Zeiterleben der Lebenszeitbeschleunigung

Die eine Seite der Herrschaft der Zeit ist deren unendliche Dehnung, in der die Gleichzeitigkeit Gleichgültigkeit hervorbringt und das Leben eingeebnet wird. Die andere Seite ist die Lebenszeitbeschleunigung. Frankl schrieb: »Wir halten das beschleunigte Tempo des Lebens von heute für einen, wenn auch vergeblichen, Selbstheilungsversuch der existenziellen Frustration: Je weniger der Mensch um ein Ziel seines Lebens weiß, desto mehr beschleunigt er auf seinem Lebensweg das Tempo.«[12] Viele beklagen das kaum erträgliche Lebenstempo heutzutage. Dabei wird übersehen, worauf der Philosoph Odo Marquard (1994, S. 45–48) aufmerksam macht: Die Dialektik von Schnelligkeit und Langsamkeit des Lebens ist es, die unser Zeit-Erleben so belastend macht.[13] Wieder gehen wir von einem Leittext aus. Er stammt vom römischen Pädagogen und Philosophen Seneca:

> »So ist es: nicht das Leben, das wir empfangen, ist kurz, nein, wir machen es dazu; wir sind nicht zu kurz gekommen; wir sind vielmehr zu verschwenderisch. Wie großer fürstlicher Reichtum in der Hand eines nichtsnutzigen Besitzers, an den er gelangt ist, sich im Augenblick in alle Winde zerstreut, während ein, wenn auch nur mäßiges Vermögen in der Hand eines guten Hüters durch die Art, wie er damit verfährt, sich mehrt, so bietet unser Leben dem, der richtig damit umzugehen weiß, einen weiten Spielraum. ... Was klagen wir über die Natur? Sie hat sich gütig erwiesen: das Leben ist lang, wenn man es recht zu brauchen weiß.«[14]

Lassen wir uns das zusammen mit O. Marquard durch den Kopf und zu Herzen gehen: Die Kürze der Lebenszeit zwingt uns zur Eile, zur Schnelligkeit, um der Zukunft das Neue, die Veränderung abzuringen. Andererseits vermögen wir nicht beliebig viel Neues zu erreichen, da uns die Zeit dazu fehlt. Wir sind an die Vergangenheit als Ausgangspunkt und Grundlage unserer Veränderungen festgebunden. Das fordert die Langsamkeit des Lebens ein. Beides muss der Mensch sein: »Eiler und Zögerer«, denn nur dieses »temporale Doppelleben« bewahrt ihn »davor, nur – zukunftshungrig – schnell oder nur – herkunftsdominiert – langsam zu leben«.[15]

Das Problem der Gegenwart ist die Einseitigkeit: Entweder die Menschen fühlen sich – fortschrittsverpflichtet – hineingezogen in das rasende Lebenstempo; oder man hält sich starrsinnig – fundamentalistisch – an der Vergangenheit fest. Das hat Folgen:

- Die Zuordnung von Schnelligkeit und Langsamkeit als Strukturen der Lebenszeitbefristung übersehen wir. Wir gewinnen unsere Lebenszeit nicht mehr aus der Interaktion mit der Zeit des Lebens.
- Deshalb übersehen wir »die mitmenschliche Multitemporalität«[16] zugunsten zunehmender Individualisierung. Die geteilte (und verteilte) Zeit ist nämlich zugleich vielfache Ungleichzeitigkeit und damit für den Einzelnen Vervielfachung seiner Lebenszeit in der Zeit des Lebens. Die Lebenszeit ist verflochten mit der Zeit des Lebens, der objektiven Zeit der anderen. Verlieren wir den Zugang zu ihr, dann vereinzeln wir uns in unserer Lebenszeit. Dies aber ist unverkennbar eine neurotische Tendenz.

Damit sehen wir auf etwas im Vergleich zur Betrachtung des Zeiterlebens in der Depression Neues: Dort war es die Ein-Ebnung der Lebenszeit auf die Zeit des Lebens, die zur Gleichgültigkeit und Unterschiedslosigkeit des Lebens führte. Hier, im gerade Durchdachten, ist es die Ablösung der Lebenszeit von der Zeit des Lebens, die zur Be-Sonderung, Ego-Zentrierung und letztlich Isolation führt. Gilt dem depressiv Kranken alles gleich, gilt dem neurotisch Lebenden in Bezug auf sein Leben alles als das Besondere. Denn er zieht sich aus der Zeit des Lebens ganz in seine subjektive Zeit zurück und bezieht alles, was in der Zeit geschieht, auf sich selbst. Weil er aber mit der zunehmenden Ego-Zentrik die Inter-Aktionsmöglichkeiten verliert, driftet er hinein in die »Grauzone zwischen Unwilligkeit und Unfähigkeit«[17], wie E. Lukas neurotisches Leben beschreibt.

Halten wir also grundsätzlich fest:

Die Herrschaft der Zeit als Zeit des Lebens kann generalisieren, indem sie die Grenzen des Subjekts und seiner Lebenszeit einreißt, überschwemmt.

Die Herrschaft der Zeit als Lebenszeit kann isolieren, indem das Subjekt seine Lebenszeit mit Bollwerken gegen die Zeit des Lebens umgibt.

## Die Zeit als Medium des Sinnerlebens

Wir sind den Polen der Grausamkeit der Herrschaft der Zeit nachgegangen. Haben wir angesichts des Befundes von Ein-Ebnung und Be-Sonderung als den Eckpunkten der Zeitherrschaft Grund für einen optimistischen Blick auf die Zeit?

Wer diesen Überlegungen bislang folgte, dem ist sicher eines aufgefallen: Es war von Möglichkeitsbedingungen für die Lebensgestaltung im Medium der Zeit die Rede. Nicht von ehernen Gesetzen, nach denen das Leben der Zeit ausgeliefert ist. Im Gegenteil: Dass Menschen sich an die Zeit ausgeliefert empfinden, wurde zum Symptom dafür, dass sie in irgendeiner Form krank geworden sind. Umgekehrt heißt das: Zeit ist primär eine Möglichkeitsbedingung für gelingendes Leben. M. Theunissen brachte dies auf die These: »Menschliches Leben gelingt, wenn es gelingt, nicht dank der Zeit, sondern trotz ihrer.«[18]

Diese These enthält eine richtige und eine falsche Explikationsmöglichkeit. Die falsche wäre, Gelingen immer nur im Abtrotzen der Lebenszeit gegenüber der Zeit des Lebens zu sehen. Dahinter steht – existenzanalytisch gesehen – eine Überbewertung der pathischen Einstellungswerte. Alle »Leit-Werte«, die einseitig das Wertsystem eines Menschen begründen, werden zu »Leidwerten«.[19] Die richtige Entfaltung der These besteht darin, dem »trotz ihrer« den geeigneten existenziellen Ort zuzuweisen:

### *Existenzielle Ressourcen*

Wir gewinnen unsere Lebenszeit nur, indem wir uns in die Zeit des Lebens hinein entwerfen: nämlich im Verantworten unseres Daseins angesichts der Anfragen des Lebens an uns. Geistesgegenwärtig den richtigen Augenblick zu erfassen, die Möglichkeiten in ein angemessenes Verhältnis zu den eigenen Fähigkeiten zu bringen und »Ja« zu sagen zu dem, was zu leben ist, darin besteht die für die Lebensbewältigung, die Beratung und die Therapie erforderliche Aktivierung der existenziellen Ressourcen. Wer in dieser Weise der Lebensherausforderung Antwort gibt, indem er Verantwortung für das eigene Leben übernimmt, der verdichtet sein Leben aus der objektiven Zeit des Lebens heraus in subjektive Lebenszeit hinein. Er gibt denn auch an die Zeit des Lebens etwas zurück. Er bereichert sie durch das in die Vergangenheit hinein geborgene Eigene an gelebtem Leben. Denn die Schätze in den von V. Frankl so beschriebenen »Scheunen der Vergangenheit« wirken hinein in die objektive Zeit, die Geschichte. Was der Einzelne gelebt hat und was er versäumt hat zu leben, beides hat seine Wirkung auf die Geschichte, die Zeit des Lebens. Die Aktivierung der existenziellen Ressourcen, zu denen auch die »Trotzmacht des Geistes« gehört, ist das eine.

### *Chance und Forderung*

Das Verdanken ist das andere. Denn nur weil es die Zeit des Lebens gibt, oder anders gewendet: nur weil Leben Zeit mit sich führt, ist jedem die eigene Lebenszeit geschenkt. Sie ist eine Frist innerhalb des Ganzen der Zeit des Lebens. Und sie ist die Frist des Einzelnen und darin auch seine Chance und die Forderung an ihn, sie innerhalb der Zeit des Lebens als eine unterscheidbare wahrzunehmen und zu einer unterschiedenen zu machen. Ohne die Ver-Zeitung wird die geistige Person nicht als Persönlichkeit explizierbar. Sie wohnt in der Zeit, indem sie in der Antwort auf die Anfragen der Zeit des Lebens Existenz in der Lebenszeit verdichtet und solch verdichtetes Leben wieder an die Zeit des Lebens zurückgibt. Jeder Mensch verdankt sich dieser Spannung zwischen Lebenszeit und Zeit des Lebens. Dass es gewährt ist, in dieser existenziellen Grundspannung Leben zu gestalten, ist Beweggrund zur Dankbarkeit.

*Mit Sinn erfüllte Zeit*

So wird die Zeit zum Spiel-Raum des Sinns. Denn wo, wenn nicht am Horizont der Zeit des Lebens leuchten die Sinn-Möglichkeiten für den glücklichen und den unglücklichen Augenblick auf! Lebenszeit ist mit Sinn erfüllte Zeit. Dadurch gewinnt sie ihre einzigartige und einmalige Gestalt.

Das Leben spielt sich uns in den Formen der Zeit zu. Wir gestalten im Leben die Möglichkeiten in der Weise der Sinnerfüllung in Wirklichkeiten um. Dadurch schafft jeder von uns an der Geschichte mit. Darin besteht die Verantwortung jedes Einzelnen von uns. Daraus gewinnt der Einzelne aber auch die Motivation zu leben.

Dr. phil. Christoph Riedel ist in eigener existenzanalytisch-logotherapeutischer Praxis tätig. Autor, Leiter des *Ingolstädter Zentrums für Existenzanalyse und Logotherapie*.

Anschrift:
Konviktstraße 1
85049 Ingolstadt

JÜRGEN-PETER ARIMOND

# *Die Rolle der Logotherapie in der Behandlung von Suchtkrankheiten*

Zugeeignet meiner verehrten Lehrerin Frau Dr. phil. Elisabeth Lukas

## Ein Blick auf die aktuelle Situation

Die Anzahl der suchtkranken Menschen in der Bundesrepublik Deutschland ist in den letzten Jahren stetig angestiegen, ihr Anteil an den seelischen Erkrankungen insgesamt ist beträchtlich. Die volkswirtschaftlichen Kosten allein bezüglich der alkoholbezogenen Krankheiten werden auf 40 Milliarden DM geschätzt. Die aktuellen Zahlen in diesem Bereich beziehen sich auf das Jahr 1999. Tabelle 1 gibt einen Überblick:

**Abhängigkeitserkrankungen in der BRD**

| **Alkohol** | **Medikamente** | **illegale (harte) Drogen** |
|---|---|---|
| riskanter Konsum, insgesamt 9.3 Mio. | Insgesamt 1.5 Mio. | Konsumenten 250–300.000 |
| davon missbräuchlicher Konsum 2.7 Mio. | Abhängig von Benzodiazepinderivaten 1.2 Mio | davon abhängig 100–150.000 |
| davon abhängiger Konsum 1.6 Mio. | | |

Quelle: Jahrbuch zur Frage der Suchtgefahren 2001

## *Das Abhängigkeitssyndrom: Definition und Ursachenmodell*

Die Weltgesundheitsorganisation definiert im gültigen Diagnosesystem ICD-10 (1999) das Abhängigkeitssyndrom unabhängig von ätiologischen Überlegungen als eine »Gruppe körperlicher, Verhaltens- und kognitiver Phänomene, bei denen der Konsum einer Substanz ... für die betroffene Person Vorrang hat gegenüber anderen Verhaltensweisen, die früher von ihr höher bewertet wurden«[1]. Die Diagnose darf nur dann vergeben werden, wenn in den zwölf Monaten vor Diagnosestellung drei oder mehr der folgenden Kriterien gleichzeitig erfüllt waren:

1. Ein starker Wunsch oder eine Art Zwang, psychotrope Substanzen zu konsumieren.
2. Verminderte Kontrollfähigkeit bezüglich des Beginns, der Beendigung und der Menge des Konsums.
3. Ein körperliches Entzugssyndrom bei Beendigung oder Reduktion des Konsums, nachgewiesen durch die substanzspezifischen Entzugssymptome oder durch die Aufnahme der gleichen oder einer nahe verwandten Substanz, um die Entzugssymptome zu mildern oder zu vermeiden.
4. Nachweis einer Toleranz. Um die ursprünglich durch niedrigere Dosen erreichten Wirkungen der psychotropen Substanz hervorzurufen, sind zunehmend höhere Dosen erforderlich.
5. Fortschreitende Vernachlässigung anderer Vergnügen oder Interessen zugunsten des Substanzkonsums, erhöhter Zeitaufwand, um die Substanz zu beschaffen, zu konsumieren oder sich von den Folgen zu erholen.
6. Anhaltender Substanzkonsum trotz Nachweises eindeutiger schädlicher Folgen, wie zum Beispiel Leberschädigung durch exzessives Trinken, depressive Verstimmungen infolge starken Substanzkonsums oder drogenbedingte Verschlechterung kognitiver Funktionen.

Unabhängig von den Annahmen der verschiedenen Therapieschulen über die Ursachen einer Abhängigkeitserkrankung (z.B. Antons, 1977; 1980; 1983; Lange, 1974; Lukas, 1985; Peschel, 1988;

Froggio, 1988; Arimond, 1990; Müller, 1996; Lindenmeyer, 1990) hat sich in der Praxis das 3-Faktoren-Modell der Abhängigkeit von Wilhelm Feuerlein (1989[4]) durchgesetzt und bewährt. Die Entstehung einer Abhängigkeit wird in diesem Modell als Folge einer Vielzahl einzelner Ursachen verstanden, die in einem komplexen System von Wechselwirkungen drei Faktoren zugeordnet werden können (Tabelle 2).

**Tabelle 2: Das 3-Faktoren-Modell der Abhängigkeit**

| Persönlichkeit | Droge | Umwelt/Soziales Milieu |
|---|---|---|
| körperliche und psychische Veranlagung (Disposition) | Drogenart (Suchtpotenzial) | Konsumgewohnheiten |
| vererbte Stoffwechselanomalien | Dosis | ethnischer, kultureller, religiöser Hintergrund |
| frühkindliches Milieu | Zeitdauer der Einnahme | Permissivität der Gesellschaft für bestimmte Drogen (z.B. Alkohol) |
| Bedürfnis nach Stimulierung | Art der Applikation (oral, geraucht, intravenös) | Lebensstile, Einstellung zu Drogen |
| geringe Frustrationstoleranz | Griffnähe/Verfügbarkeit | Werbung |
| »Ich«-Schwäche | Gewöhnung | soziale Schichtzugehörigkeit |
| Erwartungshaltung | individuelle Reaktion | Einfluss sozialer Gruppen (peer group, Familie) |
| Spannungsausgleich | Preis | Gesetzgebung |
| Versuchte Selbsttherapie | | familiäre Situation |
| protrahierter Selbstmord | | Religion |
| Vermeidungshaltung bei realen äußeren Konflikten | | |
| aktuelle Stresssituation | | |
| Mittel zur Erlebnisintensivierung | | |

Dieses Modell bietet wichtige Hinweise für Anamnestik, Therapieplanung und -evaluation. Häufig wird die Behandlung einer Suchtkrankheit jedoch durch weitere psychische Störungen erschwert. Bei einem großen Teil der Patienten (im Schnitt bei weit über 50%) finden sich neben der Diagnose Abhängigkeit weitere psychische Störungen, die entweder einen begünstigenden Einfluss auf die Suchtentwicklung genommen haben (Vulnerabilität) oder aber als Folge der Suchterkrankung betrachtet werden müssen (Regier et al., 1990; Rounsaville et al., 1991; Verheul et al., 1995; Driessen et al., 1998; Kuntze et al., 1998; Verthein, et al.,

1998). Hierbei kommt den affektiven Störungen, den Angststörungen und den Persönlichkeitsstörungen eine besondere Bedeutung für die Genese, den Verlauf und die Behandlung der Suchterkrankungen zu (Redecker, 2000; Arimond, 2000). Über die aus der Abhängigkeit erwachsenden körperlichen und seelischen Probleme hinaus muss deshalb bei der Planung und Durchführung jeder Behandlung das *Problem der Komorbidität* berücksichtigt werden.

## *Theoretische Überlegungen zur Suchtentstehung und -aufrechterhaltung*

In den gängigen Theorien zur Entstehung und Aufrechterhaltung von Suchtkrankheiten (Feuerlein, 1980) werden als *somatisch/genetische* Faktoren die Vererbung von Verarbeitungsmechanismen beispielsweise von Alkohol oder genetisch vererbte Besonderheiten bei der Produktion und Verarbeitung körpereigener Opiate diskutiert (z.B. Topel, 1991). Die *psychologischen* Theorien gehen von der Prämisse aus, dass Drogen aller Art aufgrund ihrer entspannenden, angstlösenden, erleichternden und stimmungshebenden Wirkungen eingenommen werden, um Persönlichkeitsdefizite, Frustrationen und Belastungen aller Art zu kompensieren. Ein weiteres Motiv könnte allgemein als Suche nach Erlebnisintensivierung beschrieben werden. Aufgrund der als angenehm empfundenen und leicht zu erzielenden Wirkung aller Drogen entsteht bei einer entsprechenden Disposition (vgl. 3-Faktoren-Modell) zunächst eine psychische Abhängigkeit von den Wirkungen der Droge. Infolge der Gewöhnung (Toleranzbildung) müssen immer größere Dosen zugeführt werden, um die gleiche psychische Wirkung zu erzielen. Bei den meisten Drogen entsteht im weiteren Verlauf eine körperliche Abhängigkeit (Ausnahmen: Kokain, Amphetamine, LSD), der Suchtkreislauf ist geschlossen und wird durch die langfristig unangenehmen Konsequenzen des Konsums (Entzugserscheinungen und massive Zunahme des »Problembergs«) noch zusätzlich verstärkt.

Die *logotherapeutische* Betrachtung des Suchtproblems führt zu einer Erweiterung der dargestellten Theorien, indem sie den

Sinn- und Wertbezug des Menschen in den Blick nimmt. Vor dem Hintergrund der von Frankl (1977) diagnostizierten »Pathologie des Zeitgeistes« werden der Traditionsverlust und der Verlust der Verbindlichkeit von Werten als Gründe für einen zunehmenden Verantwortungsdruck auf das Individuum diskutiert. Die allgemeine Beschleunigung der Lebensverhältnisse und in deren Folge die »zentrifugale Freizeitgestaltung« werden als Selbstheilungsversuche der tiefgreifenden existenziellen Frustration des modernen Menschen betrachtet, die Flucht vor der verantwortlich wahrzunehmenden Freiheit und die direkte Hinwendung zu und Suche nach dem Glück bei zunehmender Leidensunfähigkeit und Leidensunwilligkeit als Gründe für die steigende Zahl von Suchterkrankungen untersucht. Nur in einem Fall, so Frankl (1977) lassen sich Glück bzw. Lust direkt intendieren, nämlich im Rausch als »psychische Wirkung einer somatischen Ursache, gewissermaßen als künstlich erzeugter Sinn«[2]. Weiterhin werden die Gefahren in den Blick genommen, die für die Suchtentstehung aus der in vielen Gesellschaften legitimen Funktion des Rauschs als »Mittel der Sinnsuche« (Zugang zu einer anderen Welt, Erhöhung des Selbst, Suche nach einem Fingerzeig für das eigene Schicksal) erwachsen, wenn er aus seiner rituellen mythologischen und religiösen Einbettung entbunden und gewissermaßen zum »kleinen Glück des Alltags« umfunktioniert wird (Arimond, 1982).

## *Die Behandlung der Suchterkrankungen – Ein kurzer Überblick*

Zur Behandlung dieser Erkrankungsgruppe stehen mehrere Systeme zur Verfügung, die noch immer nicht in der erforderlichen Weise miteinander vernetzt sind. Das führende Behandlungssystem hat sich nach dem Urteil des Bundessozialgerichts von 1968 aus der klassischen »Trinkerfürsorge« entwickelt. Dieses Urteil führte zur Anerkennung des Alkoholismus als Krankheit und begründete erstmals einen Behandlungsanspruch der Betroffenen gegenüber Krankenkassen und Rentenversicherungsträgern. Es kann als »Initialzündung« für die Entwicklung eines professionellen Hilfesystems verstanden werden, das in seiner Effizienz weltweit keinen Vergleich zu scheuen braucht. Die Behandlungskette, bestehend aus Beratung, Akutbehandlung (= Entgiftung), Entwöhnung, Nachsorge und Selbsthilfegruppen bietet den Betroffenen und ihren Angehörigen individuell zugeschnittene Hilfemöglichkeiten zu einem suchtmittelfreien, zufriedenen und sinnvollen Leben. Die ambulante und stationäre Drogenhilfe entwickelte sich in den 70er-Jahren in analoger Form (z.B. Heckmann, 1980). Seit 1991 besteht zusätzlich die Möglichkeit der ambulanten Rehabilitation suchtkranker Menschen (EVAR, 1991). Daneben finden Abhängigkeitserkrankte auch im System der niedergelassenen Ärzte und Psychotherapeuten Hilfe in ambulanter Form, dies allerdings recht selten, weil nur wenige Ärzte und Psychotherapeuten in diesem System über suchtspezifische Qualifikationen und Erfahrungen verfügen und zur Behandlung suchtkranker Patienten bereit sind.

Die derzeit vorgehaltenen Behandlungsansätze in der ambulanten und stationären Therapie spiegeln die gültige Gesetzeslage im Bereich der ambulanten Psychotherapie nur bedingt wieder. Im bewussten Gegensatz zu den methodischen Einschränkungen im ambulanten System, die ausschließlich tiefenpsychologisch fundierte und Verhaltenstherapie zulässt, findet sich im Feld der Suchtkrankenhilfe die ganze Vielfalt der psychotherapeutischen Verfahren neben den klassischen Ansätzen vor allem aus dem Bereich der humanistischen Psychologie (Federspiel & Lackinger-Karger, 1996). Darüber hinaus fordern die Kostenträger der therapeutischen Maßnahmen eine bewusst sozialtherapeutische Orientierung, die über die reine Psychotherapie hinausgehen und ergotherapeutische, arbeitstherapeutische und »lebenspraktische« Elemente mit der Psychotherapie zu einem ganzheitlichen Konzept vereinigen soll (z.B. Wiegand, 1999). Die Effizienz dieser Behandlungsmöglichkeiten ist häufig in größerem Umfang empirisch überprüft worden (z.B. Küfner, Feuerlein & Flohrschütz, 1986; Herbst & Hanel, 1989; Roch et al. 1992; Gaßmann & Leune, 2000; Türk, 2000) und unterliegt seit 1992 der Qualitätssicherung und -verbesserung (1995). Die erzielten Ergebnisse können mit ca. 60% Behandlungserfolgen bei Alkohol- und Medikamentenabhängigen und deutlich niedrigeren Quoten in der Behandlung der Drogenabhängigkeit als befriedigend, wenn auch verbesserungsfähig bezeichnet werden; insbesondere in der Drogentherapie gibt es nach wie vor eine hohe Abbruchrate.

Ziel der Behandlung ist die Gewinnung einer stabilen und dauerhaften Abstinenz und einer sozial integrierten Lebensführung unter Einschluss beruflicher Tätigkeit. Insbesondere letzterer Aspekt wurde mit dem Wachstums- und Beschäftigungsförderungsgesetz von 1997 besonders hervorgehoben und die Genehmigung stationärer Therapiemaßnahmen in Fachkliniken an die Voraussetzung realistischer beruflicher Rehabilitationsaussichten geknüpft. Die Bewältigung psychischer Probleme, das Erarbeiten von Problemlösungsstrategien, die Entwicklung sozialer Selbstständigkeit und Eigenverantwortung sowie das Erlernen einer veränderten Einstellung zum Konsum legaler und/oder illegaler Drogen werden als wichtige Schritte auf dem Weg zu diesem Ziel betrachtet. Klaus Antons (1983) fasst diese Ziele in prägnanter Weise zusammen:

> Ein dauerhafter Erfolg ist nur dann gewährleistet, wenn die verschiedenen Ebenen der Erkrankung (die körperliche Abhängigkeit und ihre somatischen Folgen, die seelische Abhängigkeit und ihre Ursachen, die sozialen Mitbedingungen und Folgeerscheinungen sowie die wirtschaftlichen Konsequenzen) in den Therapieprozess einbezogen werden und Veränderungen auf den verschiedenen Ebenen erfolgen. Ein solches Therapieverständnis geht auch davon aus, dass es sich nicht nur um eine Symptombehandlung handeln kann, sondern dass der Süchtige lernt, in einem längerfristigen Wandel sein Lebenskonzept zu verändern[3].

Dies geschieht im Rahmen einer intensiven Arbeit an den »Reaktionsweisen, Einstellungen und Werthaltungen«[4] des Patienten, die als wesentliche Gründe für die Entstehung einer Abhängigkeit betrachtet werden.

Die Logotherapie nimmt in der ambulanten und stationären Behandlung von Suchtkranken bisher keine nennenswerte Rolle ein. Zwar sind zwischenzeitlich eine Vielzahl von Fachleuten auch logo-therapeutisch ausgebildet, gemessen an der großen Zahl der in der Suchtkrankenhilfe tätigen Menschen ist deren Zahl jedoch noch immer gering. Die Behandlungskonzepte für die Behandlung von Alkohol- und Medikamentenabhängigkeit sind überwiegend psychoanalytisch und/oder verhaltenstherapeutisch orientiert, in der Drogenhilfe finden sich neben den genannten Ansätzen vielfach Orientierungen an der humanistischen Psychologie: Gesprächspsychotherapie, Gestalttherapie, Psychodrama und in den letzten 20 Jahren zunehmend auch systemische Therapieansätze haben eine weite Verbreitung gefunden. Genuin logotherapeutisch orientierte Einrichtungen, die vor allem Frankls (1984) Verständnis von Freiheit und Verantwortung verpflichtet sind, sind mir neben der Arbeit von J. C. Crumbaugh und seinen Mitarbeitern (1980) im deutschsprachigen Raum nur zwei bekannt geworden: die Drogenhilfe Schifis/-Vorarlberg unter der Leitung von Peter Amann (1997) und die sozialtherapeutische Wohngemeinschaft für Drogenabhängige in Mülheim an der Ruhr, die bis Ende 1999 vom Autor dieses Beitrags (Arimond, 1996) geleitet wurde. Darüber hinaus finden sich publizierte logotherapeutische Zusatzangebote in einer Reihe von anderen Facheinrichtungen wie zum Beispiel der Klinik am Hellweg in Oerlinghausen (Dessecker, 1999), von Paul Kern (1986) und Horst-Werner Peschel (1988, 1989).

## Existenzielle Frustration und Suchterkrankung

Anders als Freud hat Frankl (z.B. 1982) die Bedeutung der Sinnfrage für den Menschen in den Mittelpunkt seiner Überlegungen gestellt und als motivationstheoretisches Konstrukt vom »Willen zum Sinn« operationalisiert. Er vertritt die Auffassung, dass die Fähigkeit zur Auseinandersetzung über Sinn und Wert des Lebens ein specificum humanum darstellt und keineswegs als Ausdruck von Schwäche oder Krankheit betrachtet werden darf. Vielmehr zeigt sich im Rahmen dieser Auseinandersetzung die Möglichkeit, vorgegebene Antworten zu hinterfragen und sein Mensch-Sein in eigener Verantwortung zu übernehmen und zu gestalten. Gleichwohl kann auch der Wille zum Sinn frustriert werden, wenn es nicht gelingt, eine befriedigende Antwort auf die Sinnfrage zu finden oder wenn scheinbar »selbstverständliche« Antworten etwa durch kritische Lebensereignisse (z.B. Filipp, 1992) erneut fragwürdig werden. Diese Frustration kann jedoch – so Frankl – schon deshalb nicht als pathogenes Faktum »an sich« bezeichnet werden, da gerade sie den Menschen immer wieder auf seine Fähigkeit zu einer geistigen Auseinandersetzung mit den anstehenden Problemen zurückweist und auf diese Weise als motivierender Faktor für eine Lösung fruchtbar gemacht werden kann. Dennoch kann die aus einem existenziellen Vakuum (der »Sinnleere«) erwachsende existenzielle Frustration einen pathogenen Charakter annehmen, wenn die Sinnsuche eines Menschen dauerhaft zu scheitern droht und in eine »noogene«, das heißt aus der geistigen Dimension heraus entstandene, den psychophysischen Organismus involvierende Störung mündet. Diese Vorstellung weist gewisse Ähnlichkeiten mit der Funktion der Inkongruenz im Rahmen der Gesprächspsychotherapie (z.B. Rogers, 1959) bzw. der freudschen Konversionsneurose auf: Die existenzielle Frustration wirkt aus der geistigen Dimension in die entsprechend disponierte leiblich-seelische Dimension hinein, sie darf aber nicht als Ursache aller psychischen Störungen unkritisch vorausgesetzt werden, auch wenn einige Vertreter der Logotherapie dies anzunehmen scheinen (Lukas, 1986; Längle, 1989). In Frankls Schriften findet sich dagegen häufig eine deutliche Warnung vor einem »Noologismus«, also der Annahme, dass jede psychische Störung »letztlich« auf eine existenzielle Frustration zurückzuführen sei (z.B. 1975, S. 12) und die dezidierte Betonung der existenziellen Frustration als fakultativ pathogenem Moment in der Entstehung seelischer Erkrankungen. Am Beispiel der Suchterkrankungen lässt sich nun wie bei keiner anderen Erkrankung die fakultative Pathogenität der existenziellen Frustration und darüber hinaus zeigen, dass die existenzielle Frustration sowohl Ursache als auch Folge einer Suchterkrankung sein kann.

Das psychologische Konstrukt der existenziellen Frustration wurde bereits in den 60er-Jahren durch Crumbaugh et al (1964; 1968) in Form eines Fragebogens operationalisiert und erforscht (Purpose in Life-Test). Im deutschsprachigen Raum ist vor allem der Logo-Test von Elisabeth Lukas (1986) als Maß für innere Sinnerfüllung und seelische Stabilität bekannt geworden, andere Instrumente sind die Existenz-Skala von Längle und der Sinneinschätzungsfragebogen von Walter Böckmann oder der Trierer Persönlichkeitsfragebogen von Peter Becker (1992). Eine eigene Untersuchung (Arimond & Kammer, 1993) mit dem Logo-Test in drei deutschen Fachkliniken für Alkohol- und Medikamentenabhängigkeit zeigte folgendes Bild:

**Tabelle 3: Summenwerte für existenzielle Frustration in Quartil/Dezilnormen**

| Quartil/ Dezil | Q1 | Q2+Q3 Mitte | Q4 | D9 | D10 | N |
|---|---|---|---|---|---|---|
| N | 3 | 14 | 2 | 22 | 10 | 51 |

Immerhin drei Patienten wiesen eine sehr gute, 14 eine mittlere und zwei eine mäßige innere Sinnerfüllung auf, bei 32 Patienten (= 62,75%) lag eine schlechte bis äußerst schlechte innere Sinnerfüllung vor. Vergleichbare Ergebnisse fanden sich in der Studie von Peschel (1988), der bei zwei Drittel seiner Stichprobe ausschließlich männlicher Alkoholiker ebenfalls eine existenzielle Frustration empirisch nachweisen konnte. Diese Ergebnisse zeigen einerseits sehr deutlich, dass trotz einer schwer wiegenden Erkrankung des Psychophysikums eine gute innere Sinnerfüllung vorliegen kann, also nicht in jedem Fall einer psychischen Störung der existenziellen Frustration ein ätiologischer Rang zukommen muss. Andererseits findet sich bei der Mehrzahl der untersuchten Patienten eine deutlich ausgeprägte existenzielle Frustration. Dieser Befund rechtfertigt jedoch nicht die Annahme, dass mit dem Vorliegen dieser existenziellen Frustration auch schon die Ursache der Suchterkrankung eruiert worden sei. Zwei kurze Fallbeispiele sollen dies verdeutlichen:

## *Fallbericht: Entwurzelt*

Der 28-jährige heroinabhängige Patient wird aus der Entgiftung stationär aufgenommen. In der Anamnese berichtet er von seinem Weggang aus der ehemaligen DDR Mitte der 80er-Jahre. Er sei damals von seinen Eltern nicht gefragt worden, ob er mitwolle, vielmehr habe er seinen weiteren Lebensweg in den dortigen Verhältnissen klar vor sich gesehen und mit der Umsetzung seiner Pläne durch Aufnahme einer Ausbildung schon begonnen, als er durch den Ausreiseantrag seiner Eltern plötzlich »wie ein Paria« behandelt und ihm alle Unterstützung im beruflichen wie privaten Umfeld entzogen worden sei. Nach dem Wechsel in die BRD habe ihn der materielle Überfluss eine Zeit lang geblendet, er habe jedoch nicht recht Fuß fassen und sich eine neue Orientierung erarbeiten können. Er habe dann festgestellt, dass er das Missbehagen über seine Unzufriedenheit und Entscheidungsunsicherheit weniger störend fand, wenn er weiche Drogen und Alkohol zu sich genommen habe. Irgendwann sei er dann »an die falschen Leute« geraten und habe seinen Absturz in die Heroinabhängigkeit nicht mehr aufhalten können.

## *Fallbericht: Existenzielle Frustration*

Der 35-jährige polytoxikomane Patient wird nach Verbüßung einer längeren Haftstrafe nach Maßgabe des Grundsatzes »Therapie statt Strafe« stationär aufgenommen. In der Anamnese berichtet er über einen weitgehend unauffälligen Lebenslauf, Schule und Berufsausbildung habe er ohne große Schwierigkeiten absolviert. Über Freunde sei er zum Konsum »bewusstseinserweiternder« Drogen wie Haschisch und LSD gekommen. Es sei ihm jedoch lange Zeit gelungen, seinen Drogenkonsum in eine weitgehend unauffällige Lebensführung mit beruflicher Weiterentwicklung und Familiengründung zu integrieren. Seine Neugier habe ihn dann zum Konsum auch harter Drogen verleitet, er habe herausfinden wollen, was eigentlich dahinter steckt. Er sei dann sehr schnell in eine psychische und körperliche Abhängigkeit hineingerutscht und habe immer mehr Zeit damit zubringen müssen, die finanziellen Mittel für seinen Drogenkonsum aufzutreiben. Sein Leben habe sich mehr und mehr auf die Besorgung von Geld und Drogen und deren Konsum zentriert, andere, früher wichtige Dinge wie Beruf und Familie seien mehr und mehr in den Hintergrund getreten, die Droge habe »zum Schluss alles andere überlagert«. Schließlich sei er aus Geldmangel in die Beschaffungskriminalität abgerutscht und verurteilt worden.

Beide Patienten erzielten im Logo-Test einen gleich hohen Wert für eine sehr schlechte innere Sinnerfüllung. Dennoch wird aus den Beispielen deutlich, dass im ersten Fall die existenzielle Frustration einen wesentlichen Beitrag zur Entstehung der Suchterkrankung geleistet hat, während Beispiel zwei zeigt, dass die mit einer Drogenabhängigkeit einhergehende Verengung und Zentrierung des gesamten Lebensvollzugs auf die Beschaffung und den Konsum von Drogen auch die Möglichkeiten zur Werteverwirklichung extrem einschränkt und die nachgewiesene existenzielle Frustration hier als Folge der Drogenabhängigkeit plausibel und zureichend verstanden werden kann. Im Rekurs auf die obige Definition der Abhängigkeitserkrankung im Sinne der Weltgesundheitsorganisation (1999) als »Gruppe körperlicher, Verhaltens- und kognitiver Phänomene, bei denen der Konsum einer Substanz ... für die betroffene Person Vorrang hat gegenüber anderen Verhaltensweisen, die früher von ihr höher bewertet wurden«[5], kann somit verdeutlicht werden, dass der Krankheitsdruck, motiviert vor allem durch die Vermeidung der gefürchteten Entzugserscheinungen, mit hoher Wahrscheinlichkeit bei vielen Suchtkranken eine existenzielle Frustration mit sich bringen wird, ohne dass sie in jedem Fall an der Entstehung der Suchtkrankheit ursächlich beteiligt gewesen sein müsste. In diesem Fall ließe sich die existenzielle Frustration besser als aufrechterhaltende Bedingung der Suchterkrankung verstehen und nicht als Auslöser. Damit kann das Konzept der »fakultativen Pathogenität« der existenziellen Frustration auch empirisch als gesichert gelten.

Ein weiterer Befund zeigt, dass die existenzielle Frustration als Maß seelischer Stabilität wichtige Hinweise auf die Abbruchgefährdung von suchtkranken Patienten in stationärer Behandlung zu geben vermag. In der bereits erwähnten Untersuchung von Arimond & Kammer (1993) war das Maß an existenzieller Frustration in der Gruppe der Patienten, die die Behandlung vorzeitig abbrachen, signifikant größer als in der Gruppe der regulär entlassenen Patienten. Diejenigen also, die einer Behandlung am meisten bedürftig waren, verfügten offenbar nicht über eine hinreichende seelische Stabilität, um die oftmals durchaus auch konfrontative Behandlung erfolgreich zu durchlaufen, ein Umstand, der die Berücksichtigung dieser Variable in der Standard-Eingangsdiagnostik der Suchtkrankenbehandlung dringend geboten erscheinen lässt.

## Logotherapeutische Überlegungen zur Behandlung suchtkranker Menschen

Die Logotherapie wurde von ihrem Begründer als spezifische Therapieform für die »noogene« Neurose, das heißt eine aus dem geistigen Bereich heraus sich entwickelnde psychische Störung konzipiert (z.B. Frankl, 1982). Wie wir gesehen haben, ist bei den Abhängigkeitserkrankungen schon aus Gründen der Krankheitsdynamik auch ohne ätiologische Beteiligung der existenziellen Frustration die Wahrscheinlichkeit sehr hoch, dass die betroffenen Patienten unter beträchtlichen Einschränkungen in der Verwirklichung ihrer Sinnmöglichkeiten leiden. Es ist deshalb sinnvoll zu fordern, die Logotherapie mit ihrer Fokussierung der individuellen Wert- und Sinnmöglichkeiten in die ambulante wie stationäre Behandlung der Suchtkrankheiten grundsätzlich einzubeziehen. Vor dem Hintergrund der Spezifizierung der Suchttherapie (z.B. Beck et al. 1997; Lindenmeyer, 1990; Wiegand, 1999) und unter Berücksichtigung des »schmalen« Methodenkanons der Logotherapie mit den Verfahren der paradoxen Intention, Dereflexion und Einstellungsmodulation könnte ihr Einsatz in folgender Weise in die Behandlung suchtkranker Menschen integriert werden.

## *Die Gestaltung von Freiheit und Verantwortungsübernahme*

Wie kein anderes Therapieverfahren stellt die Logotherapie die spezifisch menschlichen Gegebenheiten der Sinn- und Werteverwirklichung sowie die Fähigkeit zu Freiheit und Verantwortung in den Vordergrund ihrer anthropologischen Überlegungen. Eine Suchterkrankung kann aus logotherapeutischer Sicht als massive Einschränkung dieser Fähigkeiten begriffen werden (z.B. Müller, 1996), die den Menschen gewissermaßen auf eine Ebene »verzweckten Sinns« beschränkt, auf der das Verhalten vieler Betroffener nahezu ausschließlich durch die Erfordernisse der Suchterkrankung bestimmt wird (Zentrierung auf die Beschaffung und den Konsum des jeweiligen Suchtmittels bzw. Erholung von den Folgen des Konsums). Vor dem Hintergrund der massiven Rückfallgefährdung beginnt insbesondere eine stationäre Therapie häufig mit einer mehr oder weniger massiven Einschränkung der Freiheit der betroffenen Menschen, die sich in den ersten Wochen der Maßnahmen gar nicht oder nur unter erheblichen Einschränkungen außerhalb der Einschränkungen frei bewegen dürfen (vgl. Arimond, 1996). Mit zunehmender Dauer der Therapie wird der Freiheitsspielraum sukzessive erweitert, bis schließlich selbstständige Familienheimfahrten und Urlaube der Patienten als Erprobung der (wieder-)erworbenen Fähigkeit zur verantwortlichen Gestaltung der eigenen Freiheit durchgeführt werden können. Dieser mit einer Vielzahl von Variationen in allen stationären Einrichtungen der Suchtkrankenhilfe ablaufende Prozess kann durch die logotherapeutische Zentrierung und Diskussion einer »Erziehung zur Verantwortung« aktiv therapeutisch gestaltet werden. Hiermit soll keinesfalls unterstellt werden, dass suchtkranke Menschen grundsätzlich »verantwortungsunfähig« wären, vielmehr ist diese Fähigkeit zu einem angemessenen Umgang mit der eigenen Freiheit oft durch schwer wiegende Hindernisse in mehr oder minder starkem Maße eingeschränkt:

- ungünstige, oft traumatisierende Sozialisationsbedingungen (Gewalt, sexueller Missbrauch)
- aktueller »Suchtdruck«

- körperliche und seelische Folgen oft langjähriger Abhängigkeit (z.B. eine eingeschränkte Frustrationstoleranz, HIV- und chronische Hepatitis C-Infektionen mit lebens-limitierendem Verlauf)
- Persönlichkeitsveränderungen unter Haftbedingungen bis hin zu extremem Misstrauen und paranoiden Vorstellungen
- äußere und innere Not: soziale, berufliche und materielle Armut
- familiäre Probleme, Scheidung, Sorgerechtsfragen u.v.a. mehr.

Vor dem Hintergrund dieser Vielzahl von Einschränkungen kann Freiheit als heilsames therapeutisches Mittel nur sehr behutsam in einem Umfeld eingesetzt werden, das ein stufenweises Hineinwachsen in verantwortliche Freiheit ermöglicht und unterstützt, die Übernahme von Verantwortung aber von Beginn an auch von den Patienten fordert. Für die in diesem Zusammenhang zu führende Diskussion im Team und mit den Patienten kann eine logotherapeutische Fundierung vor dem Hintergrund des oben genannten einen wesentlichen Beitrag leisten. In diesem Kontext sollte auch die Einbindung der Patienten in die Verantwortung zunächst für sich selbst, aber auch beispielsweise für therapiejüngere Neuankömmlinge, für die therapeutische Gemeinschaft, in der Arbeitstherapie, in die Schlüsselgewalt an Wochenenden konzeptuell verortet werden. Die auf die verbliebene Fähigkeit der Patienten zur Selbstverantwortung zugeschnittene Einbindung in die Verantwortung zunächst für sich selbst, dann für die Mitpatienten und schließlich die therapeutische Gemeinschaft lässt mitunter auch bei ungewöhnlich belasteten Menschen einen Therapieprozess gelingen.

### *Logotherapie als Ergänzung stationärer und ambulanter Therapieangebote*

Die übliche Verfahrensweise (nicht nur) in der Suchtkrankenhilfe besteht darin, im einzel- oder gruppentherapeutischen Setting zunächst ein Krankheitsmodell zu erarbeiten, das den individuellen Weg des Patienten in die Sucht für diesen selbst nachvollziehbar werden lässt. Im Zuge dieses Vorgehens wird gleichfalls deutlich, auf welche Weise die drei Faktoren Persönlichkeit, Droge und Umwelt zur Entstehung der Sucht beigetragen haben, welche Defizite bestehen, welche Situationen besonders rückfallgefährdend sind, was also zur Aufrechterhaltung der Suchterkrankung beigetragen hat. In diesem Zusammenhang sollte in jedem Fall über die Analyse der Defizite hinaus aber auch erarbeitet werden, welche Stärken und Fähigkeiten der Patient besitzt und wie diese für die Behandlung und die Entwicklung einer suchtmittelfreien Lebensperspektive fruchtbar gemacht werden können. Gerade Letzteres ist in der Psychotherapie generell lange zugunsten eines ausschließlich defizitorientierten Ansatzes unterblieben und erst in den letzten Jahren unter dem Stichwort »Ressourcenorientierung« (z.B. Schulte, 1996) stärker in die Therapieplanung einbezogen worden. Hier sehe ich einen besonderen Ansatzpunkt für ein logotherapeutisches Vorgehen, bei dem entweder die ätiologisch beteiligte existenzielle Frustration oder aber die durch die Suchterkrankung bedingten Einbrüche in der Werteverwirklichung und Sinnfindung des Menschen (oder beides) in einem sinnvollen Kontext mit anderen therapeutischen Vorgehensweisen in einem integrativen Gesamtkonzept behandelt werden kann. In meiner Praxis hat sich die im Folgenden skizzierte Vorgehensweise erfolgreich in die Behandlung integrieren lassen:

| Tabelle 4: Logotherapeutisches Vorgehen in der Suchtkrankenbehandlung | |
|---|---|
| Eingangsdiagnostik z.B. mit dem Logo-Test, Purpose in Life Test, klinisches Interview | existenzielle Frustration ja oder nein? |
| Anamnese | Liegt existenzielle Frustration vor: Klärung, ob ätiologisch beteiligt oder Folge der Sucht –. Bei ätiologischer Beteiligung Zuweisung zu speziell logotherapeutischen Behandlungsschwerpunkten –› weiterer Tabellenverlauf |
| Erhebung der Wertehierarchie des Patienten | Rokeach Value Survey (1973) |
| Lösung eventueller Wertkonflikte | Entscheidung unter Einbeziehung der vorausberechenbaren Konsequenzen (kurz- und langfristig), gegebenenfalls Entscheidungstraining |
| Bei pyramidaler Wertordnung | Auflösung und Überführung in parallele |
| Erarbeitung konkreter Möglichkeiten zur Werteverwirklichung und Sinnfindung | Individuelle Anlehnung an die Ressourcen und Möglichkeiten des Patienten unter Beachtung des Grundsatzes: Sinn ist immer ad situationem und ad personam. An dieser Stelle oft notwendig: Erweiterung des Verhaltensrepertoires |
| Beachtung des Logos im Sinne von der Urbedeutung Verhältnisbildung | Auseinandersetzung und Aussöhnung mit der eigenen Vergangenheit |
| Rückfallprophylaxe | Erarbeitung einer stabilen, sinnvollen und suchtmittelfreien Lebensperspektive |

Von einer Einbeziehung der genannten logotherapeutischen Behandlungselemente in tiefenpsychologische und verhaltenstherapeutische Konzepte würden nach meiner Auffassung nicht nur die Patienten in der Suchtkrankenhilfe erheblich profitieren, auch die verschiedenen Instanzen im Behandlungsverbund – Beratungsstelle, Entgiftung (Akutbehandlung), Entwöhnung (Langzeittherapie) und Nachsorge würden durch eine Diskussion über logotherapeutische Grundannahmen in ihrer anthropologischen Fundierung und ihrem Menschenbild sehr gewinnen. Es bleibt zu hoffen, dass das logotherapeutische Gedankengut und die daraus erwachsende Behandlungskompetenz in den nächsten Jahren die Verbreitung finden wird, die ihrer Bedeutung entspricht. Eine breite empirische Fundierung logotherapeutischer Behandlungsformen könnte hierbei von entscheidender Bedeutung sein.

Jürgen-Peter Arimond, Studium der Philosophie, Psychologie und Sozialarbeit in Paderborn und Bielefeld. Nach langjähriger Mitarbeit in der Sucht- und Drogenberatung von 1991–1999 Leiter einer stationären Therapieeinrichtung für Drogenabhängige in Mülheim. Seit Anfang 2000 niedergelassener Psychotherapeut (alle Kassen). Ausbildung in Logotherapie und Existenzanalyse 1984–1987 am *Institut für Logotherapie* in Bielefeld. Aufbauausbildung in Logotherapie am *Süddeutschen Institut für Logotherapie* in Fürstenfeldbruck (1992/1993). 1995–1996 Ausbildung in Verhaltenstherapie. Leiter des *Instituts für Logotherapie und Existenzanalyse* in Mülheim an der Ruhr.

Anschrift:
Institut für Logotherapie und Existenzanalyse
Praxis für Psychotherapie
Friedhofstraße 2
D-45478 Mülheim an der Ruhr
Tel.: 0208/59 84 97; Fax: 0208/59 410 97
E-Mail: jarimond@cityweb.de

SUSANNE UND THEODOR RÜTTER

# *Zur Achtung der Würde des Menschen*

Als Beitrag zu diesem Buch möchten wir einen Dialog versuchen. Wie er sich entfalten und wohin er uns führen wird, können wir in diesem Augenblick noch nicht absehen. Dieses Zwiegespräch soll in den einzelnen Fragen und Antworten und in seinem gesamten Verlauf nicht einem vorher gesetzten Ziel und Weg folgen. Es soll ein wahrhaftiges Zwiegespräch werden, nicht eine Abhandlung, die nachträglich zum Dialog stilisiert ist. Wir erwarten von unserem Zwiegespräch, das es ein Dialog werde, der so heißt, nicht weil er zwischen zwei Personen entsteht, sondern weil er dia logos geht, nämlich durch den Sinn, um den es uns geht und den wir beide auf je anderem Wege in der Logotherapie gefunden haben und in dem auch wir selbst, »Sie« und »Er«, uns immer wieder erneut finden.

Wir nehmen uns vor, nach unserem Zwiegespräch keine unserer Äußerungen inhaltlich irgendwie zu ändern oder ihre Abfolge nachträglich umzustellen. Wir möchten lieber Umwege oder gar Irrwege gehen und sogar in einer Sackgasse enden, als nachträglich das zurechtzubiegen, was krumm in unserem Denken oder auch in seinem »Gegenstand« war. Wir werden aufzeichnen, was wir uns zu sagen und zu fragen haben. Wir werden hernach nur versuchen, holperigen zum verstehbaren Ausdruck zu bringen. Erst dann, wenn unser Zwiegespräch an sein Ende gelangt ist, werden wir ihm eine Überschrift geben. So ist das Ende unseres Dialogs der Anfang dieses Artikels.

*Sie*: Sag mir, was bedeutet dir Logotherapie?

*Er*: Du weist doch, sie bedeutet mir viel.

*Sie*: Du sagst »viel«; ist damit vielerlei gemeint?

*Er*: Ja, das auch. Vielerlei, das mir aber gar nicht einerlei ist. Aber darum geht es mir hier nicht.

*Sie*: Worum geht es dir denn?

*Er*: Etwas Bestimmtes, meine ich.

*Sie*: Was ist denn dieses Bestimmte?

*Er*: Es ist etwas Bestimmendes.

*Sie*: Wie kannst du denn die Logotherapie als etwas Bestimmendes bezeichnen? Das lässt ja doch vermuten, es handle sich bei ihr um eine Doktrin!

*Er*: Nein, so meine ich es nicht. Einer Doktrin würde ich mich nicht beugen.

*Sie*: Aber einem Bestimmten, das Du als »etwas Bestimmendes« bezeichnest, beugst du dich doch?

*Er*: Nein, so meine ich es nicht und so will ich es nicht. Es handelt sich hier eher um etwas, das für mich in sich stimmt.

*Sie*: Und was für dich stimmt, also ein in sich Stimmendes, das ist ja für dich ein Bestimmendes, und dem beugst du dich?

*Er*: Nein, ich beuge mich nicht, ich stimme frei zu, wenn ich eingesehen habe, dass etwas für mich in sich stimmt. Dann verbeuge ich mich, aus freien Stücken.

*Sie*: Jetzt versuch mal zu benennen, was es denn ist, das in der Logotherapie für dich stimmt!

*Er*: Es ist der Kern, aus dem sich das Vielerlei, genauer: die Vielfalt, die mich an der Logotherapie überzeugt, erst entfaltet, nämlich die Würdigung des Menschen als Geist in Person.

*Sie*: Was heißt denn »Geist«? Das ist doch ein sehr umstrittener Begriff! Und wo bleiben »Seele« und »Leib«, wenn wir schon die alten Begriffe übernehmen?

*Er*: Sie können nicht wegbleiben, auch wenn »Seele« ebenfalls ein umstrittener und sogar »Leib« ein durch »Körper« ersetzter Begriff geworden ist. Können wir es vielleicht so sagen: Die Würde des Menschen sieht die Logotherapie darin, dass er Leib-Seele-Geist in unteilbarer also individueller Person ist?

*Sie*: Du hast meine Frage noch nicht beantwortet: Was meinst du mit »Geist«?

*Er*: Jedenfalls meine ich mit »Geist« – und übrigens auch mit »Seele« – keine Substanz. Das ist seit Kant klar.

*Sie*: Sondern was meinst du also mit »Geist«?

*Er*: Eine Dimension unseres Seelenlebens, seinen oberen Pol.

*Sie*: Und was wäre der untere Pol unseres »Seelenlebens«?

*Er*: Unser Seelenleben erlebe ich zwischen zwei Polen ausgespannt. In und aus dieser Spannung, so scheint mir, erleben wir überhaupt unser Seelenleben. Von dem einen, dem unteren Pol her kommen die leiblichen, die sinnlichen Impulse, die vitalen Sinnesimpulse, die uns antreiben. Von dem anderen, dem oberen Pol her kommen die geistigen, die sinnhaltigen, die existenzialen Sinnesimpulse, die uns anziehen. Ist unser Seelenleben nicht diese Spannung zwischen dem einen und dem anderen »Sinn«?

*Sie*: Sprichst du hier also von einem äußeren und einem inneren Sinn?

*Er*: Das verstehe ich nicht.

*Sie*: Die »geistigen Impulse«, wie du sie nennst, kommen doch nicht von innen, aus dem Seelenleben, oder von unten, aus dem leiblichen Leben, sondern von oben wie von außen in das Seelenleben herein. Sonst wäre es von diesen Impulsen ja nicht angezogen.

*Er*: Außen, meinst du also, außerhalb unserer selbst, ist so etwas wie die Quelle sinnhaltiger Impulse zu suchen? Und diese Quelle wäre »Logos« zu nennen, von der die Logotherapie ihren Namen hat?

*Sie*: Ja, nur ist nun hier weiterzufragen. Wie ist es zu verstehen, dass ein Mensch von diesem »Logos« angesprochen werden kann, wenn nicht auch etwas in ihm liegt, das diesen An-Spruch überhaupt vernehmen, in sich aufnehmen und ihm entsprechen kann?

*Er*: Ja! Der obere Pol unseres Seelenlebens ist ja wohl auch »Logos«. Ist er nicht die Logik unseres Seelenlebens?

*Sie*: Du kannst »Logik« nicht mit »Logos« gleichsetzen!

*Er*: Na gut. Dann sage ich dazu eben »geistiges Gesetz«, dem unser Seelenleben folgt. Und zwar oft genug im Widerspruch zu dem »Naturgesetz« in uns, von dem unser Seelenleben ja angetrieben wird.

*Sie*: Wie lässt sich denn dieser Widerspruch auflösen?

*Er*: Mit der Auflösung dieses Widerspruchs, mit der Lösung dieser Spannung ist ja unser Seelenleben unausgesetzt beschäftigt.

*Sie*: Ja, aber wie? Das war doch meine Frage!

*Er*: Freud würde hier vielleicht antworten, nicht ein »geistiges Gesetz«, sondern Impulse aus dem von außen, unserem gesellschaftlich durch Erwartungen, Belohnungen und Bestrafungen erzeugten »Über-Ich« in uns stehen im fortgesetzten Widerspruch zu den Impulsen aus dem »Es«, der Triebinstanz in uns. Nicht in der altertümlichen »Seele«, sondern in der zentralen Instanz des »psychischen Apparats«, nämlich in unserem »Ich«, von unserem »Ich« wird der Widerspruch zwischen diesen sagen wir, unteren und oberen Impulsen in uns (und ihr Widerspruch zu den Impulsen aus der äußeren Realität), fort und fort aufgenommen, verhandelt, geschlichtet, beschwichtigt und so weiter.

*Sie*: In der Logotherapie geht es aber ja nicht um die Vermittlung, sondern um die Ausrichtung. Denn menschlicher Geist aktualisiert sich, indem er sich von den Impulsen aus dem seelisch-leiblichen Bereich, aus dem von Viktor Frankl so genannten Psychophysikum abgrenzt, sich zu ihm distanziert und sich auf das ausrichtet, was ihn anzieht, und zwar den leiblich-seelischen Impulsen und den Impulsen aus dem Über-Ich gerade zum Trotz!

*Er*: Ist das die »Trotzmacht des Geistes«?

*Sie*: Ja, und die »Trotzmacht« ist gerade als die »des Geistes« zu erkennen in unserem Gewissen, das gerade gegen unser Über-Ich und dessen Bestimmungen seine Stimme erheben kann.

*Er*: Dem stimme ich zu. Aber ist die Stimme des Gewissens nicht umso trotzmächtiger, je weniger ein Mensch seelisch und vielleicht auch leiblich eingeschränkt ist?

*Sie*: Mir stellt sich die Frage geradezu umgekehrt: Trifft dieses Bild vom Menschen in seiner Trotzmacht nicht am ehesten den leidenden Menschen? Trifft es nicht gerade den Menschen, der trotz leiblicher und seelischer Eingeschränktheit sich von dem daraus resultierenden Leid distanzieren kann in jenen Momenten, in denen ihn ein Anspruch von außen trifft, dem zu entsprechen er sich entscheidet, oder aber in den Momenten, in denen in ihm selbst ein Wertimpuls so stark ist, dass er den leidenden Menschen über sich und sein Leid hinauszieht, sodass er selbst, wirklich er selbst, die Entsprechung nun sucht?

*Er*: Wenn das Bild für den leidenden Menschen gilt, so trifft es jeden Menschen, meine ich. Denn die Trotzmacht des Geistes muss doch jedem Menschen gegeben sein, wenn sie sich sogar in seinem seelischen Leiden, also über dieses seelische Leiden hinaus zur Wirkung bringt.

*Sie*: So ist es wohl.

*Er*: Aber jetzt wirft sich eine neue Frage auf. »Trotz« ist doch ein Wort für eine Reaktion, und die »Trotzreaktion« ist doch ein Verhalten von Kindern, die sich ihren Eltern gegenüber gerade nicht mächtig, sondern ohnmächtig fühlen! Allerdings kann der kindliche Trotz eine starke Macht gegen die Eltern sein. Aber steckt in der »Trotzmacht« nicht Ohnmacht?

*Sie*: Diese Frage ist heikel, und sie erinnert mich an Max Scheler, dessen Menschenbild ja für Viktor Frankl schon früh eine entscheidende Rolle gespielt hat. Für Scheler ist »Geist« ursprünglich ohnmächtig. Jetzt möchte ich dir einmal vorlesen, was Martin Buber dazu sagt.

> »Die Grundthese Schelers, die aus den Erfahrungen des Geistes in unserer Zeit vollauf zu verstehen ist, besagt, der Geist in seiner reinen Form sei schlechthin ohne alle Macht. Diesen ohnmächtigen Geist findet er im Ursein selbst als dessen Attribut vor. Damit macht er eine vorgefundene gewordene zu einer urseienden.«[1]

*Er*: Diese Gedanken finde ich in einem Buch von Max Scheler[2] aus dem Jahre 1928, also aus der Zeit des aufkommenden Faschismus, unter dem sich die Gelehrten, nach Hegel die »Träger des Geistes«, ohnmächtig fühlten vor der Übermacht des politischen Willens, der wie eine blinde Naturmacht über sie hereinbrach, welche Schopenhauer in seinem Werk »Die Welt als Wille und Vorstellung ...«

*Sie*: Halt an! Höre weiter zu, wie Buber die Anthropologie Schelers kritisch charakterisiert:

> »Der menschliche Geist aber ... ist, eben als Geist, ursprünglich ohne alle Macht; er gewinnt sie nur dadurch, dass er sich durch die Lebenstriebe ›mit Energie beliefern‹ lässt, das heißt dass der Mensch seine Triebenergie zu geistiger Fähigkeit sublimiert. Diesen Vorgang schildert Scheler so, dass der Geist zuerst den Willen leitet, indem er ihm die

> Ideen und Werte eingibt, die verwirklicht werden sollen; der Wille hungert nun gleichsam die Impulse des Trieblebens aus, indem er ihnen die Vorstellungen verweigert, die sie brauchen würden, um zu einer Triebhandlung zu gelangen, und ›stellt den lauernden Trieben‹ sodann, die den Ideen und Werten angemessenen Vorstellungen, ›wie Köder vor Augen‹, bis sie das vom Geist gesetzte Willensprojekt ausführen.«[3]

*Er*: Jetzt halte du mal bitte an! Verstehe ich Buber recht, so gewinnt für Scheler »der Geist«, ursprünglich ohnmächtig, seine Macht über die natürlichen, vitalen Triebe des Menschen dadurch, dass er ihre Energie in sich aufnimmt und sublimiert, indem er dem ursprünglich naturhaft blinden Lebenswillen wie Köder solche Vorstellungen anbietet, die den Werten angemessen sind, welche ihn nun sehend machen und die verwirklicht werden sollen. Führt uns das nicht direkt zu Frankl?

*Sie*: Das werden wir jetzt prüfen. Frankl sagt: »Wenn etwas leiblich ›möglich‹ ist, wird es seelisch ver›wirklich‹t – weil es eine geistige ›Notwendig‹keit ist.« Mit anderen Worten sagt er am selben Ort: »Das Leibliche ermöglicht die seelische Verwirklichung einer geistigen Forderung.«[4]

*Er*: Ich ahne, diese beiden Sätze von Frankl sind zwei Versionen eines grundlegenden Satzes, eines anthropologischen Grundsatzes, von dem alles Weitere abhängt. In diesem Grundsatz ist einerseits Erstens vom Möglichen, Zweitens vom Wirklichen und Drittens vom Notwendigen die Rede. Andererseits ist in diesem Grundsatz Erstens vom Leiblichen, Zweitens vom Seelischen und Drittens vom Geistigen die Rede. Dieses sind die zwei Seiten des einen Grundsatzes, den ich so in mein Denken aufnehme: Unser Leben erleben wir Menschen in uns selbst, hier einmal abgesehen von der Welt, in der wir leben, schon deshalb als spannend, weil unser seelisches Leben ausgespannt ist zwischen unserem leiblichen Leben und unserem geistigen Leben, also in der seelischen Spannung zwischen leiblichen und geistigen Impulsen. Von der einen Seite wirken die leiblichen Impulse als das, was uns möglich ist, in unser seelisches Leben herein. Von der anderen Seite wirken die geistigen Impulse als das, was uns notwendig ist, in unser seelisches Leben herein. Und nun, in der Spannung zwischen diesen beiden Hereinwirkungen, also in unserem Seelenleben –

sagen wir in unserem Inneren, oder sagen wir in unserer Mitte oder sagen wir in unserem Herzen – erleben wir unser Ausgespanntsein zwischen dem uns Notwendigen und dem uns Möglichen. Aber so zu sprechen, würde für Frankl noch nicht hinreichen. Denn »seelisch« wird nicht nur erlebt, sondern »verwirklicht«, und zwar als das, was leiblich möglich und geistig notwendig ist. Aber auch diese Wendung reicht noch nicht hin. Denn, wenn ich es recht sehe, bestimmt nach Frankl die »geistige Forderung« in mir darüber, was überhaupt von dem, was mir »leiblich möglich« ist, von mir »seelisch verwirklicht« wird. Demnach sind die geistigen Impulse doch gerade nicht ohnmächtig, sondern mächtig, und zwar über die leiblichen Impulse im seelischen Leben. Jetzt frage ich dich: Sieht Frankl dessen ungeachtet ebenso wie Scheler »Geist« als ursprünglich ohnmächtig an?

*Sie*: Jetzt lese ich dir aus dem schon genannten Werk Frankls[5] die folgende sehr aufschlussreiche Passage vor: Frankl stellt die »Frage nach dem Woher menschlichen Geistes«, und zwar (nicht wie Scheler in der Evolution der menschlichen Gattung, sondern) in der Entwicklung des einzelnen Menschen, des Kindes, und ihm ist die natürliche Erbanlage der Eltern »der zwar notwendige, aber nicht hinreichende Grund«, und so bleibt die Frage: »Woher kommt nun das Geistige?« Frankl verweist nun auf Aristoteles, der gesagt hat, Geist »kommt zur Tür herein«. Aber es bleibt die Frage, woher er kommt.

*Er*: Das klingt ja so, als sei Geist ein Jemand! Das können wir doch heute so nicht mehr sagen!

*Sie*: Frankl geht es hier nicht um Geist als einem »Jemand«, wie du sagst, sondern um ein Kommen, um ein Hinzukommen! Höre bitte weiter:

> »Das Geistige muss also irgendwie erst hinzutreten, zum Leiblichseelischen; aber auch dann noch, sobald dies einmal geschehen –, ist dieses Geistige, bleibt der personale Geist, verhüllt: er hüllt sich in Schweigen. Noch schweigt er, noch wartet er – darauf, dass er sich kundgeben kann, sein Schweigen brechen kann, brechen dadurch, dass er hindurchbricht, durch die ihn umgebenden ›Hüllen‹, ihn umhüllenden Schichten der (sic) Psychophysischen. Noch wartet er darauf, sich melden zu können, sich kundtun zu können im psychophysischen Organismus als dem

Organ solcher Kundgabe. Noch wartet er ... bis er eines Tages soweit ist, bis er eines Tages den Organismus ›soweit hat‹, sich seiner soweit bemächtigt hat – als seines Ausdrucksfeldes. Wer, der jemals ein Kind aufgezogen, kennte ihn nicht, diesen Augenblick, in dem die geistige Person sich erstmalig anmeldet; wer, der solches erfahren, wüsste nicht auch um das Erschütternde dieses ersten Augenblicks: das Erschütternde etwa des ersten Lächelns des Kindes ... wenn da etwas aufblitzt ... .«[6]

*Er*: Jetzt meine ich das Menschenbild Schelers in klarerem Licht zu sehen, und das geht mir aus den Worten Frankls auf. Spricht Scheler von der ursprünglichen Ohnmacht und der sodann im Laufe der Geschichte zunehmenden Macht des Geistes, so meint er die Evolution der menschlichen Gattung, den Prozess der Hominisation, und zwar so – gestatte mir einmal das Bild – als säße »der Geist« anfangs ohnmächtig in der rasenden Kutsche, angetrieben von blinder Naturkraft und gelenkt von blindem Naturwillen, bis der Insasse »Geist« aus seiner Ohnmacht erwacht und sich listig nach und nach auf den Kutschbock bringt, um die Führung zu übernehmen ...«.

*Sie*: Falls dieses Bild das Menschenbild Schelers trifft, dann kommt für ihn der menschliche Geist aus der Kutsche des Naturprozesses und sitzt am Ende als Lenker vorne auf der Kutsche, als Lenker des Willens. Aber nun sagt Buber von diesem Willen bei Scheler: Er »hungert nun gleichsam die Impulse des Trieblebens aus«! Falls in deinem Bild nun für das Triebleben die Pferde stehen oder vielmehr laufen und die Kutsche ziehen ...

*Er*: ... so gäbe es bald diese Pferde nicht mehr, und die Kutschfahrt, also die Hominisation, also die Menschheit wäre am Ende.

*Sie:* Und auf dieses Ende hin hält eben dieser »Geist«, der also jetzt auf dem Kutschbock sitzt, von wo er »zuerst den Willen leitet, indem er ihm die Ideen und Werte eingibt, die verwirklicht werden sollen« – den Pferden in deinem Bild, also den Trieben – »›die den Ideen und Werten angemessenen Vorstellungen ... wie Köder vor Augen‹, bis sie das vom Geist gesetzte Willensprojekt ausführen«?

*Er*: Ach so. Werte, angemessene Vorstellungen davon, als Köder vor den Augen der immer schwächer werdenden Pferde, »bis sie das vom Geist gesetzte Willensprojekt ausführen« – also ausgehungert sind, oder?

*Sie*: Nicht Scheler, sondern der ihn kritisch referierende Buber spricht vom Aushungern, und zwar nur »gleichsam«! Lass uns nun endlich zu Frankl zurückkommen!

*Er*: Ja, denn weil er ja nicht phylogenetisch, sondern ontogenetisch argumentiert, also aus der Entwicklung nicht der menschlichen Gattung, sondern des einzelnen Menschen, und zwar phänomenologisch so, dass wir es nachvollziehen können, geraten wir jetzt wohl nicht wieder in metaphysische Untiefen.

*Sie*: Knüpfen wir dort an, wo wir zuletzt bei Frankl stehen geblieben sind. Seiner Frage »Woher kommt nun das Geistige?«, ließ er ja die Feststellung folgen: »Das Geistige muss ... irgendwie erst hinzutreten, zum Leiblich-Seelischen«. Jetzt lese ich dir aus der nächsten Seite vor: »Wir wissen ... nicht, woher das Geistige, der personale Geist, zum organismischen Leiblich-Seelischen hinzukommt; aber eines ist gewiss: aus den Chromosomen geht er keinesfalls hervor.«

*Er*: »Personaler Geist« – also doch jemand, und zwar über dem Menschen?

*Sie*: Du brauchst nur den unmittelbar folgenden Satz zu hören:

> »Dies ergibt sich nämlich per exclusionem; denn die geistige Person ... ist wesentlich ein Individuum und Insummabile, sie ist wesentlich unteilbar und unverschmelzbar und kann als solche niemals aus Teilbarem und Verschmelzbarem hervorgehen. Alles in allem lässt sich somit füglich sagen: dass das Kind wohl ›Fleisch vom Fleische‹ seiner Eltern ist, aber nicht Geist von ihrem Geiste.«[7]

*Er*: Also steht »personaler Geist« für »geistige Person«. Jetzt die Frage: Wenn »das Geistige ... irgendwie erst hinzutreten« muss, »zum Leib-Seelischen«, ab wann ist ein Mensch dann »geistige Person«?

*Sie*: Willst du mich ärgern? Frankl sagt ja nicht »irgendwann«, sondern »irgendwie«, das hast du ja selbst richtig wiederholt. Du solltest wissen, wenn Frankl vom Kind spricht, so meint er nicht ein künstlich definiertes Alter. Schau dir mal wieder die übrigen acht »Thesen zur Person« an!

*Er*: Muss ich nicht, um zu wissen: Der Mensch ist Person von Zeugung an, mindestens.

*Sie*: Also von Empfängnis an, mindestens.

*Er*: Wie auch immer gezeugt und empfangen, und bis zum Tod, mindestens, wie auch immer sterbend.

*Sie*: In voller, unantastbarer Würde, unabhängig von leiblicher, seelischer, geistiger Befindlichkeit.

*Er*: Unabhängig von irgendwelchen Bedingungen, also unbedingt. Wir sind jetzt an dem Punkt angelangt, der für mich die Pointe der Logotherapie ist: Handeln aus der bedingungslosen Würdigung des Mitmenschen als Person. Dieses Handeln ist für mich kein »Behandeln«. Frankl sagt »geistige Person«. Das nehme ich so auf: Der Mensch, jeder Mensch, ja der Mensch ist Geist in Person.

*Sie*: Und wo bleiben »Leib« und »Seele«?

*Er*: Der Mensch ist Leib-Seele-Geist in je unteilbarer, einzigartiger, letztlich unmitteilbarer Person.

*Sie*: Bist du noch bei Frankl? Ich möchte dir an diesem immer noch vor mir liegenden Text zeigen, wie Frankl das Geistige und das Personale zusammenschaut. Du hast ja wiederholt gefragt, ob »Geist« als »Jemand« gemeint sei. Jetzt bekommst du eine Antwort. Wir nehmen noch einmal »das Erschütternde etwa des ersten Lächelns des Kindes« auf, »wenn da etwas aufblitzt«. Frankl fährt nun fort:

> »›Etwas‹, so sagten wir soeben, kündige sich da an; müsste es jedoch nicht heißen: jemand? Ist doch das, worum es sich hier handelt, eben jemand und nicht etwas, kein Das, sondern ›der‹ personale Geist, ›die‹ geistige Person. Die Person war es, die da gewartet hatte darauf ›aufzublitzen‹ – ›aufleuchten‹ zu können, hindurchleuchten – hindurchlächeln zu können durch diesen ihren Organismus und, in diesem ersten Lächeln, den Organismus erstmalig überhaupt zu ›ihrem‹, ihrem Ausdrucksfeld zu machen.«[8]

*Er*: Könnten wir es so sagen: Im noch so jungen Menschen wartet sein Geist, seine Person darauf, durch die seelischen Regungen sich letztlich im Leibe zu ihrem Ausdruck zu bringen?

*Sie*: Ja, so etwa sieht Frankl es wohl, wenn ich ihn recht verstehe: Das erste Lächeln des Kindes ist ein leiblicher Ausdruck einer seelischen Regung, die einem personalen, einem geistigen Impuls folgt.

*Er*: Und woran in diesem leiblichen Ausdruck erkennen wir, dass ein Impuls nicht bloß leiblich, nicht bloß seelisch, sondern geistig ist?

*Sie*: An der »Wertstrebigkeit«, wie Frankl sagt: »Die Dynamik des Geistigen wird ... nicht von Triebhaftigkeit, sondern von Wertstrebigkeit fundiert.«

*Er*: Lass doch mal sehen! Hier steht weiter: »In diese geistige Wertstrebigkeit geht die seelische Triebhaftigkeit, gehen die Triebe ein als ›speisende‹ Energie.« Sind wir damit nicht wieder bei Scheler? Haben wir nach Frankl unseren Organismus – nennen wir den einmal unseren beseelten Leib oder unser leibhaftiges Seelenleben – nun als das Ausdrucksfeld oder das Nahrungsfeld unseres Geistes anzusehen?

*Sie*: Ersetze in deiner Frage das Wörtchen »oder« durch »und«, dann hast du die Antwort.

*Er*: Vielleicht lautet sie so: Entscheidend ist, dass leibliche Impulse, die auch unser seelisches Leben antreiben, also die Triebe, umgesetzt werden in geistige Impulse, die unser seelisches Leben über sich hinaus an sich ziehen als Werte!

*Sie*: Vorsicht! Sprichst du vom »Umsatz«, so könnte das missverstanden werden, als ob das Geistige aus der Sublimation der Triebe hervorgehe. Denke daran, dass Frankl ja sagt, dass das Geistige, die geistige Person, kurz die Person darauf wartet, durch die Hüllen des Organismus hindurch aufzuleuchten!

*Er*: Sieh mir die kühle Frage jetzt nach: Blitzt im ersten Lächeln des Kindes nicht auch oder sogar nicht nur ein Triebimpuls auf, ein Impuls aus dem naturhaft sozialen Trieb, aus dem Trieb nach leiblich-seelischer Verbundenheit vor aller geistigen Regung? Und ist diese naturhaft, triebhaft gesuchte Verbundenheit nicht ein »Wert«, den alle Geschöpfe erstreben, schon um am Leben zu bleiben?

*Sie*: Ich will deiner Frage zunächst mit einem ethischen Argument entgegentreten: In dem Moment, da wir unserem Kinde bei seinem ersten Lächeln nichts anderes als einen Triebimpuls unterstellen, etwa eine bloß psychophysische Reaktion auf unser

Lächeln oder gar auf eine »lächelnde« Gesichtsschablone, verletzen wir den Anspruch unseres wenn auch noch nicht in Worten so doch in seinem Lächeln beredt sprechenden Kindes darauf, als »Geist vom Geiste« geachtet zu werden. Und was wir dem Kinde zuerkennen, das gilt jedem Menschen, sei das Licht seiner geistigen Person auch noch so von seelischen, leiblichen Trübungen verdeckt.

*Er*: Logisch, ontologisch bewegen wir uns im Kreise. Jedoch muss ich dir Recht geben. Denn dem Recht jedes Menschen auf die unbedingte Achtung der unantastbaren Würde seiner Person habe ich keinerlei höheres Recht entgegenzusetzen.

*Sie*: Mit Frankl will ich das Hin und Her und das Für und Wider unserer Gedanken jetzt zusammenfassen: »Das Leibliche ist bloße Möglichkeit ... offen nach etwas, das diese Möglichkeit verwirklichen könnte«, das ist das Seelische, und das »Seelische ist seinerseits offen nach dem Geistigen.«[9]

*Er*: Dieses Offensein bedeutet also nicht, das Geistige gehe aus dem Seelischen und dieses gehe aus dem Leiblichen hervor?

*Sie*: So ist es wohl gemeint und auch überzeugend. Übrigens kann das »Offensein« doch wohl auch für die herkömmliche und immer nur in sich selber zirkulierende Frage gelten, was denn nun zuerst da sei, »das Leibliche« oder aber »das Geistige«. Dass auf diese Frage seit ältester bis in die jüngste Zeit nicht eine endgültige Antwort gefunden worden ist, zeigt uns wohl an, dass diese Frage offen ist, offen bleiben wird.

*Er*: Vermutlich ist sie von Anfang an falsch gewesen.

*Sie*: Worauf es ankommt, ist doch, was Frankl sagt: Das Leibliche ist offen nach dem Seelischen und dieses ist offen nach dem Geistigen.

*Er*: Können wir die Wendung »offen nach« auch so aufnehmen: »offen für«?

*Sie*: Ich denke, ja. In jeweils zweifacher Weise. Beginnen wir so: Das Leibliche ist offen für das Seelische, das bedeutet: Das Leibliche gibt zum Seelischen hin und empfängt vom Seelischen her. Daraus ergibt sich: Das Seelische gibt zum Leiblichen hin und empfängt vom Leiblichen her. Und nun auch: Das Seelische gibt zum Geistigen hin und empfängt vom Geistigen her. Also, das Geistige gibt zum Seelischen hin und empfängt vom Seelischen her.

*Er*: Ach so. Jetzt geht mir auf, dass unser leib-seelischer Organismus sowohl »Ausdrucksfeld« des Geistigen ist als auch das, was wir oben »Nahrungsfeld« genannt und womit wir Frankls Wort von der »speisenden Energie« aufgenommen haben.

*Sie*: Was meinst du, können wir jetzt wohl auch sagen, dass das Geistige die »speisende Energie« für das Seelische und dadurch auch für das Leibliche ist?

*Er*: Und ob wir das sagen können! Da wir schon diese alten und bis heute jung gebliebenen Begriffe verwenden, möchte ich in etwas altmodischer Weise sagen: Geist ist Nahrung für Seele und Leib des Menschen, also für den ganzen Menschen.

*Sie*: Aber jetzt, was meinst du, wovon nährt sich das Geistige, die geistige Person, kurz die Person?

*Er*: Zunächst wohl aus der Umwelt, von den Informationen, die sie über die leiblichen Sinne durch seelische Bewegungen in sich verarbeitet.

*Sie*: Also kognitiv verarbeitet, meinst du wohl, und damit wären wir beim Verstand. Reicht dir das?

*Er*: Nein. Bin schon dafür, dass unser Verstand zur Vernunft kommt.

*Sie*: Ach ja, das ist dir immer so wichtig. Weiß schon, worauf du hinaus willst. Bitte jetzt keine lange Rede! Viele werden dir sagen, »Verstand« sei doch »Vernunft«!

*Er*: Ist es eben nicht! Verstand ist nur der Sekretär der Vernunft, und Vernunft bedeutet die besondere Fähigkeit der Person, nämlich das Vernehmen.

*Sie*: Was vernimmt sie denn?

*Er*: Sie, die Person, eben kraft ihrer Vernunft, vernimmt intuitiv, bevor der Verstand mit seiner Denkarbeit anfängt, in der jeweiligen Situation aus dem Vielen das Eine, das sie hier und jetzt zu tun hat.

*Sie*: Das »Eine, das hier und jetzt zu tun ist«, wie du sagst, nennt Frankl den »Sinn der Situation für die Person«. Du sprichst von »Vernunft«. Er spricht vom »Gewissen«. Was es vernimmt, das ist ein An-Spruch, dem die Person zu ent-sprechen sucht, in ihrem

Handeln. Das ist ihre Antwort. So oder so gibt sie ihre Antwort. Wie sie sie gibt, steht in ihrer Verantwortung.

*Er*: Ist diese besondere menschliche Fähigkeit, nämlich die Verantwortlichkeit, nicht das Herzstück der Würde des Menschen?

*Sie*: Nein!

*Er*: Höre ich richtig, du sagst »nein«?

*Sie*: Stell dir einmal vor: ein Menschenkind im Mutterleib. Es kann doch noch nicht verantwortlich sein. Ein im Koma auf den Tod hin liegender Mensch. Er kann doch nicht mehr verantwortlich sein für das, was er hier und jetzt »tut«! Sprichst du diesen beiden Menschen die Menschenwürde ab?

*Er*: Nein, das kann ich nicht.

*Sie*: Auch wenn Verantwortlichkeit unablösbar zur Person und also zur Würde des Menschen gehört, können wir die Würde des Menschen nicht an seine momentane Fähigkeit binden, Verantwortung zu tragen.

*Er*: Worin siehst du nun die Würde des Menschen?

*Sie*: In seinem Personsein!

*Er*: Ach so. Lass mich mal sehen. Solange der Mensch ist, und wenn er noch so umstellt oder noch so tief gestellt ist oder sich noch so falsch einstellt, sogar zu sich selbst, und wenn er noch so in innere Irren oder in äußere Wirren, wenn er noch so ins Verbrechen und Verkommen und Umkommen geworfen ist, wenn er noch so verworfen und zerbrochen und aufgelöst ist, und wenn das Licht seines Geistes durch leibliche, seelische Behinderungen noch so verborgen oder getrübt oder flackernd ist oder gar ausgelöscht scheint – so scheint es doch durch die dichtesten Hüllen hindurch, die dann nur bizarre Verkleidung sind, oder starre Maske im tragischen Drama eines Menschenlebens, hinter welcher »persona« sich die ja immer noch geistige, lebendige, einzigartige Person verbirgt.

*Sie*: Wenn du das so sagen willst. Aber es könnte verwirren, wenn du gerade hier »persona« und »Person« in einem Atemzug nennst.

*Er*: Dann lass es mich klarstellen. Gerade im Lebenswerk Frankls und sodann der Menschen, die in ihrem Leben sein Werk überzeugend fortführen, für uns und viele andere Menschen, die ihnen Dank schulden, zeigt sich nicht nur theoretisch, sondern vielmehr praktisch, in ihrem alltäglichen Handeln ganz klar, wie sich in unserer Geistesgeschichte die Bedeutung des einen grundlegenden Begriffs in seinen zwei Versionen »persona« und »Person« gewandelt hat, und zwar wiederum nicht nur theoretisch, sondern praktisch: Also ...

*Sie*: Mach's aber kurz!

*Er*: Also, »persona« bedeutet in der vorchristlichen römischen Kultur die Maske, hinter der sich der Darsteller mit seinen individuellen Gesichtszügen verbarg, um im mythischen Drama auf rituell festgelegte Weise eine typische Rolle, einen idealen – aber eben nicht seinen eigenen realen – Charakter in dessen schicksalhafter Bestimmung zu spielen und dadurch die launische Macht des Göttlichen über das Menschliche zu einem erschütternden, aufrüttelnden, läuternden Ausdruck zu bringen. Sprechen wir nun im Sinne Frankls von »Person«, so erleben wir es als geradezu entscheidend, wie die antike (und bis heute so oft gespielte) »persona« sich zur »Person« gewandelt, umgewandelt, umgewendet hat.

*Sie*: Für mich ist nicht so sehr der historische Wandel des bloßen Begriffs der Person, sondern viel mehr die von Viktor Frankl auf diesen Begriff gebrachte Würde des Menschen entscheidend.

*Er*: Könntest du einmal versuchen, die Person und die Würde des Menschen zusammenzubringen?

*Sie*: Wie wir gesehen haben, zeigt sich das Person-Sein des Menschen in dem Offen-Sein, nämlich für Wert und Sinn und Aufgabe. Aber wir haben doch auch gesehen, dass Wertstrebigkeit, Sinnempfänglichkeit und Verantwortlichkeit des Menschen seine Würde nicht begründen! Wirft sich hier nicht eine grundlegende Frage auf? Wie können wir nun der Antwort näher kommen, ohne die Würde des Menschen wiederum an Bedingungen zu knüpfen, da sie ja nicht bedingt ist? Vielleicht so: Gründet die Würde des Menschen nicht gerade in ihrer Unbegründbarkeit, in ihrer Unfest-stellbarkeit, die ja mit dem Offensein der Person im Einklang ist? Nähern wir uns hier nicht dem, was als Geheimnis bezeichnet werden kann? Als Geheimnis, das sich immer wieder erkennen lässt, indem es sich im Erkennen immer weiter vertieft. Ich werde an Heraklit erinnert: »Der Seele Grenzen kannst du nicht ausfinden, auch wenn du gehst und jede Straße abwanderst; so tief ist ihr Sinn.«[10] Die Würde des Menschen leuchtet schon hier auf als der tiefe, nie ausdeutbare Sinn seiner Seele.

Dr. phil. Susanne Rütter, Jahrgang 1957, in eigener »Praxis für existenzielle Begleitung« tätig, ist Leiterin des *Existenziellen Seminars Hannover mit Institut für Logotherapie* und zweite vorsitzende der *Deutschen Gesellschaft für Logotherapie und Existenzanalyse (DGLE).*

Prof. Dr. phil. Theodor Rütter, emeritierter Ordinarius für Pädagogik an der Universität Stuttgart, ist im *existenziellen Seminar Hannover* tätig und Mitglied de Wissenschaftlichen Beirats sowie Schriftleiter der Redaktion der DGLE.

Anschrift:
Rügener Weg 2
30900 Wedemark
Tel.: 05130/37 11 29, Fax: 05130/ 37 56 31

KONRAD WERDER

# *Eine Begegnung mit Frau Dr. Elisabeth Lukas*

»Von der Tiefen- zur Höhenpsychologie« war wohl das erste Buch von Frau Dr. Lukas, das mir in die Hände gefallen ist, und das Erste aus der Logotherapie überhaupt. Das war bald nach seinem Erscheinen 1983 oder 1984. Das Coverbild auf der Rückseite zeigt die Autorin konzentriert schreibend und mit einer lockigen Haarpracht. Seit ich die Ausbildung in Logotherapie mache, lerne ich auch die anderen Bücher aus ihrer Feder kennen. Es ist interessant, wie sich das Coverbild entwickelt. 1989 zeigt es ein Schulter-Portrait von der Seite, leicht nach vorne geneigt, das Ziel fest vor Augen, die Haare zu einem Pferdeschwanz gebunden, 1991 den Kopf in die ineinander gelegten Hände gelehnt, das Gesicht strahlend zugewandt, die Haare offen herunterfallend, ab 1996 ein reines Portrait, die Haare praktisch nach hinten geordnet, freundlich, gelassen, den Betrachter fest im Blick.

Soweit Bilder, aber ihr von Angesicht zu Angesicht begegnen, das ist nicht so einfach. Auch in vier Semestern in ihrem Süddeutschen Institut für Logotherapie hat sie sich in unserem Kurs nicht blicken lassen. Offensichtlich legt sie keinen Wert darauf, sich zu präsentieren. So ist das Intensivseminar »Logotherapeutische Gesprächsführung«, das sie leitet, die Gelegenheit, die »Grande Dame« der Logotherapie persönlich kennen zu lernen.

Ohne Schnörkel beginnt sie die Einführung, in einem einfachen weißen Kleid. Sie redet nicht laut, hält kleine Pausen vor dem jeweils nächsten Punkt und bald schon findet sie, dass das genügt, denn es geht ja um die Praxis. Und es dauert nicht lange, da sitzen die erste »Klientin« und der erste »Therapeut« auf ihren »heißen Stühlen« zum Rollenspiel. Sie haben viel Zeit, Frau Dr. Lukas drängelt nicht, die ganze Woche nicht, und dennoch geht es zielstrebig voran, wird sichtbar, geradezu erfahrbar, wo die Probleme liegen, wie es gehen kann. Und immer hat sie ein gutes Wort für die Kandidatinnen und Kandidaten, aber wenn es sein muss, greift sie entschieden ein: »Diese Klientin können wir nicht ohne konkrete Hilfe nur mit einem neuen Termin nach Hause schicken, das ist ein Notfall.« Also erarbeiten wir, was logotherapeutisch konkret zu tun ist.

Auf Bitten des Kurses übernimmt sie einmal selbst die Therapeutenrolle. Und das ist dann geradezu erhebend: Welches Einfühlungsvermögen hat diese Frau, welche Intuition für das eigentliche Problem des Menschen in Not, über welche Kunst des sokratischen Dialogs verfügt sie, sodass der Hilfesuchende selbst sein Problem entdecken kann.

Da haben wir erlebt, was sie in ihren vielen Büchern so oft darstellt, den konkreten Fall, die Anwendung logotherapeutischer Grundsätze, den Erfolg, der an jedem Beispiel von neuem beeindruckt. Die logotherapeutischen Interventionen scheinen oft so einfach und fordern doch von Therapeut und Klient sehr viel, die Dereflexion etwa: Das verhängnisvolle Kreisen um sich selbst zu durchbrechen und sich ansprechen zu lassen von einer Aufgabe, die gerade nur diese Person zu erfüllen hat, den Sinn einer Situation entdecken und verwirklichen, das ist kein leichter Perspektivenwechsel, aber er kann Wunder wirken.

Dennoch, Heilung ist auch und gerade in der Logotherapie nicht machbar. Auch höchste therapeutische Kunst findet ihre Grenze dort, wo der Klient in der Freiheit des Geistes seine Entscheidung trifft. Frau Dr. Lukas spricht diese Erfahrung gelegentlich an, so zum Beispiel, wenn sie in einem Vortrag über das Burnout-Syndrom bei helfenden Berufen sinngemäß sagt:

Weil die Logotherapie den Menschen eben nicht als eine Maschine versteht, die der Therapeut zu reparieren hat, sondern auch im Klienten immer noch den Konstrukteur seiner selbst sieht, hat der Logotherapeut zwar Sorge um den Klienten, wenn er einen Rat nicht annimmt, aber er braucht sich dafür nicht verantwortlich machen. Diese Haltung macht ihn unabhängig vom Erfolg.[1]

Fünf Tage dauert das Gesprächsführungsseminar. Das einfache Kleid der Trainerin ändert sich jeden Tag in der Farbe, nicht im Schnitt, nie kommt das Gefühl auf, dass diese Frau künstlich etwas aus sich macht, schon gar nicht die mit allen Wassern gewaschene Therapeutin. Was sichtbar wird, ist eine große Weisheit des Lebens, aus ihr spricht ein tiefes Wissen um das Geistige im Menschen, sein Personsein, seine Entscheidungsfähigkeit, seine Selbstbestimmtheit, seine Würde. Diese Weisheit und daraus das Vertrauen in die Selbstheilungskräfte des Menschen sind neben allen Methoden die entscheidenden Heilmittel der Logotherapie. Frau Dr. Lukas ist diese Therapieform in Person.

P. Konrad Werder SDS, katholischer Priester, Mitglied des Salesianerordens. Er lebt in München. Chefredeakteur der Zeitschrift »Wegbereiter«.

Anschrift:
Agnes-Bernauer-Straße 181
80687 München
Tel.: 089/54 67 37-59 od. -31
Fax: 089/54 67 37-32

ALBERT BEUTING

# *Meine erste Begegnung mit Frau Dr. Elisabeth Lukas*

Es war am 17. April 1999. Ich hatte damals einen pastoralen Auftrag in der Gemeindeseelsorge in Münster. Ein mir schon lang bekannter Pastoralpsychologe bat mich um eine Aushilfe, weil er terminlich in Bedrängnis war. »Lieber Hans«, so sagte ich ihm, »ich wäre ja gern bereit, dich zu unterstützen, aber ich bin gerade dabei, meine Koffer zu packen; denn ich habe mich für einen theologisch-pastoralen Fortbildungskurs in Freising angemeldet. Ich nenne dir kurz das Programm, es wird dich interessieren.« Ich wies auf bedeutende Beiträge von bekannten Referenten hin und schloss mit der Bemerkung: »Da kommt auch noch eine Frau Dr. Elisabeth Lukas aus Fürstenfeldbruck und spricht über das Thema Logotherapie, was immer das auch heißen mag. Ich kann damit so recht nichts anfangen.« Mein Gesprächspartner horchte auf, geradezu jubelnd und ermunterte mich: »Wenn du die Elisabeth Lukas hören kannst, dann musst du alles stehen und liegen lassen und – nichts wie hin!«

Meine Erwartungen für die Tage in Freising steigerten sich ganz erheblich. Ich war ja immer schon gern in das ehemalige Priesterseminar – eine empfehlenswerte Adresse – gekommen. Doch dann, am 22. April 1999, gab es für mich eine schockierende Ernüchterung. Ihr äußeres Erscheinungsbild [von E. Lukas] konsternierte mich derart, dass ich meinen Nachbarn, einen Pfarrer aus Nürnberg, mit der Frage bedrängte: »Wen haben die uns denn da geschickt?« Vor uns stand plötzlich eine zierliche, aber freundlich blickende Frau, gekleidet und frisiert, dass ich den Eindruck nicht mehr los werden konnte, es kann sich nur um eine Lehrerin aus dem Bayrischen Wald handeln. Spontan wurden bei mir Erinnerungen wach an Faschingsveranstaltungen in meiner früheren pfälzischen Kirchengemeinde. Da trat nämlich alljährlich eine sehr begabte Frau auf und schlüpfte in eine solche Rolle, mit Knoten im Haar, gekleidet in einer Farbe, die man eher als Zustand denn als Lichtblick bezeichnen konnte, dazu dann noch mit Kragen und Gürtel versehen – schon sehr ungewöhnlich.

Dann aber erhob Elisabeth Lukas ihre Stimme, freundlich lächelnd, mit klarem und wohlwollenden Blick und sprach uns an, 65 Hauptamtliche aus dem kirchlichen Dienst aus Deutschland, der Schweiz und aus Österreich. Sie hatte noch nicht einmal einen Satz zu Ende gesprochen, so frei, so souverän, so gewinnend, dass ich blitzartig erkannte: »An welchen Nebensächlichkeiten bist du nur hängen geblieben, Albert?« Ich war auf der Stelle so fasziniert, dass es mir plötzlich völlig gleichgültig war, wie sie gekleidet war –, interessiert hat mich nur das, was sie sagte.

In der Pause suchte ich sie sogleich auf mit der Bitte, mehr über Logotherapie zu erfahren. »Kommen Sie zu uns nach Fürstenfeldbruck und schreiben Sie sich dort ein«, so lautete ihre einladende Antwort.

Unerwartetes und für Unmöglich-Gehaltenes ist dann doch eingetreten. Meine Sorgen, mit 64 Jahren noch ein solches Unternehmen zu wagen, zerstreute sie mit Hinweis: »Unsere älteste Teilnehmerin ist 83 Jahre alt.« Seitdem fahre ich mit großer Freude allmonatlich ins Süddeutsche Institut für Logotherapie in Fürstenfeldbruck bei München, und nehme in heiterer Gelassenheit 8,5 Stunden Bahnfahrt in Kauf.

Meine Mitbrüder im Konvent schütteln schon mal den Kopf und meinen: »Was du dir da in deinem Alter noch antust? Du bist ja verrückt!« Ich habe dann nur noch diese Antwort: »Vielleicht seid Ihr verrückt?«

Mit Verlaub, etwas verrückt möchte ich schon sein. Das alles hat Frau Dr. Elisabeth Lukas in meinem vorgerückten Alter angestoßen.

P. Albert Beuting SS. CC., katholischer Ordenspriester und Seelsorger.
Arnsteiner Patres, Kardinal-von-Galen-Straße 3, 59368 Werne, Tel.: 02389/970-121.

# Anmerkungen und Literatur

## *Vorwort*

1 Vgl. Soucek, W.: Die Existenzanalyse Frankls, die dritte Richtung der Wiener psychotherapeutischen Schule, in: Deutsche Medizinische Wochenschrift (73) 1948, S. 594

2 Vgl. ... trotzdem Ja zum Leben sagen. Ein Psychologe überlebt das Konzentrationslager, München: Deutscher Taschenbuch Verlag, 20. Auflage 2000

3 Vgl. Nurmela, R.: Die innere Freiheit. Das jüdische Element bei Viktor E. Frankl, Frankfurt/Bern: Peter Lang Verlag, S. 16–18

4 Heute zugänglich in: Frankl, V. E.: Logotherapie und Existenzanalyse. Texte aus sechs Jahrzehnten, Weinheim: Psychologie Verlags Union, 3. Auflage 1998, S. 57–184

OTTO ZSOK

## *»Ich bin nicht krank« – Ein Gespräch um den Sinn*

1 Lukas, E.: Lehrbuch der Logotherapie, München: Profil Verlag 1998, S. 17

2 Ebd., S. 162

3 Frankl, V. E.: Der Mensch vor der Frage nach dem Sinn, München: Piper Verlag 1985, S. 16

4 Böschemeyer, U.: Neu beginnen! Konkrete Hilfen in Wende- und Krisenzeiten, Lahr: SKV-Edition 1996, S. 46

5 Vgl. dazu Lukas, E.: Lehrbuch der Logotherapie, München: Profil Verlag 1998. Und: Böschemeyer, U.: Neu Beginnen!; ders.: Schule des Lebens. Wertorientierte Persönlichkeitsbildung in Theorie und Praxis, Band 1, Hamburg: Libri Books on Demand 2000. Siehe auch: Frankl, V. E.: Der leidende Mensch. Anthropologische Grundlagen der Psychotherapie, Bern: Huber Verlag, 2. Auflage 1996

KARLHEINZ BILLER

## *Der Sinn wartet auf den Menschen*

1 Vgl. hierzu Biller, K.: Der Begriff ›Übersinn‹ (1995), in: Kurz, W./Sedlak, F. (Hrsg.): Kompendium der Logotherapie und Existenzanalyse. Bewährte Grundlagen, neue Perspektiven, Tübingen: Lebenskunstverlag 1995, S. 158–166

2 Beispiele hierfür sind: Vom Sinn und Wert des Leidens (1946); Der Wille zum Sinn (1971); Der Mensch auf der Suche nach Sinn (1971) und Der Mensch auf der Suche nach einem letzten Sinn (1988)

3 Vgl. hierzu Biller, K.: Der Sinnbegriff als zentrales Theorem der Logotherapie, in: Kurz, W./Sedlak, F. (Hrsg.): Kompendium, 1995, S. 99–116; hier S. 111–113

4 »Sein« ist für Frankl hier der Oberbegriff von Gegenständen, Dingen, Tieren, Menschen, kurz: von Welt.

5 Frankl, V.E.: Der unbedingte Mensch (1949), in: Ders.: Der leidende Mensch, Bern/Göttingen: Verlag Hans Huber, 2. Auflage 1998, S. 65–160; hier S. 122

6 Frankl, V.E.: Das Leiden am sinnlosen Leben, Freiburg i.Br.: Herder Verlag, 9. Auflage 1998, S. 30

7 Lukas, E.: Drei Fragen – Leo Tolstois Legende neu bedacht (1993), in: Dies.: Urvertrauen gewinnen, Freiburg i.Br.: Herder Verlag, Neuausgabe 1997, S. 170–178; hier S. 178

8 Frankl, V.E.: Argumente für einen tragischen Optimismus (1983), in: Ders.: Der leidende Mensch, S. 51–64; hier S. 57

9 Wenn Frankl von einem »konkreten« Sinn spricht, dann werden wir vorbereitet auf einen »abstrakten« Sinn. Meint Frankl damit den »Über-Sinn«, den »letzten Sinn«, den »Totalsinn«? – Die Vorstellung von einem konkreten Sinn leistet einem ontischen Sinnverständnis Vorschub; denn alles was »konkret« ist, ist augenfällig, sichtbar, vorhanden, existent.

10 Frankl, V.E.: Die Sinnfrage in der Psychotherapie, München: Piper Verlag, 7. Auflage 1997, S. 90

11 Siehe ebd., S. 90–92

12 Siehe ebd., S. 92

13 Siehe ebd., S. 93–100

14 Siehe ebd., S. 106

15 Frankl, V.E.: Der unbewußte Gott, 1997, S. 71. – »Mit anderen Worten, Sinn wandelt sich nicht nur von Tag zu Tag und von Stunde zu Stunde, sondern wechselt auch von Mensch zu Mensch. Er ist Sinn ad situationem und nicht nur ad personam.« (Ebd.) – Anmerkung: Auch dies spricht für ein ontisches Sinnverständnis. Andernfalls müsste man sagen, dass sich die Sinnmöglichkeiten und damit die Sinninhalte wandeln. Der Sinn hingegen ist, bleibt immer Sinn.

16 Frankl, V.E.: Der Mensch auf der Suche nach Sinn (1971), in: Ders.: Der leidende Mensch, S. 9–19; hier S. 16

17 Frankl, V.E.: Der unbewußte Gott, München: Deutscher Taschenbuch Verlag, 5. Auflage 1999, S. 72

18 Frankl, V.E.: Der Mensch auf der Suche nach Sinn (1971), in: Ders.: Der leidende Mensch, S. 9–19; hier S. 15. Meine Hervorhebung. – Vgl. auch Frankl, V.E.: Anthropologische Grundlagen der Psychotherapie, Bern/Stuttgart: Verlag Hans Huber 1975, S. 19–20. – Vgl. ebenso Frankl, V.E.: Das Leiden am sinnlosen Leben, S. 29

19 Das Adjektiv »trans-subjektiv« stammt von Rudolf Allers. – Vgl. Frankl, V.E.: Der unbewußte Gott 1999, S. 71

20 Lukas, E.: Alles fügt sich und erfüllt sich. Stuttgart: Quell Verlag, 3. Auflage 1997, S. 7

21 Frankl, V.E.: Aphoristische Bemerkungen zur Sinnproblematik, a.a.O, 1964, S. 342

22 Vgl. hierzu E. Lukas: Lehrbuch der Logotherapie. München: Profil Verlag 1998, S. 32

23 Vgl. hierzu E. Lukas: Lehrbuch der Logotherapie, S. 32–33

24 Vgl. hierzu E. Lukas: Lehrbuch der Logotherapie, S. 33

25 Vgl. hierzu E. Lukas: Lehrbuch der Logotherapie, S. 34

26 Frankl, V.E.: Das Leiden am sinnlosen Leben, S. 30

27 Frankl, V.E.: Das Leiden am sinnlosen Leben, S. 32

28 Frankl, V.E.: Das Leiden am sinnlosen Leben, S. 32

29 Frankl, V.E.: Die Sinnfrage in der Psychotherapie. München: Piper Verlag, 7. Auflage 1997, S. 63

30 Frankl, V.E.: ... trotzdem Ja zum Leben sagen. München: Kösel Verlag 1979, leider ohne Seitenangabe. Zit. nach Frankl, V.E.: Die Sinnfrage in der Psychotherapie, S. 70

31 Frankl, V.E.: Der unbewußte Gott, 1997, S. 72

32 Frankl, V.E.: Der unbewußte Gott, 1997, S. 72. – Auch in: Frankl, V.E.: Die Sinnfrage in der Psychotherapie, S. 60

33 Frankl, V.E.: Der Wille zum Sinn. Bern, Stuttgart, Wien: Huber Verlag, 3. Auflage 1982 (erstm. 1972), S. 25–26. – Ähnlich auch in: Ärztliche Seelsorge, S. 77–78, Aphoristische Bemerkungen zur Sinnproblematik. In: Archiv für die gesamte Psychologie: Organ der deutschen Gesellschaft für Psychologie, Frankfurt am Main: 1964, S. 336–345; hier S. 342, Der unbewußte Gott, S. 68–70; Psychotherapie für den Alltag, Freiburg i.Br.: Herder Verlag, 4. Auflage 1992 (erstm. 1971), S. 22; Logotherapie und Existenzanalyse, München: Piper Verlag 1987, S. 100

34 Frankl, V.E.: Die Sinnfrage in der Psychotherapie, S. 65

35 Frankl, V.E.: Der Mensch auf der Suche nach Sinn (1971), in: Ders.: Der

leidende Mensch, S. 9–19; hier S. 14. – Vgl. auch: Frankl, V.E.: Anthropologische Grundlagen der Psychotherapie, S. 19

36 Frankl, V.E.: Die Psychotherapie in der Praxis, München/Zürich: Piper Verlag, 4. Auflage 1997, S. 29. – Auch in: Frankl, V.E.: Theorie und Therapie der Neurosen. München/Basel: Reinhardt Verlag, 7. Auflage 1993, S. 15

37 Hier deutet sich Frankls Versuch an, eine Sinn-Ethik zu entwickeln. Er schreibt: »... gut wird uns dünken, was die Erfüllung des einem Seienden aufgetragenen und abverlangten Sinnes fördert, und für böse werden wir halten, was solche Sinnerfüllung hemmt.« (Frankl, V.E.: Das Leiden am sinnlosen Leben, S. 28)

38 Frankl, V.E.: Das Leiden am sinnlosen Leben, S. 27 – Damit macht Frankl auf eine besonders in unserer Zeit beobachtbare pathogene Tendenz aufmerksam, die er in seiner Zeitkritik deutlich ausführt.

39 Frankl, V.E.: Die Sinnfrage in der Psychotherapie, S. 51; vgl. auch S. 58

40 Und das Gewissen definierend fährt Frankl fort: »Mit einem Wort, das Gewissen ist ein Sinn-Organ. Es ließe sich definieren als die Fähigkeit, den einmaligen und einzigartigen Sinn, der in jeder Situation verborgen ist, aufzuspüren.« (Frankl, V.E.: Der Mensch auf der Suche nach Sinn (1971), in: Ders.: Der leidende Mensch, S. 9–19; hier S. 15. – Vgl. auch Frankl, V.E.: Das Leiden am sinnlosen Leben, S. 2 und 29

41 Frankl, V.E.: Die Sinnfrage in der Psychotherapie, S. 64

42 Darunter ist vor allem eine Analyse des Lebens eines bestimmten Menschen auf dessen Existenz hin gemeint. Hierbei entdeckt der Mensch, was er tun kann, um zu einem sinnerfüllten Leben zu gelangen.

43 Frankl, V.E.: Theorie und Therapie der Neurosen, S. 186

44 Frankl, V.E.: Anthropologische Grundlagen der Psychotherapie, S. 309

45 Vgl. Frankl, V.E.: Der leidende Mensch, S. 16, Anmerkung 3

46 Frankl, V.E.: Die Sinnfrage in der Psychotherapie, S. 71

47 Frankl, V.E.: Argumente für einen tragischen Optimismus (1983), in: Ders.: Der leidende Mensch, S. 51–64; hier S. 57

48 Vgl. Frankl, V.E.: Die Sinnfrage in der Psychotherapie, S. 123–124

49 Vgl. hierzu Frankl, V.E.: Homo patiens. Versuch einer Pathodizee (1950), in: Ders.: Der leidende Mensch, S. 161–241; hier S. 201

50 Frankl, V.E.: Anthropologische Grundlagen der Psychotherapie, S. 178

51 Frankl, V.E.: Die Sinnfrage in der Psychotherapie, S. 72

52 Ebd.

53 Ebd.

54 Frankl, V.E.: Homo patiens. Versuch einer Pathodizee (1950), in: Ders.: Der leidende Mensch, S. 161–241; hier S. 227
55 Frankl, V.E.: Anthropologische Grundlagen der Psychotherapie, S. 307
56 Vgl. Frankl, V.E.: Anthropologische Grundlagen der Psychotherapie, S. 178
57 Frankl, V.E.: Anthropologische Grundlagen der Psychotherapie, S. 307
58 Vgl. Frankl, V.E.: Anthropologische Grundlagen der Psychotherapie, S. 307. – Anmerkung: Woher aber Frankl weiß, dass das meiste einen Sinn »hat«, also dass Sinn ontisch vorliegt, das sagt er nicht. Das kann er auch nicht sagen, weil er es glaubt.
59 Frankl, V.E.: Anthropologische Grundlagen der Psychotherapie, S. 308
60 Frankl, V.E.: Der Mensch vor der Frage nach dem Sinn. Eine Auswahl aus dem Gesamtwerk, 1980, S. 268
61 Frankl, V.E.: 1980, S. 268
62 Frankl, V.E.: Ärztliche Seelsorge 1946, S. 43; zit. nach Frankl, V.E.: 1980, S. 268
63 Frankl, V.E.: Die Sinnfrage in der Psychotherapie, S. 133
64 Vgl. Frankl, V.E.: Anthropologische Grundlagen der Psychotherapie, S. 310
65 Frankl, V.E.: Anthropologische Grundlagen der Psychotherapie, S. 310
66 Frankl, V.E.: Anthropologische Grundlagen der Psychotherapie, S. 310. – Vgl. hierzu: »Den Glauben an einen Übersinn abblenden heißt aber nicht, den Übersinn ausschalten. Das Durchsetzen eines Sinnes, der mir vorschwebt, ist abhängig von meinen Tun und Lassen: je nachdem, was ich tue und lasse, geschieht etwas entweder – oder es geschieht nichts; aber der Übersinn setzt sich durch, unabhängig von meinem Tun und Lassen: entweder mit oder ohne mein Dazutun, entweder mit meiner Mitwirkung oder unter Umgehung meiner. Mit einem Wort: die Geschichte, in der sich der Übersinn erfüllt, geschieht entweder durch meine Unternehmungen hindurch – oder über meine Unterlassungen hinweg.« (Frankl, V.E.: Anthropologische Grundlagen der Psychotherapie, S. 309–310)
67 In: Frankl, V.E.: ... trotzdem Ja zum Leben sagen. München: Deutscher Taschenbuch Verlag 1999, S. 149–198
68 Vgl. Frankl, V.E.: Der Mensch vor der Frage nach dem Sinn. München: Piper Verlag 1985, S. 49. – An dieser Stelle spricht Frankl davon, dass der Sinn des Leidens darin bestehe, dass ich ein anderer werde.
69 Vgl. hierzu Frankl, V.E.: Argumente für einen tragischen Optimismus (1983), in: Ders.: Der leidende Mensch, S. 51–64; hier S. 57
70 Frankl, V.E.: Der unbewußte Gott, 1999, S. 88. – Die Dimension des

Über-Sinns ist, »wenn schon nicht glaub-haft, so doch zumindest denkbar« (A.a.O., S. 89; vgl. auch S. 91)

71 Frankl, V.E.: Der unbewußte Gott, 1999, S. 63. – Vgl. auch Frankl, V.E.: Das Leiden am sinnlosen Leben, S. 94

72 Frankl, V.E.: Anthropologische Grundlagen der Psychotherapie, S. 310

73 Vgl. Frankl, V.E.: Anthropologische Grundlagen der Psychotherapie, S. 309

74 Frankl, V.E.: Anthropologische Grundlagen der Psychotherapie, S. 310

75 Frankl, V.E.: Homo patiens. Versuch einer Pathodizee (1950), in: Ders.: Der leidende Mensch, S. 161–241; hier S. 202

76 Frankl, V.E.: Anthropologische Grundlagen der Psychotherapie, S. 179

77 »... ich darf, was den Übersinn anbelangt, mich nichts wissen, nichts glauben machen. Dies muss ich umso mehr, als der Übersinn mich nichts wissen lässt. Denn der Übersinn ist erst und nur ›im Effekt‹ gegeben, aber nicht in der Intention.« (Frankl, V.E.: Anthropologische Grundlagen der Psychotherapie, S. 309 f.)

78 Frankl, V.E.: Der unbewußte Gott, 1997, S. 64

79 Vgl. Frankl, V.E.: Ärztliche Seelsorge, 12. Auflage 1982, S. 43 f.

80 Frankl, V.E.: Argumente für einen tragischen Optimismus (1983), in: Ders.: Der leidende Mensch, S. 51–64; hier S. 58

81 Frankl, V.E.: Die Psychotherapie in der Praxis, S. 30. – Vgl. auch Frankl, V.E.: Die Sinnfrage in der Psychotherapie, S. 67

82 Frankl, V.E.: Anthropologische Grundlagen der Psychotherapie, S. 307

83 Frankl, V.E.: Die Sinnfrage in der Psychotherapie, S. 73–74. Vgl. S. 175

84 Frankl, V.E.: Die Sinnfrage in der Psychotherapie, S. 176

85 Vgl. Lukas, E.: Spannendes Leben. In der Spannung zwischen Sein und Sollen – ein Logotherapiebuch, München: Deutscher Taschenbuch Verlag 1996, S. 118

86 Vgl. Lukas E.: Wertfülle. Logotherapie bei Depressionen und Sinnkrisen, München: Profil Verlag 1998–2002, S. 56

87 Frankl, V.E.: Ärztliche Seelsorge. Grundlagen der Logotherapie und Existenzanalyse. Frankfurt am Main: Fischer Taschenbuch Verlag, 7. Auflage 1998, S. 56. Meine Hervorhebung.

88 Frankl, V.E.: Der unbewußte Gott, 1997, S. 63. – Das Sein von Sinn ist zwar in logischer, nicht aber in jeder anderen Hinsicht vorausgesetzt. Nicht alles, was in logischer Hinsicht zwingend erscheint, muss auch realiter vorhanden sein.

89 Frankl, V.E.: 1990, S. 371; zit. nach Längle A.: Viktor Frankl. Ein Porträt. München: Piper Verlag 1998, S. 191

90 Frankl, V.E.: 1990, S. 371; zit. nach Längle A. 1998, S. 191

91 Zeichen, Geheimzeichen
92 Beispiel
93 Lukas E.: Alles fügt sich und erfüllt sich, S. 27
94 Der Sinn des Lebens ist nach Elisabeth Lukas »das menschliche Streben und Ringen selbst. Er mag innerhalb oder außerhalb des Lebenslaufes projiziert werden, tatsächlich aber ist er die Projektion menschlicher Suche und menschlichen Willens«. (Lukas E.: Auch dein Leiden hat Sinn, Freiburg: Herder Verlag 1986 (erstm. 1981), S. 115
95 Lukas E.: Mit einer Sinnlehre gegen die Sinnleere. Logotherapie in der Lebensberatung, (1990), in: Dies.: Geist und Sinn, München: Psychologie-Verlags-Union 1990, S. 14–24; hier S. 19–21
96 Ebd., S. 14–24; hier S. 21
97 Ebd., S. 14–24; hier S. 14
98 Vgl. hierzu Lukas E.: Lehrbuch der Logotherapie, S. 17
99 Lukas E.: Nur Mutation und Selektion? Der Evolutionsgedanke in logotherapeutischer Perspektive (2000), in: Logotherapie und Existenzanalyse. Interdisziplinäre Zeitschrift für Bildung, Forschung und Praxis. 1/2000/1–2, S. 174–185; hier S. 180
100 Ebd., S. 174–185; hier S. 180, 181, 183
101 Ebd,, S. 174–185; hier S. 181
102 Frankl, V.E.: Der Mensch auf der Suche nach Sinn (1971), in: Ders.: Der leidende Mensch, S. 9–19; hier S. 14
103 Lukas E.: Alles fügt sich und erfüllt sich, S. 8–9
104 Ebd., S. 24
105 Ebd., S. 27
106 E. Lukas: Drei Fragen – Leo Tolstois Legende neu bedacht, in: Dies.: Urvertrauen gewinnen, S. 170–178; hier S. 178
107 Frankl V.E.: Der leidende Mensch, S. 16, Anmerkung 3
108 Lukas E.: Rendezvous mit dem Leben. München: Kösel Verlag 2000, S. 13
109 Sinnvoll wird hier im logotherapeutischen Kontext verstanden. Im philosophischen Sprachgebrauch heißt »sinnvoll« so viel wie »zweckdienlich«. Hier wird »sinnvoll« auch von »sinnhaft«, also »eine Bedeutung habend«, »bedeutsam« unterschieden.
110 Frankl, V.E.: Die Sinnfrage in der Psychotherapie, S. 65
111 Vgl. Abschnitt über Wert als Hilfe beim Sinnerwerb.
112 Frankl, V.E.: Der Mensch auf der Suche nach Sinn (1971), in: Ders.: Der leidende Mensch, S. 9–19; hier S. 15
113 Frankl, V.E.: Theorie und Therapie der Neurosen, S. 83 und nahezu wortgleich S. 148–149. Meine Hervorhebung: »der Kranke ist es, der seinem Kranksein den Sinn gibt«.

114 Mit diesem Grundgedanken macht Frankl auf die eigenen Ressourcen im menschlichen Leben aufmerksam, die durch die neuere Resilienzforschung entdeckt und empirisch belegt werden.

115 Frankl, V.E.: Die Psychotherapie in der Praxis, S. 72

116 Frankl, V.E.: S. 307. – Das hier verwendete Wort »Sinnhaftigkeit« heißt so viel wie Bedeutung.

117 Frankl, V.E.: Der Mensch vor der Frage nach dem Sinn. Eine Auswahl aus dem Gesamtwerk. München: Piper Verlag, 2. Auflage 1980, S. 268

118 Vgl. hierzu Ladenthin, V.: Moderne Literatur und Bildung, Hildesheim/Zürich/New York: Olms 1991, S. 37–40

119 Frankl, V.E.: Die Sinnfrage in der Psychotherapie, S. 58

120 Heiner Keupp: Eine Gesellschaft der Ichlinge? München: Sozialpädagogisches Institut 2000, S. 34 f.

## OTTO ZSOK
## *Elisabeth Lukas – Ein Lebensweg*

1 Vgl. Fabry J./Lukas, E.: Auf den Spuren des Logos. Briefwechsel mit Viktor E. Frankl, München: Quintessenz Verlag 1995, S. 101

2 Ebd., S. 148. Der Text ist im Original fettgedruckt.

3 Das war damals das dritte Logotherapie-Institut in der Bundesrepublik Deutschland. Das erste deutsche Logotherapie-Institut wurde 1982 in Hamburg von Dr. theol. Uwe Böschemeyer (heute mit Sitz in Lüneburg), das zweite 1983 in Bielefeld von Dr. Walter Böckmann gegründet. Beide sind »Schüler« von Viktor Frankl. In Österreich waren es Dr. med. Eva Kozdera und Dr. med. Alfried Längle, die 1982 das erste Logotherapie-Institut ins Leben gerufen haben. Im Jahre 1991 trennte sich A. Längle von Frankl und gründete eine eigene Richtung, die sich zwar auf Frankl beruft, aber die von ihm geschaffene anthropologische Grundlage verlässt. Zu diesem Fragekomplex siehe: Otto Zsok, Kritische Bemerkungen zu einem Buch über Viktor E. Frankl (Alfried Längle, Viktor Frankl. Ein Porträt, München: Piper Verlag 1998), in: Zsok, O.: Der mühsame Weg zum Geistigen, Sankt Ottilien: EOS-Verlag 1999, S. 45–72

4 J. Fabry/E. Lukas: Auf den Spuren des Logos, S. 7

5 Ebd., S. 7 f.

6 Wie Elisabeth Lukas sagt: Frankl habe sich nie belästigt gefühlt, wenn sie ihn durch Briefe oder auch persönlich Fragen stellte. »Er hat, seit ich ihn kenne, Geduld mit mir gehabt und wurde nie müde, mir etwas zu erklären«, schreibt E. Lukas.

7 Danksagung an meinen Lehrer, in: Lukas, E.: Weisheit als Medizin. Viktor E. Frankls Beitrag zur Psychotherapie, Stuttgart: Quell Verlag 1997, S. 161. Wie sehr Dr. Elisabeth Lukas von dem franklschen Gedankengut durchdrungen war und wie innovativ sie die Logotherapie weiterentwickelte, lässt sich erneut in ihrem 30. Buch nachvollziehen, das 2001 erschienen ist: Lukas, E.: Auf den Stufen des Lebens. Meine bewegendsten Fallbeispiele aus der Seelenheilkunde nach Viktor E. Frankl, Gütersloh: Quell Verlag 2001

8 Ebd., Weisheit als Medizin, S. 160

9 Lukas, E.: Zwei Orangen auf meinem Weg zum Menschsein, in: Von heiteren Tagen. Herderbücherei-Autoren erinnern sich, Freiburg: Herder Verlag 1987, S. 111 ff.

10 Ebd., S. 113

11 Frankl, V. E.: Der Mensch auf der Suche nach Sinn. Öffentlicher Vortrag im Rahmen des XIV. Internationalen Kongresses für Philosophie (Wien 1968), in: Frankl, V. E.: Psychotherapie für den Laien, Freiburg, Herder Verlag, 10. Auflage 1983, S. 15

12 Frankl, V. E. im Vorwort zum Buch: Lukas, E.: Auch Dein Leben hat Sinn. Logotherapeutische Wege zur Gesundung, Freiburg: Herder Verlag 1980, S. 11

13 Ebd.

14 Popielski, K. im Vorwort zum Buch: Lukas, E.: Auch dein Leiden hat Sinn. Logotherapeutischer Trost in der Krise, Freiburg: Herder Verlag 1981, S. 12. Das Zitat wurde von mir geringfügig geändert – O. ZS.

15 Scheid, Dr. med. W. im Vorwort zum Buch: Lukas, E.: Von der Tiefen- zur Höhenpsychologie. Logotherapie in der Beratungspraxis, Freiburg: Herder Verlag 1983, S. 11

16 Lukas, E.: Psychologische Seelsorge, Freiburg: Herder Verlag 1985, besonders S. 191–199. Das Fallbeispiel der Frau, die ihre Schuldgefühle in der Therapie neu zu bewerten lernt und sie überwindet, ist m.E. eine glänzende Illustration dessen, wie gekonnt Elisabeth Lukas das logotherapeutische Konzept der »Schuld als Umdenkmöglichkeit« anwendet.

17 Ebd., S. 18

18 Ebd., S. 171

19 Ebd., S. 158

20 In: Lukas E.: Rat in ratloser Zeit. Anwendungs- und Grenzgebiete der Logotherapie, Freiburg: Herder Verlag 1988, S. 121–134

21 Ebd., S. 294–299

22 Vgl. Frankl, V. E.: Der Wille zum Sinn. Ausgewählte Vorträge über Logotherapie, München: Piper Verlag 1991, S. 116 f.

23 Lukas, E.: Psychologische Vorsorge. Krisenprävention und Innenweltschutz aus logotherapeutischer Sicht, Freiburg: Herder Verlag 1989, S. 41

24 Im ersten Buch, Auch dein Leben hat Sinn (1980), kommt nur ein Hinweis auf einen anderen Autor.

25 Zum ersten Mal 1989 dargelegt unter dem Titel: Das Modell einer sinnzentrierten Familientherapie, in: Lukas E.: Psychologische Vorsorge, S. 139–147. Die therapeutische Erweiterung dieses Modells hat E. Lukas dann in ihrem Buch: Geist und Sinn, München: Psychologie-Verlags-Union 1990, S. 35–46 präsentiert und noch einmal im Lehrbuch der Logotherapie, München: Profil Verlag 1998, S. 198–207 mit neuen Gesichtspunkten abgerundet. Zuletzt kam sie auf das existenzielle Thema zurück in: Familienglück. Verstehen, annehmen, lieben, München: Kösel Verlag 2001 und: Verlust und Gewinn. Logotherapie bei Beziehungskrisen und Abschiedschmerz, München: Profil Verlag 2001.

26 In: Lukas, E.: Lehrbuch der Logotherapie, S. 215–230

27 Zum Beispiel in: Lukas, E.: Auf den Stufen des Lebens, S. 103–114

28 Lukas, E.: Spannendes Leben. Ein Logotherapie-Buch, München: Quintessenz Verlag 1991

29 Ebd., S. 143–165

30 Bei Thomas von Aquin lautet dieser Satz so: »Bonum potest inveniri sine malo, sed malum non potest inveniri sine bono« (STh, I, 109, 1 ad 1). Das heißt: Gutes ohne Böses kann es geben; Böses aber ohne Gutes kann es nicht geben.

31 Lukas, E.: Spannendes Leben, S. 165

32 Ebd., S. 103–118

33 Lukas, E.: Psychotherapie in Würde. Sinnorientierte Lebenshilfe nach Viktor E. Frankl, München: Quintessenz Verlag 1994

34 Siehe ebd., S. 205–211

35 Siehe dazu: Kurz, W. K.: Suche nach Sinn. Seelsorgerliche, logotherapeutische, pädagogische Perspektiven, Ausgewählte Aufsätze, Würzburg: Stephans-Buchhandlung Wolfgang Mittelstädt 1991, S. 85–99

36 Lukas, E.: Spirituelle Psychologie. Quellen sinnvollen Lebens, München: Kösel Verlag 1998, S. 43 f.

37 Ebd., S. 44 f.

38 Lukas, E.: In der Trauer lebt die Liebe weiter. Mit Fotos von Rita Briese, München: Kösel Verlag 1999

39 Für mich ist vielsagend, dass E. Lukas an dieser Stelle das Wort Seelenkräfte verwendet. Man ahnt, was damit gemeint ist, wobei dieser

Ausdruck mehr Reichtum beinhaltet, als dies auf den ersten Blick erkennbar ist. Doch dieser kurze Hinweis muss hier genügen. Siehe noch dazu: Zsok, O.: Logotherapie und Glaubensfragen, München: Profil Verlag 1999, S. 92–108. Und: Ders.: Der religiöse Urquell, St. Ottilien: EOS-Verlag 2001, S. 149–153

40 Ebd., S. 95 f.

41 Lukas, E.: Rendezvous mit dem Leben. Ermutigungen für die Zukunft, München: Kösel Verlag 2000

42 Ebd., S. 7

43 Ebd., S. 12

44 Ebd., S. 178 f.

45 Lukas, E.: Konzentration und Stille. Logotherapie bei Tinnitus und chronischen Krankheiten, München: Profil Verlag, 2000, S. 11

46 Lukas, E.: Auf den Stufen des Lebens, S. 124 f. Siehe auch: Verlust und Gewinn

47 Lukas, E.: Familienglück, München: Kösel Verlag 2001

48 Ebd., S. 13

49 In einem Brief vom 11. Juni 1993 hat Viktor Frankl an das österreichische Bundesministerium für Gesundheit geschrieben: »Zu Ihrer Frage, wer sich derzeit besonders qualifiziert mit Fragen der Logotherapie auseinandersetzt: Die Institution, die – weltweit gesehen, besonders aber im deutschen Sprachraum – eine absolut authentische Ausbildung in Logotherapie bzw. Existenzanalyse anbietet, ist das Süddeutsche Institut für Logotherapie in Fürstenfeldbruck, geleitet von Frau Dr. Elisabeth Lukas.« (Siehe dazu: Zsok, O.: Der mühsame Weg zum Geistigen, S. 53 f.)

50 Fabry J./Lukas, E.: Auf den Spuren des Logos, S. 152

RITA MALCOMESS

## *Das So-Sein annehmen – Logotherapie bei chronischen Haut- und Gelenkerkrankungen, Allergien und Rheuma*

1 Frankl, V. E.: Das Leiden am sinnlosen Leben, Freiburg/Br.: Herder Verlag 1984, S. 85

2 Frankl, V. E.: Der leidende Mensch, Bern-Stuttgart-Toronto: Verlag Hans Huber 1984, S. 209

3 Lukas, E.: Gesinnung und Gesundheit, Freiburg/Br.: Herder Verlag 1987, S. 142/143

4 Malcomess, R. in: Böhm, Klaus Dieter (Hrsg.): Tomesa-Science Nr. 2, Bad Salzschlirf: public-Verlag 1992, S. 15 und S. 21

5 Frankl, V. E.: Logotherapie und Existenzanalyse, München-Zürich: Piper Verlag 1987, S. 82 und S. 83
6 Frankl, V. E.: a.a.O., S. 235
7 Frankl, V. E.: Der leidende Mensch, S. 63
8 Lukas, E.: Psychologische Seelsorge, Freiburg/Br.: Herder Verlag 1985, S. 63
9 Lukas, E.: Rat in ratloser Zeit, Freiburg/Br.: Herder Verlag 1988, S. 220 und S. 221.
10 Friedrich Schröpl in: Böhm, K. D. (Hrsg.): Tomesa-Science, Nr. 2, Bad Salzschlirf: public-Verlag 1992, S. 39
11 Lukas, E.: Rat in ratloser Zeit, S. 226
12 Lukas, E.: Von der Tiefen- zur Höhenpsychologie, Freiburg/Br.: Herder Verlag 1983, S. 341
13 Frankl, V. E.: Ärztliche Seelsorge. Grundlagen der Logotherapie und Existenzanalyse. Frankfurt am Main: Fischer Taschenbuch Verlag, 4. Auflage 1987, S. 48
14 Frankl, V. E.: Der leidende Mensch, S. 159
15 Frankl, V. E.: Die Psychotherapie in der Praxis, Wien: Franz-Deuticke-Verlag 1982, S. 157
16 Malcomess, R./Küster, W./Gruber-Gerady, K.-F.: Familie Schupps auf meiner Haut. Ein therapeutisches Bilderbuch für Kinder mit Schuppenflechte. Informationen, Tricks und Hilfen – auch für Eltern, Ärzte und Therapeuten: medbrain, 2002, PZN 2530699
Malcomess, R./Küster, W./Gruber-Gerady, K.-F.: Ich weiß was Tolles, wenn's mich juckt ...!, Bibliocura – Bücher zum Heilen, 2000, PZN 1423187
Küster, W./Malcomess, R.: Unser Baby hat Neurodermitis. Ein kleiner Ratgeber für die Eltern, Bad Sulza: TTS-Verlag 2000
17 Frankl, V. E.: Die Psychotherapie in der Praxis, S. 283.
18 Lukas, E.: Geist und Sinn, München: Psychologie Verlags Union 1990, S. 29
19 Frankl, V. E.: Die Psychotherapie in der Praxis, S. 34
20 Frankl, V. E.: Der Mensch vor der Frage nach dem Sinn, München-Zürich: Piper Verlag, 7. Auflage 1989, S. 119
21 Frankl, V. E.: Ärztliche Seelsorge, S. 208
22 Spruchkarte Kunstkarte Maria Laach Nr. 2971
23 Frankl, V. E.: Der unbewußte Gott, München: Kösel Verlag 1988, S. 30
24 Viktor E. Frankl, Journal des Viktor-Frankl-Instituts 1/1993, Wien, S. 130
25 Buber, M.: Der große Maggid und seine Nachfolge, Frankfurt am Main: Literarische Anstalt Ruetten und Loening 1922, S. 161

URSULA TIRIER

*Von der Angst zum Vertrauen – Logotherapie in der Praxis*

1 Frankl, V.E.: Logotherapie und Existenzanalyse, München: Piper Verlag 1987, S. 153 ff.

2 Längle, A.: Entscheidung zum Sein, München: Piper Verlag 1988, S. 123

3 Ende, M.: Das Traumfresserchen, Stuttgart: Thienemann Verlag 1978

UWE BÖSCHEMEYER

*Die Krise als Chance – Voraussetzungen für neue Sinnfindung*

1 Vgl. Buber M.: Der Weg des Menschen nach der chassidischen Lehre, Heidelberg: L. Schneider Verlag 1986, S. 32 ff.

2 Frankl, V. E.: Ärztliche Seelsorge, Wien: Franz Deuticke Verlag 1983, S. 72

3 Am 13.6. 1971

RENATE DECKART

*Körper, Seele, Geist – Psychosomatik aus logotherapeutischer Sicht*

1 Zit. nach Kaplan, H.I. (1988): Körperstörungen als Folge seelischer Vorgänge (Psychosomatische Störungen), in: Freedman, A.M./Kaplan, H.I./Sadock, B.J./Peters, U.H. (Hrsg.): Psychiatrie in Praxis und Klinik, Bd. 4, Stuttgart, New York: Thieme Verlag, S. 203 f.

2 Uexküll, Th. v.: Grundlagen der Psychosomatischen Medizin. Reinbek bei Hamburg: Rowohlt Taschenbuch Verlag 1963, S. 15

3 Frankl, V. E.: Ärztliche Seelsorge. Grundlagen der Logotherapie und Existenzanalyse, Frankfurt am Main: Fischer Taschenbuch Verlag 1995 (1.Auflage 1946), S. 41

4 Frankl, V.E.: Theorie und Therapie der Neurosen. Einführung in Logotherapie und Existenzanalyse, München; Basel: Ernst Reinhard Verlag, 7. aktualisierte Auflage 1993 (1. Auflage 1956), S. 74 f.

5 Knapp, P. (1988): Moderne theoretische Konzepte der psychosomatischen Medizin, in: Freedman, A.M./ Kaplan, H.I./Sadock, B.J./ Peters, U.H. (Hrsg.): Psychiatrie in Praxis und Klinik, Bd. 4, Stuttgart, New York: Thieme Verlag, S. 219

6 Hoffmann, S. O. & Hochapfel, G.: Neurosenlehre, Psychotherapeutische und Psychosomatische Medizin. Stuttgart: Schattauer Verlag 1995, S. 172

7 Frankl, V.E.: Die Psychotherapie in der Praxis. München, Zürich: Piper Verlag 1991, S. 98

8 Frankl, V.E.: Die Psychotherapie in der Praxis. München, Zürich: Piper Verlag 1991, S. 212

9 Hoffmann, S. O. & Hochapfel, G.: Neurosenlehre, Psychotherapeutische und Psychosomatische Medizin. Stuttgart: Schattauer Verlag 1995, S. 179

10 Riedel, Chr./Deckart, R. & Noyon, A.: Existenzanalyse und Logotherapie. Ein Handbuch für Studium und Praxis. Darmstadt: Wissenschaftliche Buchgesellschaft, 2002, S. 354 f.

11 Dilling, H./Mombour, W./Schmidt, M.H. (Hrsg.): Internationale Klassifikation psychischer Störungen ICD 10 Kapitel V, Bern/Göttingen: Verlag Hans Huber 1999, S. 174

12 Comer, R.J.: Klinische Psychologie, Heidelberg: Spektrum Akademischer Verlag 1995, S. 404

13 Frankl, V.E.: Theorie und Therapie der Neurosen, S. 201

14 Becker, P.: Der Beitrag Viktor Frankls zu einer Theorie der seelischen Gesundheit, Existenz und Logos 2000, 2, S. 75

15 Lukas, E.: Zur Validierung der Logotherapie, in: Frankl, V.E.: Der Wille zum Sinn. Ausgewählte Vorträge über Logotherapie, München: Piper Verlag 1991 (1. Auflage 1972 im Verlag Hans Huber, Bern), S. 283–316

16 Lukas, E.: Psychologische Vorsorge. Krisenprävention und Innenweltschutz aus logotherapeutischer Sicht, Freiburg: Herder Verlag 1989, S. 57

17 Lukas, E.: Lebensstil und Wohlbefinden. Logotherapie bei psychosomatischen Störungen, München, Wien: Profil Verlag 1999, S. 12

18 Frankl, V.E.: Theorie und Therapie der Neurosen, S. 84

19 Comer, R.J.: Klinische Psychologie, S. 416

20 Frankl, V.E.: Ärztliche Seelsorge, S. 107

21 Frankl, V.E.: Theorie und Therapie der Neurosen, S. 82

22 Comer, R.J.: Klinische Psychologie, S. 418

23 Frankl, V.E.: Theorie und Therapie der Neurosen, S. 83

24 Lukas, E.: Lebensstil und Wohlbefinden, S. 21

25 Böschemeyer, U.: Existenzanalytische Logotherapie nach dem Hamburger Modell. Eine erste Bilanz in acht Abschnitten, Zeitschrift des Hamburger Instituts für Existenzanalyse und Logotherapie, 9, 1998a, S. 3

26 Böschemeyer, U.: Wertorientierte Imagination, Hamburg: Libri Books 2000, S. 22

27 Lukas, E.: Lebensstil und Wohlbefinden, S. 19–22

28 Vgl. auch Burn out: bei Lukas, E.: Geborgensein – worin? Logothera-

peutische Leitlinien zur Rückgewinnung des Urvertrauens, Freiburg: Herder Verlag 1994, S. 55

29 Riedel, Chr. (Hrsg.), Deckart, R. & Noyon, A.: Existenzanalyse und Logotherapie. Ein Handbuch für Studium und Praxis. Darmstadt: Wissenschaftliche Buchgesellschaft 2002, S. 284

30 Deckart, R.: Die geistige Person in der Therapie, Existenz und Logos 1, 2001, Sonderdruck aus Heft 1/2001, S. 19

31 Frankl, V.E.: Ärztliche Seelsorge, S. 213

32 Wirsching, M.: Psychosomatische Medizin. Konzepte, Krankheitsbilder, Therapien. München: Beck Verlag 1996, S. 19 und 37 ff.

33 Hoffmann, S. O./Hochapfel, G.: Neurosenlehre, Psychotherapeutische und Psychosomatische Medizin

34 Leiß, O.: Helicobacterisierung psychosomatischer Konzepte? Deutsches Ärzteblatt 14, 2001, S. 710–713

35 Ebd.

## GIOSCH ALBRECHT

## *Sinn erfahren durch symbolische Raumbezogenheit*

1 Albrecht, G.: Sozio-kultureller Wandel und soziale Integration der Betagten, Zürich 1976, S. 265–419

2 Haas, A.: Der Entwicklungsgedanke und das christliche Welt- und Menschenbild, in: Haag/Haas/Hürzeler: Evolution und Bibel, Luzern: Rex-Verlag, Lizenzausgabe 1962, S. 80

3 Halbfas, H.: Das dritte Auge, Düsseldorf: Patmos Verlag, 3. Auflage 1987, S. 86

4 Portmann, A.: Biologie und Geist, (Zürich 1956) in: Frankl, V.E.: Der leidende Mensch. Anthropologische Grundlagen der Psychotherapie, Bern: Huber Verlag, 2. erweiterte Auflage 1984, S. 149

5 Neumann, E.: Zur psychologischen Bedeutung des Ritus, in: Ders.: Kulturentwicklung und Religion, (Zürich 1953) Frankfurt a.M. 1978, S. 13 ff.

6 Halbfas, H.: Religionsunterricht in der Grundschule, Lehrerhandbuch 1, Benziger Verlag, 1. Auflage 1983, S. 257

7 Halbfas, H.: Das dritte Auge, S. 111 f.

8 Halbfas, H.: Das dritte Auge, S. 111

9 Frisch, M.: Homo faber, Zürich: Ex libris 1977, S. 27; 29–31; 83

10 Halbfas, H.: Das dritte Auge, S. 112 f.

11 Halbfas, H.: Das dritte Auge, S. 113

12 Sommer, R.: Small Group Eccology in Institutions for Elderly, in: Pas-

talan, L.A./Carson, D.H. (eds.): Spatial Behaviour of Older People, Michigan 1970, S. 23 ff.
13 Kopp, J.V.: Entstehung und Zukunft des Menschen – Pierre Teilhard de Chardin und sein Weltbild, Luzern: Rex-Verlag, 6.Auflage 1965, S. 51 f.
14 Bahrdt, P.: Umwelterfahrung, München 1974, S. 42 f.

ANGELA STEIGER-RONNER

*Panta rhei – Alles fließt: Wege existenziellen Werdens*

1 Frankl, V.E.: Ärztliche Seelsorge, Wien: Franz Deuticke Verlag 1982, S. 40
2 Erni, H.: Das malerische Werk, Rüegg, Zürich: Verlag Scheidegger & Spiess
3 Erni, H.: Das malerische Werk, Rüegg, Zürich: Verlag Scheidegger & Spiess
4 Erni, H.: a.a.O.
5 Frankl, V.E.: Der Wille zum Sinn, S. 220/21
6 Frankl, V.E.: Ärztliche Seelsorge, S. 95
7 Frankl, V.E.: Der Wille zum Sinn, S. 221
8 Frankl, V.E.: a.a.O., S. 217
9 Frankl, V.E.: a.a.O., S. 214
10 Heraklit: Fragment 91
11 Heraklit: Fragment 93
12 Frankl, V.E.: Der leidende Mensch, S. 215
13 Allers, U. in: Frankl, V.E.: Logotherapie und Existenzanalyse, München: Piper Verlag 1987, S. 219
14 Buber, M. in: Schultz, H.J.: Sie werden lachen – die Bibel, München: Deutscher Taschenbuch Verlag 1985, S. 9
15 von Weizsäcker, C.F. aus einem Fernsehinterview z. 80. Geburtstag
16 Frankl, V.E.: Der leidende Mensch, S. 376
17 Frankl, V.E.: a.a.O., S. 376
18 Erni, H.: Ateliergespräche, Zürich: NZZ-Verlag 1988, S. 85/86
19 Erni, H.: Maler, Zeitgenosse, Eidgenosse, Universität Bern, S. 34
20 Planck, M. in: Frankl: Der leidende Mensch, S. 110/111
21 Frankl, V.E.: a.a.O., S. 113
22 Bohm, D.: Die implizite Ordnung, München: Dianus-Trikont Verlag 1985
23 Frei zusammengestellt in Anlehnung an Texte, Interviews und Reden von Duerr, H.-P und Planck, M.

24 Heisenberg, W.: Ordnung der Wirklichkeit, in: Gesammelte Werke
25 Frankl, V.E.: Der Wille zum Sinn, S. 154
26 Frankl, V.E.: Der leidende Mensch, S. 318
27 Frankl, V.E.: a.a.O., S. 319

CHRISTOPH RIEDEL

## *Die Zeit – Herrschaftsstruktur oder Sinnmedium*

1 Bernhart, J. (Hrsg.): Augustinus, A.: Confessiones. Bekenntnisse, München: Kösel Verlag 1980, XI. Buch, 14, 17
2 Theunissen, M.: Negative Theologie der Zeit, Frankfurt: Suhrkamp Verlag 1992, S. 300
3 Frankl, V. E.: Logotherapie und Existenzanalyse: Texte aus sechs Jahrzehnten, München: Quintessenz Verlag 1994, S. 58
4 Yalom, I.: Existenzielle Psychotherapie, Köln: Edition Humanist. Psychologie 1989, S. 137 ff.
5 Meier-Kroll, A.: Chronobiologie. Zeitstrukturen des Lebens, München: Beck Verlag 1995, S. 81–111
6 Theunissen, M.: Negative Theologie, S. 37
7 Beckett, S. (1976): Gedichte, München: Deutscher Taschenbuch Verlag 1976, S. 49
8 Tölle, R.: Psychiatrie einschließlich Psychotherapie, Berlin, Heidelberg, New York: Springer Verlag 1996, S. 238
9 Theunissen, M.: Negative Theologie, S. 47
10 Hell, D. (2000): Existenzielle Aspekte der Depressionstherapie. Existenz und Logos, (8/2), 83–93, 2000
11 Theunissen, M.: Negative Theologie, S. 49
12 Frankl, V.E.: Logotherapie und Existenzanalyse, S. 119
13 Marquard, O.: Skepsis und Zustimmung. Philosophische Studien, Stuttgart: Reclam Verlag 1994
14 Seneca, L.: Philosophische Schriften. Zweiter Band (Apelt, O., Hg.). Hamburg: Felix Meiner Verlag 1993, S. 114
15 Marquard, O.: Skepsis, S. 50
16 Ebd., S. 57
17 Lukas, E.: Weisheit als Medizin. Stuttgart: Quell Verlag 1997, S. 43
18 Theunissen, M.: Negative Theologie, S. 56
19 Böschemeyer, U. (1995), Die Kraft deiner Gedanken. Lahr: Verlag SKV, S. 13

JÜRGEN-PETER ARIMOND

*Die Rolle der Logotherapie in der Behandlung von Suchtkrankheiten*

## Anmerkungen

1 Dilling, H./Mombour, W. & Schmidt, M. H.: Internationale Klassifikation psychischer Störungen, ICD–10 Kapitel V (F), Bern: Huber 1999, S. 92

2 Frankl, V. E.: Das Leiden am sinnlosen Leben, Freiburg i.Br.: Herder Verlag 1977, S. 78

3 Antons, K. (1983): Die therapeutische Beziehung bei der Behandlung des Alkoholismus. In: Zimmer, D. (Hrsg.): Die therapeutische Beziehung, Konzepte, empirische Befunde und Prinzipien ihrer Gestaltung, (228–237). Weinheim und Basel: edition psychologie, S. 228

4 Ebd., S. 230

5 Dilling u.a.: Internationale Klassifikation, S. 92

## Herangezogene Literatur


Amann, P. & Pfeifer, H. R. (1997): Hoffnung durch Sinnfindung bei (ehemals) Drogenabhängigen aus der Sicht einer mehrjährigen praktischen Arbeit, in: Arimond, J. P. (Hrsg.): Das Prinzip Hoffnung in der Logotherapie. Logotherapie und Existenzanalyse, 1/1997

Antons, K. (1983): Die therapeutische Beziehung bei der Behandlung des Alkoholismus. In: Zimmer, D. (Hrsg.): Die therapeutische Beziehung, Konzepte, empirische Befunde und Prinzipien (S. 228–237). Weinheim und Basel: edition Psychologie

Antons, K. & Schulz, W.: Normales Trinken und Suchtentwicklung; Theorie und empirische Ergebnisse zum sozialintegrierten Alkoholkonsum und süchtigem Alkoholismus, Bd. 2, Göttingen: Hogrefe Verlag 1977

Antons, K.: Therapie des Alkoholismus: Methoden und Probleme, Kassel: Nicol, 2. neu bearbeitete Auflage 1980

Arimond, J. P.: Überlegungen über einen Zusammenhang zwischen steigender Unsicherheit in der Beantwortung der Lebenssinnfrage und steigendem Rauschmittelkonsum bzw. -abhängigkeit. Diplomarbeit an der Katholischen Fachhochschule NRW, Abt. Paderborn, unveröffentlichtes Manuskript. (1982)

Arimond, J. P.: Existenzielle Frustration, Wertangleichung und Therapiebeurteilung von Alkoholikern und ihren Therapeuten. Diplomarbeit Universität Bielefeld 1990

Arimond, J. P. & Kammer, D. (1993): Existenzielle Frustration, Wertangleichung und Depressivität als Prädiktoren von Therapieverlaufsbeurteilung und Therapieabbruch bei stationärer Alkoholismusbehandlung. Zweitschrift für klinische Psychologie, XXII, 3, S. 276–290

Arimond, J. P. (1996): Freiheit und Verantwortung in stationärer Drogentherapie am Beispiel der Therapeutischen Wohngemeinschaft Mülheim/Ruhr. Logotherapie und Existenzanalyse, 1, S. 94–106

Arimond, J. P. (2000): »Ich will so bleiben wie ich bin – Du darfst! Persönlichkeitsstörungen und Suchtbelastung, Chancen und Risiken in stationärer Therapie. Suchttherapietage Hamburg, 3.–6.06

Beck, A. T.; Wright, F. D., Newman, C. F. & Liese, B. S. : Kognitive Therapie der Sucht. Weinheim: Beltz; Psychologie Verlags Union 1997

Becker, P.: Der Trierer Persönlichkeitsfragebogen TPF. Handanweisung. Göttingen: Hogrefe Verlag 1989

Crumbaugh, J.C. & Maholick, L.T. (1964): An experimental study in existentialism. The psychometric approach to Frankl's concept of noogenic neurosis. Journal of Clinical Psychology, 20, 200–207.

Crumbaugh, J.C. (1968): Cross-validation of the purpose-in-life-test based on Frankl's concepts. Journal of Individual Psychology, 24, 77–83.

Crumbaugh, J. C., Wood, W. M. & Chadwick-Wood, W.: Logotherapy: New help for problem drinkers. Chicago: Nelson Hall 1980

Dessecker, H. (1997): Sinn des Lebens. Eine Gruppe für suchtkranke Männer im Rahmen der stationären Entwöhnungsbehandlung, in: Johannesruf 1/1997, S. 23–25

DHS (1995): Qualitätssicherung im regionalen Verbund der Suchtkrankenhilfe. Tagung in der evangelischen Akademie Tutzing., Juni 1995

DHS (2000): Jahrbuch Sucht 2001. Geesthacht: Neuland

Driessen, M. & Hill, A. (1998): Persönlichkeitsstörungen und Alkoholismus. Persönlichkeitsstörungen. Theorie und Therapie, 3, 112–118

Empfehlungsvereinbarungen ambulante Rehabilitation Sucht

Federspiel, K. & Lackinger-Karger, I.: Kursbuch Seele. Köln: Verlag Kiepenheuer & Witsch 1996

Feuerlein, W. (1980): Psychologische Theorien von Sucht und Abhängigkeit, in: Peters, W. M. (Hrsg.): Die Psychologie des 20. Jahrhunderts, Bd. X, S. 841–849. München: Kindler Verlag

Feuerlein, W.: Alkoholismus – Missbrauch und Abhängigkeit. Stuttgart/New York: Thieme Verlag 1989

Filipp, S. H.: Kritische Lebensereignisse. München: Verlag Urban & Schwarzenberg 1990
Froggio, G. (1988): Bemerkungen zum Einsatz der Logotherapie bei der Behandlung des Alkoholismus, in: Längle, A. (Hrsg.): Entscheidung zum Sein. Viktor Frankls Logotherapie in der Praxis, München/Zürich: Piper Verlag
Frankl, V. E.: Theorie und Therapie der Neurosen. München: UTB Reinhardt 1975
Frankl, V. E.: Der Wille zum Sinn. Bern: Huber Verlag 1982
Frankl, V. E.: Ärztliche Seelsorge. Wien: Deuticke Verlag 1982
Frankl, V. E.: Der leidende Mensch. Anthropologische Grundlagen der Psychotherapie. Bern: Huber Verlag 1984
Gaßmann, R. & Leune, J. (2000): Die Versorgung suchtkranker Menschen in Deutschland, in: DHS (Hrsg.). Jahrbuch Sucht 2001, S. 141–163
Heckmann, W.: Vielleicht kommt es auf uns selber an. Therapeutische Gemeinschaften für Drogenabhängige, Frankfurt am Main: Fischer Verlag 1980
Herbst, K. & Hanel, E. (1989): Verlauf der stationären Entwöhnungsbehandlung bei Drogenabhängigen, Suchtgefahren, 35, S. 235–251
Kern, P. (1986): Meinem Leben einen Sinn geben. Suchtgefahren, 32, S. 254–268
Küfner, H., Feuerlein, W. & Flohrschütz, T. (1986): Die stationäre Behandlung von Alkoholabhängigen: Merkmale von Patienten und Behandlungseinrichtungen, katamnestische Ergebnisse. Suchtgefahren, 32, S. 1–86
Kuntze, M. F.; Ladewig, B. & Stohler, R. (1998): Art und Häufigkeit der Komorbidität bei methadonsubstituierten Opiatabhängigen in der ambulanten Versorgung. Sucht, 44, S. 84–94
Längle, A.: Entscheidung zum Sein. Viktor Frankls Logotherapie in der Praxis, München, Zürich: Piper Verlag 1989
Lange, J.: Süchtiges Verhalten. Analyse der Entstehung; Therapie aus lernpsychologischer Sicht, Freiburg i.Br.: Lambertus Verlag 1974
Lindenmeyer, J.: Lieber schlau als blau. Informationen zur Entstehung und Behandlung von Alkohol- und Medikamentenabhängigkeit. München: Psychologie Verlags Union 1990
Lukas, E. (1985): Sinnfindung als Aufgabe in der Suchtprävention. Anfragen, Ansätze, Angebote, in: Katholischc Sozialethische Arbeitsstelle (Hrsg.): Schriftenreihe Aktuelle Orientierungen: Suchtgefahren Heft 9. Hamm: Hoheneck

Lukas, E.: Der Logo-Test: Test zur Messung »innerer Sinnerfüllung« und existentieller Frustration, Wien: Deuticke Verlag 1986

Lukas, E.: Von der Trotzmacht des Geistes. Menschenbild und Methoden der Logotherapie, Freiburg i.Br.: Herder Verlag 1986

Müller, K. H. (1996): Der verbaute Weg. Überlegungen zu einer Existenzanalyse der Sucht, in: Logotherapie und Existenzanalyse, 4, S. 43–73

Peschel, H. W. (1998): Zur Sinnproblematik des Alkoholikers: Eine Fragebogenuntersuchung nach dem Logotest bei männlichen Alkoholikern, Suchtgefahren, 34, S. 115–119

Peschel, H. W. (1989): Existenzanalyse des Alkoholismus und einige Hinweise für die therapeutische Praxis, in: Längle, A. (Hrsg.): Entscheidung zum Sein. Viktor Frankls Logotherapie in der Praxis, München/Zürich: Piper Verlag, S. 214–229

Redecker, T. (2000): Sucht und Angst. Suchttherapietage Hamburg, 3.–6.06.2000

Regier, D. A.; Farmer, M. E.; Rae, D. S. ; Locke, B. Z.; Keys, S. J.; Judd, L. L. & Goodwin, F. K. (1990): Comorbidity of Mental Disorders with Alcohol or ther Drug Abuse. Results from the Epidemiological Catchment Area (ECA) Study. Journal of the American Medical Association, 264, 2511–2518

Roch, I.; Küfner, H. Arzt, J. Böhmer, M & Denis, A. (1992): Empirische Ergebnisse zum Therapieabbruch bei Drogenabhängigen: Ein Literaturüberblick, Sucht, 38, S. 304–322

Rogers, C. R. (1957): The necessary and sufficient conditions of therapeutic personality change. Journal of Consulting Psychology, 21, 95–103.

Rokeach, M. R.: The Nature of Human Values. London: Macmillan 1973

Rounsaville, B. J.; Anton, S. F.; Caroll, K.; Budde, D.; Brusoff; B. A. & Gawin, F. (1991): Psychiatric Diagnoses of Treatment Seeking Cocain Abusers. Archive of General Psychiatry, 48, 43–51

Schulte, D.: Therapieplanung, Göttingen/Bern/Seattle/Toronto: Hogrefe Verlag 1996

Topel, H.: Euphorie und Dysphorie. Zur Neurobiologie der Stimmungen und des Suchtverhaltens, Bonn: Nagel 1991

Türk, D. (2000): Jahresstatistik der professionellen Suchtkrankenhilfe. Daten aus EBIS und SEDOS 1999, in: DHS (Hrsg.) Jahrbuch Sucht 2001. Geesthacht: Neuland

Verheul, R., Brink, W. v. D. & Hartgers, C. (1995): Prevalence of Personality Disorders among Alcoholics and Drug Addicts: An Overview. European Addiction Research, 1, 166–177

Verthein, U.; Degwitz, P.; Kühne, A. & Krausz, M. (1998): Komorbidität von

Opiatabhängigkeit und psychischen Störungen – Ergebnisse einer Verlaufsuntersuchung. Sucht, 44, 232–246

Wiegand, G. (1999): Das Psychotherapeutengesetz aus der Sicht eines Rentenversicherungsträgers – was ändert sich für die Rehabilitation Suchtkranker? Sucht, 45, 3, 208–210

SUSANNE UND THEODOR RÜTTER

### *Zur Achtung der Würde des Menschen*

1 Buber, M.: Das Problem des Menschen, Heidelberg, 5.Auflage 1982

2 Scheler, M.: Die Stellung des Menschen im Kosmos, 1.1928, hier Bern: Francke Verlag, 9.Auflage 1978

3 Buber, M.: Das Problem des Menschen

4 Frankl, V. E.: Der leidende Mensch, Anthropologische Grundlagen der Logotherapie, München: Piper Verlag 1990, S. 176

5 a.a.O. S. 186

6 Wir meinen, es müsste hier richtiger heißen: »des Psychophysischen«.

7 a.a.O. S. 187

8 a.a.O. S. 187

9 a.a.o. S. 175

10 Heraklit: Fragmente, (Griechisch und Deutsch; herausgegeben von Bruno Snell) Zürich: Artemis und Winkler Verlag, 11.Auflage 1995, S. 17

KONRAD WERDER

### *Eine Begegnung mit Frau Dr. Elisabeth Lukas*

1 Tagung der Deutschen Gesellschaft für Logotherapie e.V. im Oktober 1988 in Frankfurt/Main, in: Psychologische Vorsorge, Freiburg i.Br.: Herder Verlag 1989, S. 302–316

# Bücher von Elisabeth Lukas


1. »Auch dein Leben hat Sinn. Logotherapeutische Wege zur Gesundung«, Herder, Freiburg, 3 Auflagen 1980–1987, Neuausgabe, 4 Auflagen 1991–1997. Eine Ausgabe erschien in Brailleschem Blindendruck, erhältlich bei der Blindenschriftdruckerei in 33098 Paderborn, Andreasstr. 20

2. »Auch deine Familie braucht Sinn. Logotherapeutische Hilfe in der Erziehung«, Herder, Freiburg, 2 Auflagen 1981–1988. Überarbeitete Neuausgabe unter dem Titel »Sinn in der Familie. Logotherapeutische Hilfen für das Zusammenleben«, 1995

3. »Auch dein Leiden hat Sinn. Logotherapeutischer Trost in der Krise«, Herder, Freiburg, 3 Auflagen 1981–1990, Neuausgabe, 3 Auflagen 1994–1998

4. »Von der Tiefen- zur Höhenpsychologie. Logotherapie in der Beratungspraxis«, Herder, Freiburg, 2 Auflagen 1983–1988. Mehrere Kapitel wurden auf Kassetten gesprochen, auszuleihen bei der Kath. Blindenbücherei, 53117 Bonn, Graurheindorfer Str. 151 a. Gekürzte Neuausgabe unter dem Titel »Höhenpsychologie. Die andere Sicht vom Menschen«, 1992. Völlig überarbeitete Neuausgabe unter dem Titel »Heilungsgeschichten. Wie Logotherapie Menschen hilft«, 2 Auflagen 1998–2002

5. »Dare un senso alla vita. Logoterapia e vuoto esistenziale«, Cittadella editrice, Assisi, 2 Auflagen 1983–1986

6. »Tu vida tiene sentido. Logoterapia y salud mental«, General Tabanera, Ediciones S. M., Madrid, 1983

7. »Tu familia necesita sentido. Aportaciones de la logoterapia«, General Tabanera, Ediciones S. M., Madrid, 1983

8. »Je gezin, je houvast. Op weg naar nieuwe waarden via de logotherapia«, Uitgeverij Dekker & van de Vegt, Nijmegen, 1983

9. »Dare un senso alla sofferenza. Logoterapia e dolore umano«, Cittadella editrice, Assisi, 2 Auflagen 1983–1988

10. »Meaningful Living. A Logotherapy Guide to Health«, Grove Press Inc, New York, 2 Auflagen 1984–1986
11. »Sinunkin elämälläsi on tarkoitus«, Kirjayhtymä, Helsinki, 1984

12. »Psychologische Seelsorge. Logotherapie – die Wende zu einer menschenwürdigen Psychologie«, Herder, Freiburg, 2 Auflagen 1985–1988, Neuausgabe, 2 Auflagen 1993–1996. Völlig überarbeitete Neuausgabe unter dem Titel »Rendezvous mit dem Leben. Ermutigungen für die Zukunft«, Kösel, München, 2 Auflagen 2000–2001. Abgedruckt im Blindenschrift-Verlag »Pauline von Mallinckrodt«, Andreasstraße 20, 33098 Paderborn.

    Dazugehörige CD: »Ermutigungen für die Zukunft« mit Musik von Michael Habecker, Kösel, München, 2001

13. »Sinn-Zeilen. Logotherapeutische Weisheiten« mit Graphiken von Michael Eberle, Herder, Freiburg, 2 Auflagen 1985–1987

14. »Elämän voimat«, Kirjayhtymä, Helsinki, 1985

15. »I tvoja patnja smisla ima. Logoterapeutska utjeha u krizi«, Krscanska sadasnjost, Zagreb, 1985

16. »Von der Trotzmacht des Geistes. Menschenbild und Methoden der Logotherapie«, Herder, Freiburg, 1986, Neuausgabe 1993. Überarbeitete Neuausgabe unter dem Titel »Lehrbuch der Logotherapie. Menschenbild und Methoden«, Profil, München, 2 Auflagen 1998–2002

17. »Logo-Test. Test zur Messung von innerer Sinnerfüllung und existentieller Frustration«, Deuticke, Wien 1986

18. »Meaning in Suffering. Comfort in Crisis through Logotherapy«, Institute of Logotherapy Press, Berkeley/California, 1986

19. »Logo-Test. Test para la medida del logro interior de sentido y de la frustracion existencial«, Escuela Universitaria de Magisterio de Girona, Girona 1986

20. »Gesinnung und Gesundheit. Lebenskunst und Heilkunst in der Logotherapie«, Herder, Freiburg, 1987, Neuausgabe, 2 Auflagen 1993–1995

21. »Dare un senso alla famiglia. Logoterapia e pedagogia«, Edizioni paoline, Milano, 1987

22. »L'immagine dell'uomo nella logoterapia«, Centro italiano di solidarietá, Rom, 1987

23. »Logo-Test. Un test per la valutazione della realizzazione interiore di un senso della vita e della frustrazione esistenziale«, Centro italiano di solidarieta', Rom 1987

24. »Rat in ratloser Zeit. Anwendungs- und Grenzgebiete der Logotherapie«, Herder, Freiburg, 1988, Neuausgabe 1994

25. »Chajim mashma-utijim«, hebräische Ausgabe von »Meaningful Living. A Logotherapy Guide to Health«, Dvir Publishing House, Tel Aviv, 1988

26. »Psychologische Vorsorge. Krisenprävention und Innenweltschutz aus logotherapeutischer Sicht«, Herder, Freiburg, 1989

27. »Sinn-Bilder. Bibliotherapeutische Weisheiten« mit Holzschnitten von Otmar Wiesmeyr, Herder, Freiburg, 1989. Sammel-Neuausgabe der Bücher »Sinn-Zeilen« und »Sinn-Bilder« unter dem Titel »Worte können heilen. Meditative Gedanken aus der Logotherapie«, Quell, Stuttgart, 1998, übernommen vom Gütersloher Verlagshaus, Gütersloh.

28. »Logoterapia. A forca desafiadora do espirito. Metodos de Logoterapia«, Edicoes Loyola, Sao Paulo/Brasil, 1989

29. »Logo-Test. Test measuring inner meaning fulfillment and existential frustration«, Institute of Logotherapy Press, Berkeley 1989

30. »Geist und Sinn. Logotherapie – die dritte Wiener Schule der Psychotherapie«, Psychologie Verlags Union, München, 1990

31. »Mentalização e Saúde. A arte de viver e Logoterapia«, Vozes, Petrópolis/Brasil, 2 Auflagen 1990–1994

32. »Die magische Frage 'wozu?'. Logotherapeutische Antworten auf existentielle Fragen«, mit Beiträgen von Rita Malcomess und Franz Sedlak, Herder, Freiburg, 1991. Überarbeitete Neuausgabe unter dem Titel »Sehnsucht nach Sinn. Logotherapeutische Antworten auf existentielle Fragen«, Profil, München, 2 Auflagen 1997–1999

33. »Prevenire le crisi. Un contributo della logoterapia«, Cittadella editrice, Assisi, 1991

34. »Spannendes Leben. In der Spannung zwischen Sein und Sollen – ein Logotherapiebuch«, Quintessenz, München, 2 Auflagen 1991–1993. 1996 von Psychologie Verlags Union, Weinheim/Bergstr. übernommen. TB-Ausgabe bei DTV, München, 1996. Neuausgabe bei Profil, München, 2002

35. »Assistência Logoterapêutica. Transicão para uma psicologia humanizada«, Vozes, Petrópolis/Brasil, 1992

36. »Logo-Test. Zkouska k merení prozivané smysluplnosti a existenciální frustraca«, Mach, Chrudim 1992

37. »Prevenção Psicologica. A prevenção de crises e a proteção do mundo interior do ponto de vista da Logoterapia«, Vozes, Petrópolis/Brasil, 1992

38. »Geborgensein – worin? Logotherapeutische Leitlinien zur Rückgewinnung des Urvertrauens«, Herder, Freiburg, 2 Auflagen 1993–1994. Neuausgabe unter dem Titel »Urvertrauen gewinnen. Logotherapeutische Leitlinien zur Lebensbejahung«, 2 Auflagen 1997–1999. Teilneuausgabe unter dem Titel »Vom Sinn des Augenblicks. Facetten erfüllten Lebens«, Kösel, München, 2002

39. »Družina in Smisel«, Mohorjeva Druzba, Celje/Slowenien, 1993

40. »Tudo tem seu Sentido. Reflexóes logoterapêuticas«, Vozes, Petrópolis/Brasil, 1993

41 »Alles fügt sich und erfüllt sich. Die Sinnfrage im Alter«, Edition Johannes Kuhn, Quell, Stuttgart, 3 Auflagen 1994–1997, übernommen vom Gütersloher Verlagshaus, Gütersloh, 2 Auflagen 2000–2001. Das Buch wurde auf 3 Kassetten gesprochen; auszuleihen bei der »Deut-

schen Blinden-Hörbücherei« (in der Deutschen Blindenstudienanstalt e. V.), Postfach 1160, 35001 Marburg/Am Schlag 2 a, 35037 Marburg.

42. »Psychotherapie in Würde. Logotherapeutische Lebenshilfe nach Viktor E. Frankl«, Quintessenz, München, 1994. 1996 von Psychologie Verlags Union, Weinheim/Bergstr. übernommen.

43. »Smiselnice. Logoterapevtske modrosti«, Mohorjeva Druzba, Celje/Slowenien, 1994

44. »Una vida fascinante. En la tensión entre ser y deber ser. Un libro de Logoterapia«, San Pablo, Colección Noesis, Buenos Aires, 1. Auflage und Nachdruck 1994–1998

45. »Auf den Spuren des Logos. Briefwechsel mit Viktor E. Frankl« (gemeinsam mit Joseph Fabry), Quintessenz, München, 1995

46. »Lebensbesinnung. Wie Logotherapie heilt«, Herder, Freiburg, 2 Auflagen 1995–1997

47. »De la vida fugaz« (gemeinsam mit Claudio Garcia Pintos), Editorial Almagesto, Buenos Aires, 1995

48. »Mashmauth hasevel«, hebräische Ausgabe von »Meaning in Suffering. Comfort in Crisis through Logotherapy«, Modan, Tel Aviv, 1995

49. »Psicoterapia en dignidad. Apoyo para la vida con orientación hacia el sentido según Viktor Frankl«, San Pablo, Colección Noesis, Buenos Aires, 1995

50. »Podobe smisla. Biblioterapevtske modrosti«, Mohorjeva Druzba, Celje/Slowenien, 1995

51. »Wie Leben gelingen kann. 30 (31) Geschichten mit logotherapeutischer Heilkraft«, Quell, Stuttgart, 3 Auflagen 1996–1998, übernommen vom Gütersloher Verlagshaus, Gütersloh, Neuauflage 2000. Das Buch wurde für Blindenbüchereien auf Kassetten gesprochen; auszuleihen bei: Dr. Hans-Eugen Schulze, Albert-Braun-Straße 10 b, 76189 Karlsruhe.

52. »Logo-Test. Test para la medición de la realización interior del sentido y de la frustración existencial«, Editorial Almagesto, Buenos Aires/Argentinien, 1996

53. »Tras las huellas del logos. Correspondencia con Viktor E. Frankl« (gemeinsam mit Joseph Fabry), San Pablo, Colección Noesis, Buenos Aires, 1996

54. »Weisheit als Medizin. Viktor E. Frankls Beitrag zur Psychotherapie«, Quell, Stuttgart, 1997, übernommen vom Gütersloher Verlagshaus, Gütersloh, Neuauflage 2001

55. »Logoterapie ve vychove«, Portal, Prag, 1997

56. »Spirituelle Psychologie. Quellen sinnvollen Lebens«, Kösel, München, 3 Auflagen 1998–2001

57. »Wertfülle und Lebensfreude. Logotherapie bei Depressionen und Sinnkrisen«, Profil, München, 2 Auflagen 1998–2002

58. »I tvoje utrpení má smysl. Logoterapeutická útêcha v krizi«, Cesta, Brünn, 1998

59. »In der Trauer lebt die Liebe weiter«, Kösel, München, 2 Auflagen 1999–2000. Das Buch wurde von der Blindenbibliothek der Schweizerischen Caritasaktion der Blinden (CAB) auf Kassetten gesprochen; auszuleihen bei: CAB, Hinterdorfstraße 29, CH-8597 Landschlacht.

60. »Lebensstil und Wohlbefinden. Logotherapie bei psychosomatischen Störungen«, Profil, München, 2 Auflagen 1999–2002. Abgedruckt im Blindenschrift-Verlag »Pauline von Mallinckrodt«, Andreasstraße 20, 33098 Paderborn.

61. »Konzentration und Stille. Logotherapie bei Tinnitus und chronischen Krankheiten. Nachwort von Helmut Schaaf«, Profil, München, 2 Auflagen 2000–2001

62. »Quand la vie retrouve un sens. Introduction à la logothérapie«, Pierre Téqui, éditeur, 82 Rue Bonaparte, F-75006 Paris/Frankreich, 2000

63. »Psicologia espiritual. Manantiales de vida plena de sentido«, San Pablo, Colección Noesis, Buenos Aires, 2 Auflagen 2000–2001

64. »También tu sufrimiento tiene sentido. Alivio en la crisis a través de la logoterapia«, Ediciones LAG, Colección Sentido, México, DF, 2000

65. »Elu mote. Logoteraapilised vastused eksistentsiaalsetele küsimustele«, Johannes Esto Ühing, Tartu/Estland, 2000

66. »Logotherapy Textbook. Meaning-centered Psychotherapy«, Liberty Press, Toronto, 2000

67. »Auf den Stufen des Lebens. Meine bewegendsten Fallbeispiele aus der Seelenheilkunde nach Viktor E. Frankl«, Gütersloher Verlagshaus, Gütersloh, 2001

68. »Familienglück. Verstehen – annehmen – lieben«, Kösel, München, 2001

69. »Verlust und Gewinn. Logotherapie bei Beziehungskrisen und Abschiedsschmerz«, Profil, München, 2001

70. »Paz vital, plenitud y placer de vivir. Los valores de la logoterapia«, Paidós, Barcelona, 2001

71. »Duhovna psihologija. Izvori smislena zivota«, Karitativni fond UPT, U Pravi Trenutak 409, Dakovo/Kroatien, 2001

72. »Freiheit und Identität. Logotherapie bei Suchtproblemen«, Profil, München, 2002

73. »Vom Sinn des Augenblicks. Facetten erfüllten Lebens«, Kösel, München, 2002

74. »En la tristeza pervive el amor«, Paidós, Barcelona, 2002

75. »Kleines 1 x 1 der Seelenheilkunde«, Gütersloher Verlagshaus, Gütersloh, 2003 (in Vorbereitung)

76. »Heilende Geschichten der Liebe«, Kösel, München, 2003 (in Vorbereitung)